U0581168

我的父辈丛书 │ Our Fathers Series

我的父辈丛书
我的父亲朱德
Our Fathers Series
My Father Zhu De

朱敏 / 著

顾保孜 / 执笔

人民出版社

献给新中国的缔造者

——"我的父辈丛书"修订版纪事

　　新世纪之初，包括《我的父亲毛泽东》《我的伯父周恩来》《我的父亲刘少奇》和《我的父亲朱德》等在内的"父辈丛书"由辽宁人民出版社陆续出版，至今已近 10 年。

　　这些年来，毛泽东、周恩来、刘少奇、朱德的名字以不同的语言和文字，不断出现在各类媒体和图书的洪流中，从未离开过人们的视线。"父辈丛书"是很独特的，它首次从领袖子女的角度叙述父辈自早年立志救国，从天南海北走到一起，为民族振兴、国家富强合力奋斗的历程，也披露了他们的婚恋、亲情、家庭与宝贵的天伦之乐，使领袖以父亲的面貌亲切地走向世人。书中披露的独家信息，已成为党史和国史研究经常引用的重要资料来源。

　　"父辈丛书"还提供了这样一个特殊的视角：通过子侄的叙述，长期处于眩目光环中的这些新中国缔造者不仅仅是身经百战、功绩赫赫的领袖，更是儒雅宽厚的长者。他们留给后代的财富，是朴实的生活方式、谦逊的做人原则、踏实的工作作风、执著的理想追求……而所有这些崇高的品质却静静地存在于那些生活的片段和有时温馨、有时严肃的家庭对话中。丛书让人们看到了那最真实的一面——卸下领袖光环的那一面和被还原为普通人的一面。原来开国领袖也有割舍不断的亲情牵挂，也会遇到难以两全的人生选择，甚至会有不知所措、孤单寂寞的时刻。

　　今年正值中华人民共和国成立 60 周年，北京东润菊香书屋策划、组织了此次修订工作。本次修订在基本维持原有框架的基础上,对语病、细节错漏及明显的史实讹误做了更正,合并调整了若干章节,删除了个别重复段落。

毛泽东、周恩来、刘少奇、朱德的家属以及丛书执笔者李敏、王桂苡(《我的父亲毛泽东》)、周秉德、铁竹伟(《我的伯父周恩来》)、刘爱琴、沃宝田(《我的父亲刘少奇》)和朱敏、顾保孜(《我的父亲朱德》)对于此次丛书的修订给予了热情帮助,人民出版社也一直给予大力支持,谨借此文以表感谢。

为发挥图文版直观、丰富、信息量大,图文可互相参照的特点,本次修订增补了大量有关领袖照片,特别选取了很多生活气息浓厚的场景,对记述有误的图注做了更正。为此,周秉德提供了大量有关周恩来的照片,还特意叮嘱把一幅友人赠送的周恩来木刻像放在书尾;刘爱琴提供了从未发表过的自己在苏联留学时期的照片;朱敏的丈夫刘铮在精心照顾久病妻子的同时,仍然为丛书修订提供了照片;李敏则提供了有关毛泽东的珍贵照片。这些风云岁月的记录显示了毛泽东、周恩来、刘少奇、朱德这四个性格迥异、各具神采的伟人或雍容、庄严、优雅,或坚忍、朴实、沉稳的气质和风度。

近年出版及发表的老一辈革命者回忆录及党史研究者学术论著为修订提供了必要的基础。这次再版修订比较注重吸收十年来新的研究成果,澄清了若干历史疑案以及书中表述存在的歧义或讹误之处。

比如,修订版《我的父亲朱德》在提到朱敏生母时,注明其姓名贺稚华。研究和关注过这段历史的人都知道,虽然仅加三个字,背后却有沉重、曲折的过程。贺稚华是中共早期党员,1925年与朱德在德国相识、相恋并结合,1926年在莫斯科生下朱敏,1927年回国后在上海中共中央妇委工作,与杨之华、蔡畅、邓颖超等并称八姐妹。此后,贺稚华逐渐背离在党内的光荣历史,最终叛变投敌。1928年,与另一叛徒何家兴为领取赏金向国民党通风报信,导致中共中央政治局常委、组织局主任罗亦农被捕就义。因此受到组织派中央特科铲奸队执行的严厉制裁,被枪击致残(抗战期间身故),何家兴则被击毙。

对于这样一位母亲,朱敏在以往撰写回忆文章及接受采访时从不提及。但是作为历史唯物主义者,共产党人毕竟必须正视过去。而且,随着党史研究的深入,近年来各种书刊媒介提到此事的也越来越多,很多档案也通过官方或民间的渠道陆续公诸于世。如何实事求是地向世人说明自己的身世,晚年的朱敏经过慎重考虑,态度也发生了变化。在2001年问世的《我的父亲朱德》图文版中出现了贺稚华的名字,但并未与"朱德夫人"、"朱敏生母"的概念相联系,而是采取暗示的方式。2009年4月,即"父辈丛书"修订版策划期间,朱敏病逝。此次修订这样处理,也是符合她的遗愿的。

朱敏与苏联国际儿童院同学、捷克斯洛伐克姑娘米拉在纳粹铁蹄下患难与共的感人故事,已通过《我的父亲朱德》以及根据该书相关段落改编的电影《红樱桃》、电视剧《血色童心》广为传播。但是,书中对朱敏与米拉失散后"这一分手竟整整40年……"的表述有误。其实,1946年即失散后次年,她们就在国际儿童院劫后重逢并合影为证。此次修订特地在这张照片旁加以说明,作为历史生动的注脚。

又如,李敏的出生年份,在初版《我的父亲毛泽东》中有1936年和1937年两说。根据李敏之女孔东梅在《听外婆讲那过去的事情——毛泽东与贺子珍》一书(中央文献出版社,2005年2月第1版)中对傅连暲夫人、老红军陈真仁的采访,明确提到1936年"双十二"之前不久,傅、陈夫妇在陕北保安见到毛泽东、贺子珍夫妇。"当晚,傅连暲夫妇留宿在外公外婆家。陈真仁与外婆做伴,她记得外婆当时快生产了。"另外,《叶子龙回忆录》、《纪念同桂荣》等当事人回忆录也提供了类似佐证。据此,最终将李敏生年确定为1936年年底。

此外,初版书中就彭德怀向毛泽东报告毛岸英牺牲经过时写道:"当彭老总走出爸爸的房间时,他一方面为爸爸豁达的胸怀所感动,另一方面也有些恼火,因为他看出爸爸对于这个消息有些吃惊。这就是说,他是第一个通知爸爸大哥牺牲的人。原来,为了怕爸爸伤心,秘书叶子龙他们征得周恩来的同意,压住了彭老总发来的电报。彭老总连连跺脚,要是早点告诉我主席还不知道这件事,我讲话也可以做点准备。"——经查阅《彭德怀年谱》可知:1950年毛岸英牺牲,彭德怀随即给国内发电汇报,直到1951年2月才回国述职。此前,1951年1

月2日，收到彭德怀汇报的周恩来写信给毛泽东和江青谈到毛岸英牺牲一事（见《周恩来书信选集》）。另外，《叶子龙回忆录》也有类似记载。可见，所谓彭德怀是向毛泽东报告毛岸英牺牲消息第一人之说不确，加之又非作者李敏亲历亲见亲闻，故而此次修订删去了这段话。

再如出版《我的伯父周恩来》一书中忆及1949年7月1日中共建党纪念日周秉德被伯父带去天安门的情景。修订时发现：1949年7月1日确实举行过中共成立28周年庆祝活动，不过地点是在先农坛。根据当时的条件，在天安门设立分会场的可能性并不存在。不过，6天后的7月7日，为纪念抗战爆发12周年暨新政协筹备会成立，在天安门举行过庆祝活动。经与作者联系并核实，上天安门的日子应为7月7日。另外，书中在摘引《人民日报》社论和中央文献研究室所编《周恩来传》等书时采取意会与抄录相结合的方式，导致引文与原文微有出入，此次统一予以纠正。对于书后所附家族成员表，修订时依据2001年问世的《周恩来家世》做了校对和更正。该书是由中央文献研究室专家、长期从事家族史研究的周恩来亲属以及江苏、浙江多名研究人员经过多年时间写成的专著，几乎周氏家族每位重要成员都能在书中找到比较详尽、准确的记载。

毋庸讳言，由于时间和水平所限，此次修订还会有很多遗憾和不足之处，在这里也希望得到读者的批评、指正，以便于今后的进一步修订整理。

北京东润菊香书屋
2009年9月9日

目 录 Contect

Chapter
03

第三章

Chapter 04

第四章

Contect 目录

第五章

Chapter
05

Chapter 08

第八章

Part.9 爹爹帮我制订开支计划，要养成良好的用钱习惯。·········249

Chapter
09

第九章

Part.1 顾大夫第一次去见爹爹,但出现在他眼前的却是一位慈祥的长者。
·········251

Part.2 爹爹庄重地行了个军礼，接过这沉甸甸的三枚勋章。·········255

Part.3 庐山会议上，爹爹弯曲着胳膊，手举一半高。·········260

Part.4 战场上的正副司令，一尺见方的棋盘成了他们的用武之地。
·········266

Part.5 爹爹和兰花为伴，或许是一种心灵的释放。·········268

Part.6 家乡只能拿出最好的东西——大头菜，招待共和国的第一元帅。
·········272

Part.7 爹爹面对郭沫若诚恳地说:"我要拜您为师!"·········274

Chapter
10

第十章

Part.1 爹爹在中南海挖野菜时，有一笔巨款早就存放在德国，等候他
去领取。·········281

Part.2 爹爹用克扣自己的方式一分一分地积攒了近2万元"财富"，作
为最后一次党费。·········284

Part.3 爷爷大，坐四个轮子的车;建建小，坐三个轮子的车。·········288

Part.4 奶奶打你的手心，她的手心也疼啊!·········291

Part.5 爹爹和廖承志相互沾光，在严格的夫人面前开了戒。·········295

01 Chapter

1941 年，朱德在延安。

Part.1 14 岁的我第一次看见亲生父亲，眼泪禁不住地直流。

越走越荒凉，越走越寒冷。

黄土高原静若处子，在百年孤独中守着它的纯洁和欲望。

这片古老神奇的土地并没有因为战争的硝烟而改变它的安详面目。近处，远处，都沉浸在死一般的寂静中。

昨夜一场小雨，天空如洗般的碧蓝，黄土山道却泥泞不堪。一支由马车和身穿八路军军装的"小战士"组成的队伍缓缓在山沟沟里的小道上行进，车轮腾腾飞溅起的稀泥浆，点缀在车上一个个瘦小的身躯上。

多日来，我们这支特殊的队伍在黄土高原的腹部行进，大家从脚底一下一下的叩击中，获得了黄土大地的地气，渐渐，这片特殊土地的生命脉搏融进了我们幼小的身躯中，我们开始习惯这里的一切，觉得眼前的景物是那么神奇和美好，那厚厚的黄土坡，似乎就是由中华民族千百年来深厚文化积淀而成的，显得那样动人，富有生命力。一个个圆圆山头散落着一群群牛羊，铺垫着一层层梯田，还有山梁上一排排窑洞……无不向来者表达它悠久的历史和黄河流域灿烂的文化。

雨后天晴，秋阳高照。

一个陕北汉子雄厚的嗓音翻过山梁，划破了清晨的寂静：

> 红各彤彤的太阳蓝各盈盈的天……哎！
> 白各牙牙的妹妹……站在大路边，
> 泪珠珠从那个毛眼眼里流……
> ……
> 我的那个哥哥啊，什么各时候打胜仗把家回，来把妹的手牵……哎？
> ……

"这歌你们听懂没有？真好听哎！"随着一声欢叫，马车停下吱咛咛乱响的轱辘，坐在马车上的娃娃们扬起灰蒙蒙的脸庞，倾听山梁那边飘过来的陕北调子。

那个刚才欢叫的女孩也扯起嗓子学着陕北调调："蓝各盈盈的天……哎！把妹的手牵……"

"哈哈……"引得全体"战友"哄堂大笑，尽管这大笑要付出嘴唇再次干裂的代价，但是，大家还是慷慨地咧开嘴放出了笑声。当然，这个调皮女孩的嘴比任何一个人都要先沁出血珠子，但是她还是非常快乐，这一逗一笑，把大家的疲劳和寂寞都赶走了。

这个女孩不是别人，正是我这个乐哈哈不知道忧愁的四川女子！

我穿着宽大的灰色军装，臂膀上带着红色十字袖章。不过，可千万别以为我如何在抗日前线救死扶伤……其实我仅仅突击学会了伤口包扎就开始了这身打扮，这是我们这支特殊队伍的包装，也是安全抵达延安的护身符。

我们十几个人中除几个是去延安工作的大人，其他都是十多岁的孩子，和我一样，也是周恩来伯伯通过地下党找到的，都是和父母失去联系多年的革命后代。共同的命运使得我们彼此亲近，我们相互照顾、相互帮助，像我们的父辈那样，成为患难与共的革命战友。同我一起走的还有我的表妹贺高洁，她才 13 岁，因为在成都的姨妈考虑到国共关系日趋紧张，怕自己的地下党身份暴露会连累女儿，就让她和我一起去延安。

我们是 1940 年 10 月由四川大后方出发的，一路北上，准备到中共中央驻地延安和自己的家人会面。当时重庆八路军办事处安排我们走时，就考虑了途中要经过国民党统治的好几座城市，几十道封锁线，如果没有堂而皇之的身份是很难通过的。再说我们年龄不过才十四五岁，结集往北走，很容易让日军或是国民党起疑心。八路军办事处的叔叔们根据周恩来伯伯的指示，为我们办理了护士学校的毕业证书和国民党军事委员会下达到前线参战的命令书，并且派了一个警卫叔叔亲自护送我们。有了这硬邦邦的证件，我们这支小护士队伍便一路畅通无阻，顺利地通过武汉进入了西安，又在西安八路军办事处的安排下，先乘大卡车走一段，进入陕北后，改换马车，遇到险峻地段，就下马车步行。这样，我们风雨兼程走了一个多月，终于在 1940年 12 月底抵达了延安宝塔山脚下。

朱敏小时候（右二）与外婆、姨妈、表妹在成都。

延安一天天地临近。

关于父亲，我脑海里一片空白。

为了填补脑海里的空白，我用了几乎 14 年的时间，不断幻想，不断更新，不断塑造，尽量去想象一个善良、英俊、很有大男子汉味道的父亲。尽管这个带有斑斓色彩的父亲，是我借用同学的父亲和听外婆和姨妈讲述的父亲描绘出来的，但在我见到父亲以前，这个虚构的"父亲"一直忠实地伴随着我，慰藉着我没有双亲疼爱的心灵。有什么委屈，有什么欢乐，就一个人在心里悄悄讲给"父亲"听，"父亲"也用我编造的语言来和我对话……往往这个时候，我觉得父亲真的就在自己身边，心里特别踏实。

现在，眼见着幻觉就要变为现实，心里反而不踏实起来。

如果真有一天要打破用感情积累多年的形象，内心还是挺难受和矛盾的，特别是正处在爱幻想阶段的我，结束幻想和迎接真实一样令我不安，既害怕又渴望。我老觉得路上的时间过得特别特别慢，这黄土小道何时才是个尽头？因为关于爹爹的答案就在这条山路的尽头。越在这个时候，我就越是迫切地想揭晓这份封存了 14 年的答案。

我默默地计算着山路的尽头，在用火车、汽车、马车和双腿行进了 1000 多公里后，突然被一阵欢呼声惊醒，啊！前方的天幕上清晰地印着延安宝塔山！

延安！延安到了！我的心一阵狂跳后，一下子又缩紧了……快要见到爹爹了，我会认出他吗？

北方的天气真冷！这个时候的成都正是荡漾着浓郁秋意的果实累累的金秋时节，可是延安已经是寒风彻骨的冬季了。

雪花像圣洁的花瓣飘飘扬扬，不时地在这片黄土地上空飘舞，给这片高纬度地区增加了北国冰雪的独特风光。

在我们到达前，延安下了一场雪，城中的石子路上结着薄冰。我们一群穿得鼓鼓囊囊的孩子坐在一摇一晃的马车上，由带队的叔叔直接送我们去延安西北约 3 公里处的杨家岭，那是中央机关驻地。

延安是个很小很贫瘠的北方小城，坐落在 Y 字形的山沟沟里，已经结冰的延河在微淡的日光下发出耀眼的光斑，这束耀眼的光斑跟随我们滚动的车轮一直延续到城外。冬季的延河显得宁静温和。可是一到夏天，它可没有这般好脾气了，经常发大水，两岸居民深受其害。我们看见耸立在河水汇合处的宝塔，就是古时候的延安人乞求天神降临以慑水神的产物。这个历经沧桑度过多次战乱岁月的古塔，虽说不能显示神威，阻止延河在眼皮底下一次次地肆虐咆哮，但在 1938 年 11 月日军的狂轰乱炸下得以幸存，而脚下的古城延安却变成了一片废墟，中央机关也由城内的凤凰山搬到城郊杨家岭的小山村里办公。

这时，古塔像一个威严的长者，一个饱经风霜的老人，直直地站立在山顶上，用慈祥的目光注视着我们从它脚下走过。

马车穿城而过，两年前大轰炸的痕迹依然很明显，城中几乎看不见完好的青砖大瓦房，有的大树一半焦黑枯死，一半枝条茂盛，像秃了一半的头顶，枝条歪在一边长。不过人们修复创伤的速度也是很惊人的，马路边搭建了很多的土坯房屋，有店铺、作坊、食摊，路边的商贩集市也很活跃，熙熙攘攘的，挺热闹的。一路上，我们不断和八路军的队伍擦肩而过，他们扛着枪，好像是上前线去，部队中间有戴眼镜的知识青年，有年龄十五六岁的童子军……看得我们好羡慕！真想和他们一样当八路军, 上战场!

带我们的叔叔大概看出了我们的心思, 就说: 你们是比较晚来延安的孩子, 去年和前年来延安的人最多, 大多是沦陷城市来的知识青年, 还有许多无家可归的孩子一路讨饭来到延安。他们死活就一个愿望, 要上前线打鬼子, 为亲人报仇! 同你们一样身份的孩子, 前两年由各地八路军办事处找到不少, 基本都组织来了延安, 不过没有让参军, 说是烈士的后代, 得先去读书。那时来延安当八路军的人可多了, 比现在当八路军容易一些, 现在难多了。你们呀……我看都不行, 年龄太小!

好啊……小看我们, 我们就是要当八路军! 大家不服气地直嚷嚷。

虽说我们还是孩子, 但在战争年代, 最先成熟的是民族自尊心, 我们为自己踏上一块充满激情、充满正义的土地而热血沸腾, 就连刺骨的寒风也变得和煦可爱起来。

延安已经不再是过去地理概念上的延安了, 延安已经成为中国抗日战场的中心, 是天下人归心的圣地!

许多许多人, 许多许多天, 长途奔波吃苦受罪不就是为了抵达延安的这一天吗? 我们不也是吗?

杨家岭到了! ……驾! ……

马蹄声变得急促而清脆, 前方山坡上出现了一排排窑洞, 这些在山坡上挖出的窑孔竟然排列得非常整齐, 层层叠叠, 错落有序。一个个圆圆的门洞和密密的窗格, 好像是雕塑家雕塑出来的, 原本荒凉单调的土山一下子富有了生命的活力。如果用知识分子的话说, 这些窑洞是北方文化的象征, 象征着远古文明的历史。

马车一拐进杨家岭的大门, 就见好几个穿军装的叔叔阿姨从老远的地方跑下山坡接我们。

他们来到车前, 一听我是朱德总司令的女儿, 冲我一拍巴掌, 说是太巧了! 我愣愣看着他们, 不知他们说的是什么太巧了?

"朱总司令一直在外面视察, 昨天才回来开会, 可你这个小姑娘今天就到延安了, 你们父女俩像约好的, 不是太巧了是什么? "

真是太巧了。我也开心起来, 扬头朝前张望, 不知爹爹知不知道我今天到?

马车来到杨家岭山坡下的坪坝，我这时远远看见一个打着绑腿，一身灰色军装的中年男人站在山坡上……猛然，我的心咚咚地猛跳了起来，这是我的爹爹？对！是爹爹。不知怎地，我一路上为如何开口叫一声"爹爹"的苦恼消失得一干二净，脱口而出的呼唤声竟是如此的顺畅。

"爹爹……爹爹……"

毫无疑问，父亲也一眼认出了我，只见他匆匆跑下山坡，身后扬起了一串尘卷。他来到马车前，一把把我从车上抱下来。那时我还小，看不出父亲激动的表情。现在想想，此刻的爹爹该是多么的激动！原来我还想说几句问候爹爹的话，可是在爹爹的怀里，我却哭了，泪水稀里哗啦地往下流……

父亲用暖暖的大手抹去我脸上的泪水，用温和的口气哄孩子那样哄着我："不哭啦不哭，现在应该笑啊，要知道啊，好多的娃娃都没有活到看见爹爹妈妈的那天……"

14岁才认识自己的生身父亲，才听见他的声音，这是我人生经历中最难忘也是最伤心的一幕。

Part.2 国共开始摩擦，姨妈突然失踪，我的命运因此改变了轨迹。

周恩来伯伯找到我的时候是1938年，我才12岁。

那一次，周恩来伯伯和邓妈妈本来想接我去重庆八路军办事处，然后再送我去延安和父亲团聚，可我外婆一听去那么远的地方，死活不肯放我走，说我太小，身体又不好，经不起长途跋涉。周伯伯和邓妈妈只好依了外婆，将我又留在成都，他们临走前让我给他们一张照片，说是带给我爹爹。

我便到成都照相馆拍了一张穿学生装的半身照，照片只有一寸大，周伯伯拿在手里，眯着眼看了半天，说："照片太小了，你爹爹要戴老花镜才能看清楚你的模样。""那我再去拍一张。""来不及了，我们今天晚上要回重庆。以后你长大还是去延安吧，不是比让爹爹看照片更好！"

我点点头，觉得周伯伯太可亲了，这种亲切的感觉一直扩展到未见面的爹爹身上，爹爹一定也是可亲的人！

我到延安后爹爹还拿出这张小照片给我看。爹爹随身带的笔记本里还有我刚出生不久在莫斯科郊外草地上照的照片。照片已经发黄卷角了。我看见自己小时候的傻样子直想笑，却不知道这小小照片寄托着父亲多少思念！那时的我还不懂得父母对子女的爱是什么样的一种爱，对爹爹收藏我小时候的照片这个细节并没有往心里去。以后随着岁月的流逝，这个细节却在我脑海里日渐凸现，越加感到这份父爱的珍贵。

爹爹不善于表露内心的丰富感情，他内向含蓄的性格，不长时间相处是很难从他平静的外表中体察他内心炽热的情感，而一旦察觉，就会备受感动。因为这种情感往往来得持久而深沉。

我虽说和离别了十多年的父亲取得了联系，但因为外婆不让我离开她，使得我又继续在外婆温暖的羽翼下平安地生活。可是好景不长，仅仅两年，这种平静的生活就被打破了。

1940年秋天，我刚刚进入了成都最大的公立学校——协进中学读初中。突然发生了一件事情，迫使外婆松开了她的双手，流着眼泪把我放飞！

我在具有开明家风的外婆家里，从小和母亲一样接受新式教育。外婆曾经亲手送我母亲贺稚华（又作贺治华）和姨妈走进被封建势力咒骂为大逆不道的新式学堂，后来又送我的母亲出国留洋，可见我的外婆是个何等不同寻常的女性！

我的童年虽说没有父母的疼爱，但善良的外婆和姨妈尽她们的可能给予了我人间最温暖的爱。尽管外婆和姨妈都很怜爱我，但我婴儿时期随同母亲在异国他乡四处奔波，影响了身体的健康发育。从苏联回国时，我才1岁多就患有哮喘病，如果不是外婆和姨妈精心照料，我很难活到看见爹爹的这一天。

1940年这一年是国共关系开始恶化的一年，也是共产党领导八路军和新四军向日寇主动出击的一年。八路军和新四军在华北、华中地区开辟了敌后抗日根据地，这一个个直接威胁日军腹背安危的抗日民主根据地成为了日军的眼中钉，几乎全部变成了他们"扫荡"作战图上围剿的主要目标。同时，八路军建立的抗日民主革命根据地也成为蒋介石的肉中刺，在他心头上留下了黑色阴影。

蒋介石不会忘记自己和共产党血腥争斗的 10 年历史，更领教过共产党唤醒民众、武装民众的神奇魔力。

国民党的宣传机器开始发出摩擦的信号，不断制造八路军和新四军违抗国民党军事委员会命令的种种"劣迹"，迫使矛盾升级，以达到国共两党合作再度破裂的目的。

因为我是八路军总司令的女儿，在外婆眼里，我和共产党有着不可分割的血缘关系。她几乎每天都看报，十分关心政治动态。当她看到报纸上老是指责八路军和新四军这不是那不是时，外婆敏感地意识到，一场政党之间的风暴正在酝酿，悄然逼近……

她开始担忧我的处境，想让我停学在家一段时间，先躲躲风头再说。可不等我按照外婆的意图停学回到家，我的姨妈突然失踪了！

这突如其来的灾祸，让全家人束手无策，不知如何是好。姨妈失踪的那几天，我们好像熬了好几年。

外婆老是紧张地注视着大门，生怕有人冲进家里把我抓走。我更担心姨妈的安全，如果姨妈有个三长两短，外婆可无法活了。她一生养育了两个女儿，我的母亲又不在身边，就剩下姨妈和她相依为命了。

过了一天，打听消息的人回来了，我们才知道姨妈被国民党警察抓走了。大家一听，连忙安慰外婆，说可能是警察抓错人了，姨妈那么安分守己，不会犯法的。可外婆阴沉着脸，一言不发，其实她心里有数，警察没有抓错人！姨妈是地下党，我又是朱德的女儿，无论哪一条，都够上"触犯王法"！

看见外婆如此惊恐，又看见姨夫四处奔走救人，再看看年幼的表妹因为突然不见了母亲而悲伤戚戚的……我的心中升腾起一种仇恨，一种从没有过的冲动，真想冲进国民党警察署，大声对那些龟儿子坏蛋说：我就是朱德的女儿，你们要对付我就冲我来好了，不要折磨我的家人！

这种仇恨和冲动在心里蔓延着，盘错着，压抑着，搅得人思绪不宁，饭茶不思，非常烦躁不安。

当时我还小，只知道自己内心的气愤和焦急，却不知道外婆内心的活动。姨妈的失踪，她已经猜想到和我的身世有关。她决定早日送我离开成都，躲避这场灾祸。

一天早晨，外婆在被窝里叫着我的小名："飞飞，外婆不能再留你了，你姓朱，是朱家的后代，是共产党的娃娃。万一被那些特务知道了你的身世，外婆我……担待不起啊！……我怎么向你父亲交代？怎么向周恩来先生和邓女士交代？"

外婆吸了一下鼻子，哽咽着说到这里，扭过视线，避免和我的眼睛对视，她怕看见我留恋和惊讶的目光。

尽管我无比依恋外婆和成都的家，但事到如今，我只有"走"这一条路了。

我不想让外婆再伤心了，故意做出很轻松，好像愿意离开外婆的样子，赶紧收拾自己的衣物。

经过这一系列突发事件的打击，外婆的心都快碎了，愈加显得苍老。

自1927年夏天，她让我姨妈从成都万里迢迢赶到苏联边境，从我母亲手中接过不到一岁正在患病的我，就意味着外婆和姨妈接过一个弱小生命的同时，也接过了一个做母亲的全部责任和爱心。十多年中，外婆和姨妈始终像母亲一样呵护着我，现在真要离开她们，我的心好痛。外婆的心更痛，她帮助我收拾东西时，老是转过脸去抹眼泪。

那种离别的滋味别提多么难受了，至今想起来心里都一揪一揪的。

在我要离开成都时，姨妈终于被放了回来。

这时，我才知道，在国民党当局不断制造摩擦事端的同时，各地的特务四下活动，寻找共产党的地下组织。他们不知从什么地方听说我不是贺家的孩子，可能是八路军总司令朱德的女儿，就将姨妈秘密绑架，想从姨妈那里得到口供。姨妈不是软弱的人，一听特务问我的

朱敏与表妹即将离开成都,与
外婆、姨妈合影。

身世,就一口咬定我不姓朱、姓贺,叫贺飞飞,随她姓,是她亲生的女
儿!无论特务怎么软硬兼施,姨妈都死不改口,说我是她亲生的孩子。
最后,特务见实在得不到口供,只好把姨妈放了。或许这条遥远的路
是通往安全的路,那片荒凉的黄土地是最圣洁的土地。外婆和姨妈安
慰着自己孤独的心灵,一边流着泪,一边为我们准备行装,送别了我
们后,成都的家中再也听不到孩子的欢笑声,我们也再享受不到外婆
的爱抚。

　　因为这场惊险,我的姨妈也将她唯一的女儿——我的表妹,与我
一起送上去延安的路程。没有多久,邓颖超妈妈又一次秘密来到成
都,接走了我和表妹。

Part.3 在爹爹的窑洞里，我认识了康克清妈妈。

爹爹拉着我和表妹的手走上杨家岭的高坡，山坡上有一排窑洞，窑洞外还有一个用土坯垒的院墙。爹爹的院子里有四孔窑洞，一孔是爹爹和康克清妈妈的卧室，一孔是办公室，另外两孔是工作人员的。我们来后腾出一孔给我们姐妹俩住。

在爹爹带我往家里走时，要路过周恩来伯伯在坡下的窑洞，它正好比爹爹的窑洞低一个窑洞的高度，站在院子里就可以看见周伯伯院子里所有的风景。周伯伯长期住在重庆八路军办事处，一年前，他回延安开会，一次和江青骑马外出，中途突然跑出一条狗，江青的马受了惊，在山道上乱跑，一头撞上周伯伯的马，将周伯伯撞下了马，结果把右胳膊摔折了。我离开重庆时，他和邓颖超妈妈从莫斯科治疗回来不久。这次周伯伯和我第一次在成都见到的不一样了，他的胳膊弯曲了，说是在延安治疗耽误了，以后再也不能伸直。后来这个特殊的姿势成为周伯伯的一个特征伴随终身，直到他长眠在鲜花簇拥的灵床上，他的右手都是弯曲地放在小腹部上。

现在他的窑洞由工作人员居住，院子打扫得很干净。

当爹爹指着周伯伯的院子告诉我们时，活泼的表妹就高声对爹爹说："周恩来伯伯和邓颖超妈妈我们认识，是他们安排我们来延安的。"

"是啊，周伯伯找到四句（我的小名）后就打电报给我了。如果不是你外婆舍不得，你们早就来延安了。你们这次来延安让周伯伯操了不少心，一路上他不断打电报询问你们的安全情况，现在他在重庆可能知道你们安全到延安了。你们以后要记住每一个给过你们帮助的人，这样才能做一个善良正直的人，懂不懂？"

"我们记住了。"

我和表妹都点点头，跟在爹爹后面爬上了山坡。

一上坡就是爹爹的窑洞，走进院子看见几棵大榆树，大树下面有一个低矮的石板桌子，上面刻着象棋棋盘，据说这是爹爹天天温习"功课"的地方。后来我才知道爹爹特别喜欢下棋，只要他来延安开会，一旦有空，这个石板桌前就会聚集一群人，而且都是战场上的指挥官们，他们将棋盘从太行山又搬到了延安，别看他们是统帅千军万马的指挥官，一到咫尺见方的棋盘前，一个个就"原形毕露"了，像一群好斗的大孩子，有时为一步棋争得面红耳赤，不亦乐乎。

我们刚进院子，听见身后有人叫"老总，老总"。我回头一看，一个和爹爹一样八路军打扮的中年女军人满脸笑容，可能因为赶路急，气喘吁吁的。她跑到我们跟前，亲切地拉住我的手："我想这个一定是四旬！长得多像你爹爹啊。"

我也猜想，这是康克清妈妈！

在来延安的路上我已经知道了爹爹的妻子叫康克清，是位红军女战士，人很好，很热情，没有生育过子女。

后来我从康克清妈妈的回忆中知道，她和爹爹结合既是意料之外又是情理之中。

她和爹爹在 1929 年结合，那时爹爹已经 43 岁，而康克清妈妈 19 岁，刚从江西万安跑出来参加红军不久。爹爹是红军的军长，她早已认识，可是爹爹无法记住每一个战士。一次战斗结束后，爹爹到机关女兵班看望战士们，那时女孩子大多都比较腼腆，又是面对军长，所以大家只是笑，不说话，只有康克清妈妈有问必答，口齿伶俐，大胆泼辣。爹爹不由得多问了她几句，当问她当红军怕不怕流血时，康克清妈妈斩钉截铁地回答："报告军长，怕流血我就不出来当红军了！"

"不错，很不错，像个红军战士的样子！"爹爹特别满意这位年轻女战士的回答，并且在脑海里记住了她的名字。

再后来，爹爹身边有了康克清妈妈的身影。尽管这个婚姻对于 19 岁的康克清妈妈来说，来得似乎突然了些，可能刚结婚时康克清妈妈对爹爹的敬重多于爱情，但是以后近 50 年的共同生活中，他们相互爱慕、相互尊敬、相互照顾，他们不离不弃，甚至连红脸的事情都没有发生过。爹爹活到 90 高龄，也与他和谐稳定的婚姻生活是分不开的。

爹爹见我扭脸望着他，就说："叫妈妈，这是你康克清妈妈。"

我怯怯地叫了声"妈妈"，这称呼让康克清妈妈高兴不已，她久久地拉着我的手问长问短，还对爹爹说："老总啊，孩子们一路上吃了不

朱德和康克清在延安。

少苦吧，你看这细皮嫩肉的小脸也冻皱了。"她用手轻轻摸了摸我的脸颊，又摸了摸表妹的头。

"走，我们赶快进屋暖和暖和。"

"走"，爹爹高兴地一拍我肩头，像检验一名战士是否合格那样手重。

　　爹爹和妈妈连说带拉把我和表妹领进窑洞里，让我们脱鞋上炕，说是炕上暖和。我们一路上住的都是窑洞，已认识了黄土高原这一特有的民居，也睡过长炕，不过爹爹的窑洞比我们路上住的要大，光线也亮……嗨，还和另外一孔窑洞连通，是套间窑洞。我新奇地边张望边想。

　　我坐上炕之后，才细细地观看起爹爹和妈妈的模样来。

　　爹爹原来是个大胡子，现在虽然刮得干干净净，但发青的两腮仍让人感到长着黑黑的胡茬子，再加上黑眉毛、黑眼睛和一头黢黑略曲鬈的黑发，给人的印象他很像祖祖辈辈没有离开田地耕种的农民，而不是指挥千军万马的大将军。他朴实却很威严，像饱经风霜的硬汉子那样，浑身洋溢着坚定、从容和成熟的气息。尽管现实中的父亲与幻想中的父亲不是一个样子，但是，我还是非常高兴地接受了现实中的父亲，毕竟他是真实的、活生生存在的父亲，这足以取代想象中那个虚幻飘渺的父亲。

　　我忐忑不安的心情终于可以踏实了，好像一只漂泊在海面的小舟终于停靠了岸那样让人感到平静和安逸。

　　康克清妈妈脸色红润。她留着短发，圆脸，大眼睛，长得很精神。她对我没有隔阂，好像是自己亲生的一样。她又是忙吃又是忙穿，生怕我们会饿着冻着似的。

　　在这样的爹妈跟前，我能不幸福吗？

Part.4 以为爹爹忘记了我小时候的事情，哪知爹爹清楚地记得我出生的日期和模样。

　　原来我以为爹爹把我的生日和小时候的事情都忘了。哪知，他不仅记得我出生时的事情，而且还记得我出生日阳历是哪月哪天，阴历是哪月哪天，一清二楚的。他还把我排进朱家的家谱，起名朱敏书，"书"就是我们这一辈人排行的字。

　　爹爹在油灯下扳着手指头，报出我的生辰日期，数落着我婴儿时的趣事，看见他兴致勃勃，好像年轻了许多的模样，我强烈地感觉到，这14年里，爹爹想我也想得够苦的了，如果不是为了革命，为了全民

朱德在延安窑洞前留影。

族的解放,为了全中国受苦的儿童过上好日子,他说什么也不会离开自己的亲生骨肉!如今团聚,他和他的女儿一样是多么高兴啊!可这份高兴是用整整 14 年的离别换取来的……我鼻子一酸,又想落泪,幸好光线昏暗,爹爹没有看见我的表情变化,依然沉浸在往事之中。

和爹爹度过了第一个团聚的夜晚。

第二天一早,爹爹又回到充满着香烟味与木炭气味,充满着紧张气氛与激烈争论的会议室里。身为八路军总司令的爹爹,无法停留在那高兴与回忆的时间隧道里,仅仅一夜时间,桌面就已经堆积了一叠电文……以后我才知道,我到达延安时,正是著名的百团大战进入尾声的时候。这场战役从 8 月 20 日在华北打响,到 12 月 5 日结束,历时三个半月。

尾声并不意味着结束,更不意味轻松!

这次八路军总指挥部组织了 105 个团参战,共作战 1824 次,打死打伤日伪军 25800 余人,破坏敌人交通线几千公里,但是这场战役也是敌后战场上最残酷的战役之一,八路军约损失万余人。

难以想象,谁在中国历史上看见过这么多人为捍卫国土洒得遍地是鲜红的血迹,遍地是献身的躯体。这场百团大战无疑是历史上最悲壮的一页,它用中国人不屈的灵魂谱写着中华民族精神的恒久和不朽!

百团大战的胜利对坚定全国人民抗战胜利的信心,提高共产党、八路军的威信起到了极为重要的作用。面对抗日以来最大规模的战役,日本鬼子着实吓了一大跳,不得不重新估价八路军在华北的地位。于是,日本侵略者调集重兵,疯狂地扑向华北解放区……

百团大战的尾声预示着一场更加艰巨的"反扫荡"战役即将到来。血腥味未尽的华北大地将再次投入炮火的狂风巨浪中。

爹爹这次回到延安正是为如何部署"反扫荡",开展持久战和游击战,保存八路军实力等战略问题,和中央其他领导成员共同磋商,制定作战方针,以迎接更加残酷的斗争。

夜幕降临了,爹爹还没有回来。康克清妈妈正在抗大学习,也不能天天回家。我和表妹吃过晚饭就站在大门口,盯着山坡下那个亮灯的砖楼看,听说那是中央领导人开会的地方。

我知道,爹爹现在不会出现在回家的路上。他的时间概念里没有工作和休息的明确界限,只要问题没有解决,主意没有拿好,某一个战斗没有结束,他是不会离开作战指挥部那张大地图,不会离开那个集思广益的"群体"。

有灯的地方就有智慧,有灯的地方也有艰辛。青砖楼里的灯长久地亮着,它点燃了中央领导人又一个繁忙的清晨,点燃了又一个初升的太阳。

爹爹迎着清亮而刺目的太阳回来了。他眼圈黑黑的,警卫员上前想帮他脱去大衣,他却摆摆手,说:"我自己来,你们也一夜没有睡觉了，抓紧时间去睡一会儿。一个小时后叫醒我，就一个小时！"

　　爹爹回到窑洞，和衣睡在炕上，不一会儿，一声高过一声的鼾息声传出门外。爹爹太累了！我小心地将一条很破旧的毛毯轻轻盖在爹爹身上，生怕发出响动，打断爹爹这来之不易的睡眠。

　　别看这条毛毯千疮百孔，补丁摞补丁，它可是爹爹寸步不离的宝贝。起先我不明白，爹爹为什么走哪都要带上这条破毛毯？后来我才从康克清妈妈那里知道这条毛毯传奇的身世。原来这条毛毯是爹爹和周恩来伯伯真挚友情的见证。

　　最初，这毛毯是一个国民党起义将军送给爹爹的礼物，后来爹爹在西安八路军办事处看见周恩来伯伯的被子单薄，就留下毛毯给周恩来伯伯御寒用。后来周恩来伯伯在回延安途中遭匪徒袭击，他们边打边撤，等匪徒追到汽车前，他们已经撤离了包围圈。气急败坏的匪徒见没有捞到油水，就拿车子上的东西撒气，一顿乱刀挥舞，毛毯也被拉出好几条口子。匪徒离开后，周恩来伯伯找回车子，找到这条破损的毛毯，带回延安，让邓颖超妈妈一针一针地缝补好，又还给即将奔赴抗日前线的爹爹。结果爹爹在太行山时不留神，毛毯又让火炕烧了几个洞。康克清妈妈又接着邓颖超妈妈的针脚继续缝补了一番，直到这条毛毯几乎看不见原来的本色才补好所有的洞。解放后，这条毛毯才结束了它的历史使命，陈列在军事博物馆里。

Part.5 爹爹一生简朴，和普通士兵一样，结果闹出许多笑话。

　　1937 年 9 月 6 日，八路军总部在陕西云阳镇大操场举行抗日誓师大会，大会由政治部副主任邓小平主持，爹爹是总司令，他率领全体指战员高声宣读《八路军出师抗日誓词》：日本帝国主义是中华民族的死敌，它要亡我国家，灭我种族，杀害我们父母兄弟，奸淫我们母妻姐妹，烧我们的庄稼房屋，毁我们的耕具牲口。为了民族，为了国家，为了同胞，为了子孙，我们只有抗战到底。我们是工农出身，不侵犯群众一针一线，替民众谋福利，对友军要亲爱，对革命要忠实，如果违反

1937 年 9 月中旬，朱德率八路军主力由陕西东渡黄河开赴抗日前线。这是朱德（前排右起）、任弼时、左权、黄鹄显等在渡船上。

民族利益，愿受革命纪律的制裁，同志的指责。谨此宣誓。

因为爹爹生活俭朴，为人和蔼，穿着和普通士兵一样，经常闹出笑话来。爹爹率军东渡黄河，开赴抗日前线。当时八路军总司令部在西安东南的云阳镇，司令部里的人听说朱总司令要来上任了，就派几名年轻干部去迎接，这几名干部一大早赶了三四十里路，来到一条河的桥边上等候，这是部队必经之路。来接的人虽久闻朱总司令的大名，却没有见过他。他们都在猜想总司令一定骑着高头大马，威风凛凛，一派与众不同的将帅风度。

不一会儿，部队出现在桥上，都是一个打扮，灰军装，脚蹬草鞋，腰间扎着皮带，肩挎驳壳枪，没有谁特别一点，更没有骑大马的。迎接的人以为这是打前站的部队，连询问都没有询问一下，满有把握地等

朱德在打绑腿,准备出征。

候后面的部队过来。

　　总司令一定在后面的队伍里!

　　可是他们等到太阳直射头顶,也没有看见后面有部队过来,这是怎么回事?他们开始惶惶不安,是不是总司令没有走这条道,还是日期变动了?于是先派了两个人回司令部汇报,其他人继续在桥头等着。这两个人赶回司令部,一进大门就高声报告:"我们到现在也没有看见总司令,是不是总司令改变路线,还是……"

　　"嘿嘿……哈哈……"

　　他们的话还没有讲完,满堂大笑。

　　"我看见你们站在桥头,还以为你们赶路赶累了,在休息呢。哪儿知道你们是迎接我的？让你们多走路了。"

简直不可思议！这个朴实的和他打个对面也不会多看几眼的军人就是八路军的总司令！他们愣愣地望着一口浓郁四川口音的总司令，"腾"地一下子红了脸。

不用说，他们迎接的总司令就是在他们眼皮底下走过去的。

1939 年，朱德和林迈可（左）、肖田（左二）、龚澎（右一）在八路军总部看报。

不过像这样的笑话还有很多很多。爹爹在红军时期，因为经常帮助房东担水做活，房东把他当成红军的"老火夫"，一口一个"老火夫"地叫着，闹得大家好久都没有明白房东惦记的"火夫"是谁。直到一天，看见房东是对着他们的红军军长叫，才知道房东搞错了。等房东明白她喊的"火夫"是堂堂的红军军长，还怪遗憾地叹口气，说："我看人从来没有走眼过，我看他就像火夫，担水做饭样样会……哪有当大官的干这些穷人才干的活，看来这个世道有盼头啦！"

爹爹在他的大炕上睡得正香，警卫员蹑手蹑脚地走进窑洞里，站在爹爹的门口好一会儿，不忍心叫醒他，过了一会儿，突然听见爹爹高声叫："小潘小潘，现在几点了？"

警卫员潘开文连忙进去说："总司令，现在中午 1 点 20 分。"

"怎么不叫醒我，让我多睡了 20 分钟？"

"是的,首长。你已经二十多个小时没有睡觉了。"

"我的身体挺得住,以前三天三夜不睡觉,还要行军,也不觉得瞌睡。以后要按时叫醒我。你出去吧。"

我以为爹爹要批评警卫员的,结果爹爹只是和气地照应警卫员以后要按时叫醒他,就再没有多说什么。听八路军总部的人讲,爹爹和彭德怀副总司令的性格正好相反,爹爹温和,没有脾气,无论身边工作人员出什么错,他都不会虎下脸训人,更不会骂娘。但是身边的人都服爹爹,说爹爹是"响鼓不用重锤",也有震天的威力。

而彭老总就不是这样,他的脾气是响鼓响锤,咚咚震天。不管对什么人他都敢动火,常常搞得人下不了台。在抗日最艰难的时候,鬼子实行"三光政策",使得华北平原百里村庄无人烟,大片农田颗粒无收,群众生活极其困难。警卫员见彭老总很久没有沾油腥了,瘦了许多,就跟老百姓买了一只鸡,煨了一锅汤,结果彭老总一见,两眼竖了起来,这是他发火的前兆。他先把警卫员狠狠训了一顿,然后叫端走送大家吃,还警告说以后再搞特殊化,就撤警卫员的职,吓得身边人谁也不敢再提改善伙食的事情。此后,下属们谁也不敢破例,和彭老总一起咬紧牙关,度过了抗战最艰苦的岁月。还有一次,陈赓将军见彭老总路过他的防地,就请彭老总吃饭。彭老总一见桌子上有鸡有鱼,二话没说,抬脚就走,陈赓想挽留他吃一点东西,结果挨彭老总劈头一棒:"现在是减租减息,不是过去打土豪!"

陈赓挤挤眼,朝其他惊慌的人说:"彭老总对我的批评算是客气的了。"

"不客气怎样?"

"不客气的话,我们还能坐在这里吃?"

大家倒吸一口冷气,第一次见彭德怀就留下了如此深刻的印象,大家觉得这顿美餐顿时失去了味道。

朱德和彭德怀在山西武乡县
王家裕。

长征后到达陕北的毛泽东和
朱德。

Part.6 看见毛泽东，我惊奇地直呼他大名，事后受到爹爹的批评。

爹爹有许多军务缠身，不能老陪我，有时晚上和我坐在炕头上说会儿话，但一会儿就有人来送电报，谈事情。我常常睡了一觉，看见爹爹门帘下面还透着灯光。

大概在我到的第三天，毛泽东伯伯来爹爹窑洞串门。

毛伯伯还没有进门，就听见他在外面说："听说朱老总的千金来了，好几天了，我都没有时间来看看是个啥样子？"

我原来在报纸上和国民党的悬赏图上见到过毛泽东的画像，今天突然看见真的毛泽东，便好奇地忘记了礼节，连连高叫："爹爹，毛泽东来了，毛泽东来了……"

毛伯伯身披灰色棉大衣，个子好高好大，他幽默地拍拍我的头，说："啊呦，才来就给爹爹当小通讯员了。"

我仰着头，天真地问："你是真的毛泽东吗？"

"噢！难道还有假的毛泽东？"毛伯伯一脸惊讶，反问。

我就告诉他，我小的时候，外婆带我去成都公园，在墙上看见他和爹爹的悬赏图，上面有"朱毛"画像。不过……不太像他们现在的样子，那上面爹爹没有大胡子，他没有这颗黑痣。

我用手指指他嘴下边的痣。

毛伯伯被我这股子傻劲儿逗得直笑："悬赏我和你爹爹多少钱？"

"20万！"我响亮地报出来，好像为他们骄傲。

这时，爹爹从里面出来，对我说："为什么没有礼貌，要叫毛伯伯，叫毛伯伯……"

毛伯伯连忙制止爹爹，说："童言无忌，不要批评她了，我和她谈得正开心呢，你没有听说，'朱毛'那么值钱？早知道，我们自己揭布告，去国民党那里领20万大洋啦，哈哈……"

被爹爹一批评，我不敢再和毛伯伯没大没小了。

等毛伯伯和爹爹谈完事情走后，我问爹爹："你不是说毛伯伯比你小 8 岁, 为什么不要我叫他叔叔, 而叫他伯伯? "

"叫伯伯是尊敬的表示, 叫人不仅仅是一个称呼。再说, 称呼人也不能用年龄大小来衡量。毛伯伯和周伯伯一样, 他们都是伟大的人, 大家都很敬重他们。"

没有几天, 爹爹又要去前线指挥八路军作战。我送他上吉普车, 他好像想起了什么, 从上衣口袋里掏出一支派克钢笔, 从车窗里递给我, 说: "你要抓紧时间复习功课, 多读些书, 为以后继续学习做好准备。"

"我到哪里上学? "我一听学习, 立即兴奋起来。我表妹一来延安就被送进学校学习了, 可我还在家里待着, 正盼着爹爹送我去上学呢。

爹爹想了一下, 没有告诉我, 只说很快你就会知道的。

我握着刻有爹爹名字、带有爹爹体温的钢笔, 眼巴巴地看着爹爹的吉普车驶出了视线。

我真不愿意离开爹爹, 也想随他到前线去……但是, 爹爹不只属于我一个人, 也不只属于我们的家; 爹爹属于八路军, 属于战场。

我只能在心里默默地盼望他早点回来。

这时的我万万不会想到, 更长久的, 乃至付出更高昂代价的离别正悄悄地临近……

Part.7 爹爹他们从前线回来, 给雪人点燃一支香烟。

我到延安不久, 就进入了隆冬季节。

延安的气候和成都不一样, 这里是黄土高原, 一进入冬季后, 空气变得异常干燥而寒冷, 昼夜温差很大。这里经常刮西北风, 只要大风一起, 顿时震耳的呼啸声和飞扬的黄土像奔腾的黄河水, 浑浊地在山沟峡谷里"穿行"。大风过后, 窑洞里的物件上覆盖着一层细细的黄土, 用嘴一吹, 尘土直扑脸庞, 鼻孔里立即充满了特有的土腥味。

1941 年元旦快要来临了, 延安下了一场雪, 干燥的空气变得湿润起来。

瑞雪兆丰年!

1945 年，朱德和毛泽东在中国共产党第七次全国代表大会主席台上。

这场大雪给延安久旱的田地带来了来年丰收的好兆头。

那天早晨，我一起床，透过窑洞的窗户往外一看，好家伙！天地一片白茫茫。远处的山，近处的树，都披上了洁白的银装，真是好看极了。我连忙起床，不顾外面天寒地冻，雪花还在飘落，衣服也没有穿好就跑了出去。松软的积雪踩在脚底发出嘎嘎的响声，我伸手抓起一把雪，捏成一个雪团，像抛石头那样远远地摔向山坡。

我是在温暖潮湿的成都长大的，从来没有看见过雪，没有想到在延安开了眼界，看见了这场罕见的大雪。我第一个反应就是堆雪人。整整一个早晨我忙得不亦乐乎，先把院子里的雪扫到一起，然后堆积成了一个胖胖的大雪人。

太阳从山梁上探出了头，银白的大地在阳光下发出耀眼的反光。这时，杨家岭的大路小路上晃动着扫雪人的身影，中央领导人也和大家一样扛着扫帚和铲雪的木板，在路上清除积雪。大大小小的雪人随着扫雪队伍的足迹一个个站了起来，好像一排站岗的士兵。

我把雪人堆好后，就开始为雪人打扮起来。我用康克清妈妈的两颗黑色纽扣当做雪人的眼睛，又找到一个红色的瓶盖，安在雪人的脸下面，正好当嘴巴。有了这个奇特的嘴巴，雪人活像受了惊吓，张着滚圆的红嘴，睁着黝黑的眼睛……那可爱又滑稽的模样，谁见了谁都会忍不住放声大笑。

眼睛有了，嘴巴有了，鼻子的位置还空着。我得想办法给雪人找个"鼻子"来。我看见窑洞门口挂了许多红辣椒，这尖尖的辣椒使我想起童话故事里的木偶的鼻子，只要木偶一讲假话鼻子就长一截。这不是现成的"鼻子"嘛！我连忙上前去摘，可是辣椒挂得太高，我跳了好几下才够着。

这种红辣椒是陕北地区家家必备的食物。几乎每个窑洞前都挂有这种红辣椒，一串串红艳艳的，铺满了窑洞两旁的土墙，远远看去，像一个个火红的大灯笼，十分好看。

原来以为中国只有我们四川人吃辣椒厉害，看来陕北人也不逊色。像爹爹他们这辈参加革命的人，大多是湖南、四川出来的，个个爱吃辣椒。有好几次我看见毛泽东伯伯在他窑洞的门前摘红辣椒吃，一口一个，一点也不觉得辣。我爹爹也是，饭菜好坏不要紧，没有辣椒可不行。

我挑选了一个最大最尖最红的辣椒安在雪人脸上，雪人一下子活了起来，模样更加逗人。

我的手被冰冷的雪冻得通红，一阵阵钻心地疼。可当我进入这个神奇的世界，已顾不得寒冷和疼痛，围着自己的"杰作"高兴得手舞足蹈。这时我多么希望大人能看看我的雪人，听见他们的赞叹。可是爹爹他还在前线指挥打仗，康克清妈妈在延安抗大学习，表妹也在学校里住宿，他们都不在，看不见这可爱的雪人。不过听康克清妈妈上礼拜回来说，爹爹可能快要回来了。

雪人雪人，你可要坚强地"活"下去，千万别化了，让我的爹爹也能分享到我的快乐……我默默地对着雪人祷告。

几天过去了，爹爹还没有回来。雪人在阳光下已经开始融化了，生动的五官变得面目全非。一天半夜，我睡得迷迷糊糊，听见有人在院子里说话，我想可能是爹爹回来了。起身一看，果然是爹爹他们。爹爹披着棉大衣，正围着"千疮百孔"的雪人看。我想喊爹爹，可是实在太困倦，倒头又睡着了。

第二天，我起床出来，看见冻得硬邦邦的雪人的红嘴边叼着半截香烟，才想起爹爹昨晚回来了。爹爹虽然不吸烟，不过爹爹身边可有一群"虔诚的烟民",一定是他们中间谁从嘴里取下来安在雪人嘴里的!

没有想到整天打仗的人还挺幽默呢!我心里直乐。

我连忙跑进爹爹的房间,蹑手蹑脚想吓爹爹一大跳。

进去一看,爹爹的军被叠得整整齐齐,和昨天白天一个样子,如果不是炕桌上多出了许多文件袋,我还以为自己昨晚在做梦呢!

爹爹好像一夜没有睡觉,油灯瓶里的煤油已经耗干了,灯芯也黑秃秃剩下一点儿长。

爹爹这一大早到哪里去了?

我顺着爹爹常散步的小路往山坡下走,希望能找到爹爹,可是我走了一大圈,也没有看见爹爹的影子。一阵寒风袭来,我打了个寒战,快乐的心情也被寒风吹散了⋯⋯

我站在寒风刺骨的山坡上,心里觉得空荡荡的,充满了寂寞的感觉。我离开成都已经好几个月了,也不知道外婆和姨妈她们怎么样?她们想念不想念我们?反正我很想念她们。因为怕国民党特务监视外婆家,我也不能写信给她们。

我又一次感到路途遥远给人带来的不痛快,以前我梦中思念从没有见过面的爹爹,就有过这样的感觉,但只是瞬间的感觉,没有像今天这样久久无法排解。现在所有的寂寞和苦恼,只能自己说给自己听了,爹爹妈妈他们都有自己重要的事情要做。有时我觉得自己在这里像一个多余的人、一个无所事事的人。

说实在话,如果不是成都国民党特务开始怀疑我的身份,外婆是不会让我离开她的。毕竟成都是我长大的地方,那里有我童年的记忆,有我的亲人,对那里我充满了感情。

Part.8 皖南事变突发,中央领导人夜以继日地谋略对策。

离开成都,离开亲人身边,也离开了童年的无忧无虑。

到延安后,我还常为失去了习惯的生活环境和亲人的爱抚而苦恼。以前从没有这种体会,是不是只有远离从小生长的故土才会有这

1942 年春，朱德和毛泽东与
参加高级技术干部会议的代
表合影。

样的苦恼？长大以后我才知道能感觉内心苦乐，意味着一个人正在成长，这种苦乐渐渐会变为人生道路上的指引，告诉我们，这是人生必不可免的经过，也告诉我们，这会使自己更坚强、更成熟一些。

孤单引发的苦恼更加令人难耐。我突然觉得我现在应该做点什么，至少应该去读书。只有做事情才会驱走寂寞。我知道我要去当兵打仗是不太现实的，但应该争取早点学点知识或者什么本领，为前方服务。

我应该和爹爹好好谈一谈。爹爹不是要送我去学习吗，早点知道去什么地方，心理上也好有个准备。可这次爹爹匆匆忙忙从前线赶回延安，根本就没有离开会议桌和文件堆，压根没有时间和我说话。有时一整天也看不见爹爹的影子。我真有点生气，别人孩子的父亲都有时间，就我的爹爹没有时间！

后来我才知道，1941 年 1 月 4 日发生了震惊中外的"皖南事变"。新编国民革命军第四军奉命北移的途中，在安徽南部遭到国民党军队的突然袭击。国民党以 9 万人马围剿新四军军部 9000 将士，结果才进入山区的新四军军部 9000 多人全部落进了国民党精心布置的"口袋"里，尽管军长叶挺率领部队与敌人激战七天七夜，但最终寡不敌众，未能突围出去。军长被扣，军部打散，除 1200 多人突围外，其余不是牺牲就是被捕。壮志未酬身先死！抗日将士没有倒在日本鬼子的枪炮下，却倒在了自己同胞的枪口下，这是何等的历史悲剧！

随后国民党当局又无理地取消了新四军的番号，妄图削弱共产党领导下的抗战力量。

爹爹日夜兼程赶回延安时，中央已经预感到新四军要出事情，抓紧部署新四军向江南转移，然而新四军军部的动作还是慢了一步，难逃国民党蓄谋已久的厄运。

这桩千古奇冤，令全国人民痛心疾首。这时，延安以快速的反应向世界发表了有关事件真相的通电。要求国民党当局立即停止屠杀，制止反动黑暗势力的膨胀，以挽救抗日的危局。

那几日，爹爹、毛泽东、王稼祥、任弼时还有八路军各师的师长们，都聚集到延安，他们几乎彻夜不眠，紧急商量对策，如何和国民党当局针锋相对。为避免统一战线破裂，中央要从行动上作最大努力，但思想上却要有最坏准备。经过紧张的组织准备,到了春节前后,新四军从绝境中站立了起来。中央军委宣布重新建立新四军军部,任命了以陈毅为代理军长,刘少奇为政治委员的新四军军部。华中紧张的危局才得到缓解,抗日形势逐步稳定了下来。

在我离开延安前,爹爹没有再去前线。那一个多月时间,爹爹几乎天天要忙到半夜才能休息,天天趴在炕头的小桌上写文件、看电报,人进人出的。虽说这里听不见战场上的枪炮声,也闻不到刺鼻的硝烟味,但爹爹他们日夜紧张地工作和疲劳的神情,让人强烈地感受到前方战争的残酷和局势的严重。

看见爹爹这样废寝忘食,日夜操劳,我再有意见,再觉得寂寞,也不敢打搅爹爹的工作。

爹爹也看出我闷闷不乐的情绪,就写了些毛笔字帖,让我临摹,说练字能修身养性,既提高文化水平,又可以提高自身修养。

我不得不捺下性子按照爹爹给我写的毛笔字帖练练字。

爹爹的毛笔字写得真好!我怎样学也学不像,就是写不出他那种字体的骨劲来。

02 Chapter

1923 年 7 月，朱德从哥廷根寄给原护国军部下邹来宾的照片。

Part.1 考取秀才的爹爹破碎了全家人用汗水积攒的希望。

爹爹的家很穷，家里所有的成员都是以租种地主的田为生，每年收获的粮食大部分要交租子，只有很少的粮食作为全家十几口一年赖以生存的食物。爹爹出生的时候正是 1886 年年底。爹爹的降临，没有给父母带来半点喜悦。爹爹上面已经有了两个哥哥、一个姐姐，连他四个孩子，这在长辈兄弟们没有分家的大家庭里，他正好是不上不下、不受重视的位置。

爹爹属狗，奶奶随口给爹爹取名叫"狗娃子"。这是农村的习惯，认为动物比较皮实，好养活，孩子叫动物的名字，将来能有好身体、好力气。农民家庭对孩子能有多大的盼头？不就是图有力气、能劳动，挣口饭养活一家老小，家族的香火代代不断吗！在当时贫穷落后的农村，农民们如果拥有了这些，等于拥有了最大的福分。像爹爹这样贫寒的家庭，是不可能也没有经济能力供养孩子们读书识字的。然而，爹爹却是家庭中最幸运的孩子，他不仅读书识字，而且考上了秀才（相当于当时西方国家的学士学位）。

爹爹一说到奶奶，总是充满了感情。他对我说："我的母亲是最能吃苦的母亲，她特别有忍耐力。尽管她在大家庭中没有什么地位，甚至没有自己的姓名，可她把一生都奉献给了家庭，她为我的父亲和我们这些孩子日夜操劳，几乎不知道歇息，全家人都依靠她坚强的身躯支撑着走过这些穷苦的岁月。我从来没有看见她灰心过、垂头丧气过，好像她有着无穷的精力和永远乐观的心情……"

爹爹还说他的母亲对他影响很大，是母亲教会他如何不怕吃苦、不怕遭受挫折的，也是母亲给予了他健康的体魄。

爹爹身上许多优秀的品格都是从他母亲身上继承过来的，并且发扬光大了这些品格，成为爹爹生命中最闪光的一部分。

爹爹出生在清朝末期，那时还盛行科举制，家里在他身上寄托了极大的希望，希望这个读书的儿子能使朱家摆脱贫穷。年轻时的爹爹非常清楚自己肩负的重担，以刻苦和顽强的精神获得了官方的一纸

1886 年 12 月 1 日，朱德出生在四川省仪陇县马鞍场的一个佃农家庭，图为朱德的故居。

"文凭资格"。然而，一个用心去读书的人，并不是完全为了当官而读书，除了肩负家庭未来的重任外，还会为自己的生命寻找出一点更鲜亮的意义来。文化能打开通往仕途的大门，也能叩响风云莫测的政治险途。爹爹得到知识越多，内心的困惑就越重，对主宰他精神和人身权利的封建制度产生了深深的疑问和憎恶。

爹爹在获得封建制度赋予的荣誉头衔的同时，也开始了反封建的求索之路。

"那时农民生活非常悲惨，常年汗水不干，却交不完地主的地租。有钱人家的孩子都去读书，为了长大好做官，做了官就不会遭受别人的欺负。我们朱家要想不受剥削，家里就要有人读书做官，所以我和两个哥哥被家里挑出来读书，学杂费由全家十多人的劳动所得分摊。到最后，大家一年劳动所得到的收获不能同时承受三个孩子念书的费用，只好挑出成绩最好的孩子继续读书。我被挑了出来，所以我从小就知道发奋，知道我是朱家人含辛茹苦种植的希望。我在 19 岁时，成为朱家第一个考中秀才的人。"

爹爹讲这些话时神情很沉重。爹爹是心很善的人，全家人为供他读书流尽了汗水，他始终不能忘怀，而且有一种负罪感。或许爹爹不违背家人的期望，这种负罪感会化为光宗耀祖的荣誉感。可是爹爹违

仪陇县马鞍场药铺垭小学曾
是朱德少年时代读书的私塾。

1906年,朱德先后进入南充
县高等小学堂、顺庆府(今南
充市)中学堂学习。在老师张
澜、刘寿川等影响下,接受爱
国救国思想。图为顺庆府中学
堂旧址。

背了家人的意愿,走上了一条追求新思想的道路。

　　1906年,爹爹在他家乡仪陇县城参加了一个月的科举考试。考试一结束,爹爹没有回到寄予厚望的父母身边,亲口告诉他们中举的喜讯,而是徒步几百公里,走向省府成都,到那里去接受新式学校的教育。不久,爹爹获得了高等师范学校体育教师专业的毕业证书。

　　体育教师,这在当时的封建社会,是不可思议、不以为荣的职业。这距离官运仕途十万八千里的职业,让爹爹的父母感到无比的伤心和失望。多年来，全家人用一滴一滴的汗水、一个一个的铜板积攒起来的希望，就这样让爹爹不安分的新思想轻而易举地毁灭了，可是远在成都的爹爹自然不会因为父母的规劝而放弃他的追求。

　　爹爹在成都读书时，全城只有两所官立学校，一所是高等师范学校，另一所是新办的军官学校。爹爹最想进入军官学校，但他的家人反对爹爹当兵，他虽然拿到了武备学堂的录取书，却只好忍痛放弃。这大概是爹爹第一次萌生当兵的念头，这或许为他以后成为职业军人埋下了重要的一笔，一旦起笔，爹爹便会用尽全身的气力去实现自己的愿望。

　　爹爹进入高等师范学校学习后，眼前的世界变得新奇而陌生，这是他以前从未见识过的新天地。他第一次看见城市的模样，第一次看见剪短发的男人，第一次看见不裹小脚的女人。面对那些活泼开朗而又时髦的女孩子，从不考虑男女感情问题的爹爹，也第一次在心头蔓延着一种特别的情愫。可是那个时代，男女之间是不能随便交往的。爹爹又是从偏僻农村来的土学生，既腼腆又自卑，绝然没有勇气和女学生说话。不过，这些开明姑娘的形象，已经深深烙在爹爹的心上。

　　我是在父亲徜徉理想和追求的城市里开始了我的童年岁月，这一点让我感到温馨。

　　成都不仅是爹爹认识外面世界的人生第一站，也是留下美好印象的城市。所以我从出生地莫斯科一回到成都，这个城市就成为我生命中的地理情结！

Part.2 爹爹顶住"好男不当兵"的压力，由此开始漫长的职业军人的生涯。

　　我在延安时，常常羡慕爹爹有副硬朗的身骨板子，几乎从不生病，从不知疲倦。听爹爹说，他之所以身体那么好，一是遗传的原因，二是与他年轻时从事过体育教师这个职业有关。

　　体育老师，在今天这个社会非常普通。可在爹爹那个年代，体育

青年时期的朱德。

却是下流、有伤风化的代名词,体育教师也成了教唆良家子弟大逆不道的坏人。但爹爹就是不畏惧来自社会和学生家长的压力,将他不甘墨守成规、不甘压迫的个性表现得淋漓尽致。他让男女学生上体操课时露出胳膊和腿,要求每个动作都要规范,并且告诉学生,中国人为什么被洋人辱骂为"东亚病夫",就因为我们没有良好的体魄和强壮的身体!

爹爹上体育课没几天,就遭到封建势力的极力反对,血气方刚的爹爹和那些所谓的绅士对簿公堂。县官却各打五十大板,裁定学校可以继续开设体育课,但不能露出肢体,这样有伤大雅。爹爹虽然获得继续担任体育教师的权利,但他看到中国封建势力"非一日之寒"的顽固,胜利中他也品尝到艰难和委屈的滋味。

"我希望通过体育锻炼,让中华民族的后代强身健体。有体魄有力气有健美的外形,不再被洋人欺负,这有什么错?不过通过这件事,我也认清了封建王朝的腐败和没落,光靠强身健体根本无法改变中国的命运,只有武装救国……"爹爹说到这里,看了我一眼,他估计我听不懂这些深奥的道理,就不再往下说了。

爹爹当时所说的话我似懂非懂,后来我才慢慢知道爹爹当兵以后的身世。

经过几次新旧势力的较量,爹爹发现,教育救国的道路行不通,前面依旧是死胡同。他毅然改换救国方式,决定用武力、用枪炮拯救灾难深重的中国,改变中华民族被帝国主义欺凌、被封建制度压榨的命运。

旧社会有句俗话:好男不当兵,好铁不打钉。爹爹当兵的这一举动,让他的父母都以为他疯了。如果以前对他当体育教师还抱有振兴家族的希望的话,这件事让他们彻底地绝望了。然而,爹爹又以他倔犟的性格顶住了家庭的压力,无视别人的白眼,义无反顾地走上了职业军人的道路。

1909年爹爹离开了四川,他和几个好友一同去了云南,昆明有座培养新式军人的学校,他们进了这座著名的军官摇篮——讲武堂。

这所学校名义上是为清政府培养新军人才,但学堂监督李根源和

许多教官如罗佩金、方声涛、顾品珍、李烈钧、唐继尧等，都是从日本
陆军士官学校毕业回国的，大多在日本就加入了孙中山领导的秘密革
命团体——中国同盟会。因此，这里成了革命党人活动的重要据点，
学校弥漫着革命气氛。

"这是我寻找多年的地方！"爹爹感到幸运，他从18岁开始就寻
找救国的道路，许多年没有感到身心如此轻松过。他始终像推着一块
石头上山，石头不断地往下滚，他又不断地推上去，几经反复后，石头
终于被推到一个高度，放在平台上，他也可以喘息一下，看看眼前的
景物了……许多年后爹爹曾经回忆说："我一心一意地投入讲武堂的
工作和生活，从来没有这样拼命干过。我知道我终于踏上了可以拯救
中国于水火的道路。"

1911年7月，爹爹从云南讲武堂毕业。10月10日，武昌就举行
了起义，辛亥革命爆发！

爹爹接受了同盟会的指示，在士兵中开展政治攻势，主要宣传内
容只有四个字——"光复"和"翻身"。"光复"指推翻清王朝统治，"翻
身"指人民要换个活法。

踌躇满志刚刚走进军列中的爹爹，有幸成为蔡锷将军麾下的年轻
军官，他跟随蔡锷将军参加了这次著名的革命运动。

1911年底，辛亥革命有了历史性的回声，中国第一次建立了共和

▶ 云南陆军讲武堂主楼旧址。
1909年冬至1911年夏，朱德
曾在这里学习军事，并且加入
中国同盟会，参加革命活动。

▶ 朱德（前排左一）与讲武堂
部分同学合影。

1917 年秋，唐继尧拥护孙中
山，宣布护法，将护国军改编
为靖国军，任命朱德为靖国第
二军第十三旅少将旅长。这是
朱德在泸州留影。

制的共和国，革命先驱孙中山为共和国临时大总统。在庆功会上，蔡锷宣布朱德晋升为少校，并将"光复"、"援川"两枚勋章授予他，以表彰他在云南起义和援川作战中的功绩。

然而，革命成果很快被篡夺，新兴的政权很快就落入封建制度代理人袁世凯的手里。

清王朝时代结束了，封建制度却在延续，另外一种形式的封建王朝由于袁世凯的粉墨登场而走上了历史舞台。

辛亥革命虽然流产了，但是革命的火种却深植在革命志士的心头。爹爹在战争中成长了起来，1913 年到 1915 年，他领兵在滇南边境临安、个旧一带驻防，经常在瘴气弥漫的深山中同法国殖民者扶持的武装土匪作战，组织过大小几十次战斗，逐渐锻炼成为一个成熟的指挥官。爹爹从营长晋升为副团长、团长等职务。

1916 年，爹爹追随蔡锷参加了反对袁世凯复辟帝制的护国战争，在泸州纳溪的战场上率部英勇作战，屡建奇功，成为赫赫有名的滇军名将。

1917 年，为响应孙中山反对北洋军阀段祺瑞废弃"民国约法"的护法运动，滇军改为靖国军，爹爹升任靖国军少将旅长。

所谓的"革命派"出卖了革命，这对浴血奋战、一心要推翻封建制度的爹爹来说，刺激很大。中国再次陷入军阀混战的绵延战火中，穷苦百姓们依然挣扎在水深火热之中。

在荣誉、地位、金钱面前，爹爹却感到失落……他开始了生命中第二次推石头上山的艰难寻找。这时爹爹满怀困惑和忧伤地写下了这样的诗句："问沙场战骨，几人归是奇男，英雄两字空流血；叹中国版图，诸君各怀异志，政客多门枉用心。"

30 年后，爹爹在延安曾经用总结性的语言对美国女作家史沫特莱说：

"30 年的革命经验告诉我，革命必须有一个建立在科学理论基础上的革命政党。它必须有一支革命军队，不仅是为了作战，还为了要保证执行以群众为力量源泉的民主制度。光有革命言辞是不够的。许多人现在高谈孙中山的理论，而在实践中却背叛了它。孙中山的信徒是永远不会惧怕民主的。"

Part.3 爹爹和刘伯承是亲密的战友，谁想到以前他们是战场上的冤家。

爹爹这一生很坎坷，革命历程也很漫长，如果仔细讲述，恐怕几百万字的书也讲述不完他那富有传奇色彩而又厚实的经历。且不说他如何读书，如何接受新思想启蒙，如何由贫穷的佃农子弟转变为富有爱国激情的知识分子的求学过程。仅从爹爹 1909 年考入云南陆军讲武堂后，他就经历了中国现代史上所有的阶段：旧民主主义革命、新民主主义革命、社会主义革命和建设三个历史时期。他几乎把一生都奉献给了中国社会的变革。

爹爹的经历之所以传奇，还有一个重要原因。

爹爹成为共产党员以前，曾经是国民党中名声显赫的将军。早年，爹爹曾经参与过推翻清王朝的辛亥革命，参加了反对袁世凯复辟帝制的护国战争，参加过维护共和宪法的护法运动。经历了这些斗争的磨炼，爹爹逐步由一个农民秀才成长为出色的军官。如果用当时衡量军人实力所拥有的兵权来看，爹爹应该算得上西南地区拥有实力的将军。

但是在封建社会里，一个人的成长总离不开时代的轨迹。爹爹也是一样，他也无法超脱。在取得荣誉和一定地位后，他也逐渐走向旧式军人的领域，成为割据一方的军事统帅。将爹爹和旧式军人词汇联系在一起，作为女儿，我的心里并不情愿。但是，爹爹对待这个让人尴尬的问题却很坦然，并且有他自己独到的见解。

爹爹在延安时，有一次向采访他的史沫特莱谈起旧式军人问题。爹爹列举了他和他的部下——八路军一二九师师长刘伯承的事例，以说明事物在一定条件下相互转变的辩证关系。

"1917 年，四川军阀和我们云南护国军达成暂时停战协议，并且派代表来护国军谈判，表示愿意结为军事同盟，共同对付临近的省份。可他们暗地里又派代表去临近的省结成军事同盟，来对付我们

任护国支队长（相当于团长）时的朱德。

1921 年春，朱德（前排左三）
和滇军部分将领在昆明合影。

护国军。在当时，凡是军阀几乎都喜欢使用这种两面派的手腕。被派
到护国军谈判的长官是刘伯承，他虽说年轻，却在四川军阀中小有名
气。也是在那次护国战争中，子弹击中刘伯承的眼睛，他从此失去了
一只眼睛。可是 30 年后的今天，刘伯承已经是我们共产党著名的'独
眼将军'，坚定的共产主义战士。以前我和刘伯承都是旧式军人，一个
在云南，一个在四川，我们之间打过仗，各自走的路也不尽相同，但殊
路同归，我们一起抛弃了以前的荣华富贵，找到了崭新的人生道路。
有的人做了军阀而不思悔改，越陷越深，直到没顶之日；有的人随着
军阀陷入泥潭，但最终找到了新的道路；也有人看到了新的道路，却
因为过去中毒太深而不能自拔。许多国民党军人先头是革命的，后来
抵挡不住金钱和权势的诱惑，逐步发展成了新军阀。而我们就属于找
到并且走上了新的革命道路的那类人。"

　　爹爹还说："旧式军人不要紧，军阀也不要紧，那是历史时代所赋
予的特定身份，不以人的意志为转移的。要紧的是你在特定的时代里
追求什么？个人权欲还是民众权益？追求不同，最后的结局就不同。
我和刘伯承在特定时代中有一样的追求，最终我们走到了一起。"

　　爹爹这番似乎很简单的道理，却饱含了对自己人生经历的深刻
透视。

　　在延安时，我看见过刘伯承，那时他的一只眼睛已经瞎了，常常

1938 年，朱德在一二九师和刘伯承、邓小平研究作战计划。

看见他戴着深色的墨镜来找爹爹。我见他高大、威严，很有职业军人的风度，所以，在我们孩子的眼睛里，他很神秘也很令人敬畏，我们都不敢和他亲近。但他一走进爹爹的屋里，顿时就改变了冷峻的模样，变得开朗和悦起来，话也多了，嗓门也大了。他和爹爹年纪又相近，他们的关系特别融洽。他们在一起研究工作，晚了就不回去了，和爹爹睡在一个炕头。遇到吃饭就吃，他从不客气，也不生分。如果不是爹爹说起过他和刘伯承以前是对战场上的"冤家"，外人说什么也不会相信他们之间有过一段你死我活的交战。

这场交战发生在 1916 年护国、护法战争之后。战争一开始，爹爹在滇军中任团长，刘伯承负责率领川东护国军，他们共同北上讨袁，成为反对袁世凯复辟帝制的主要军队。为此，刘伯承在战争中失去了一只右眼。可是这场以血祭奠中华的革命战争最后演变为军阀派别的相互争斗，四川逐步形成武装割据的局面，提出"川人治川，驱逐客军"的口号。已经进入四川的滇军遭到川军的进攻，刘伯承和爹爹在这次军阀混战中都各为其主在战场上拼杀。爹爹所在的滇军没有战胜川军，连连败退，直到退回到滇军的大本营——云南昆明。

护国、护法战争以军阀混战而告失败！

几年后，爹爹和刘伯承各自在自己的军队中同时受到了俄国十月革命的影响，接受了马克思列宁主义，先后抛弃各自的"灿烂仕途"，

1952 年 4 月 13 日，朱德和刘伯承在北京香山。

走进了为共产主义奋斗终身的行列，成为坚定的布尔什维克。

　　爹爹 1926 年底从苏联回国参加北伐战争，在四川遇见的第一个合作者便是刘伯承。他受党中央的指派，从上海来到四川，协助爹爹策划军事起义。1927 年他们一起领导八一南昌起义，成为我军最早的缔造者之一。从此他们就再没有分开过。在中央苏区，爹爹是红军总司令，刘伯承是总参谋长。1935 年 6 月，红一、四方面军会师后，爹爹率红军总部和刘伯承在红四方面军同搞分裂活动的张国焘进行不屈不挠的斗争。现在，他们又都是八路军，爹爹是总司令，刘伯承是一二九师师长，同在抗日救国的大旗下，继续施展他们的军事才能。

　　我长大后，曾听人说，中国工农红军能走上正规的军事道路，并有完整的建制，这和爹爹、刘伯承等受过正规军事教育的军人加入中国共产党有很大关系。爹爹他们不仅带来了一颗为民众求解放的赤胆忠心，也带来了他们训练部队和建设部队的科学方法，并在实践中形成了成熟的军事理论。

爹爹这一生始终充满乐观豁达的精神，在早期革命阶段，很少出现悲观和失望的情绪，总是以他饱满的激情和永不疲倦的精力从事救国救民的斗争。但护法战争失败后，爹爹走进了精神世界的低谷……

Part.4 爹爹失去了头顶上方的"北斗星"，五四运动却激活了爹爹锥心刺骨的渴望。

1916年年底，爹爹第一次感到了内心深切的悲哀和失望。这之后，爹爹有五六年在政治上表现出了一种分裂的性格，他常常被希望和失望、振奋和困惑、渴求和无奈的情绪所困扰。

1916年11月，他最崇拜的革命先驱，带他走上革命道路的引路人，发起护国讨袁运动的领导人——蔡锷将军因肺病死于日本，年仅34岁。蔡锷将军尸骨未寒，另外一个革命领导人黄兴也死于同一种疾病。"共和派"一下子倒下两面旗子，云南护国军内部的凝聚力受到了强烈撞击，原来高喊共和制万岁的将领们，开始随风而动，暴露出勃勃野心，想趁机谋取权力、分割地域，加之其他反动军阀从中分化瓦解，一场声势浩大的护国运动演变为全国范围内的军阀大混战。

蔡锷病逝，使得爹爹无限悲凉。他多年跟随这位杰出的将军南征北战，从辛亥革命到讨袁护国，从没有后悔过，没有动摇过，就好比跟随头顶上方的北斗星。爹爹爱戴这位良师益友，崇拜蔡锷思想敏捷，见解精辟，坚强而无私。现在父亲心里空落落的，不知道革命的出路在何方？

"为什么我一向如此富有意义、如此充实、如此旺盛、如此多彩的生活突然变得空虚和毫无意义，或许我从来就没有像我应该生活的那样生活过？军阀混战如火如荼，人民百姓水深火热。这难道就是多年为之奋斗的局面吗？难道是我们热血沸腾的救国使命？"

爹爹开始诘问自己，诘问自己生活的意义。由于绝望，爹爹的一腔热血化为困惑和失望，像久久不散的阴云盘绕在头顶上空，他不知道照亮人类前程的阳光在哪里。

爹爹开始消沉了，开始逃避这混战的世界。

然而消沉并不意味着沉沦，逃避并不意味着逃跑。

爹爹开始探究人生，结果最后爹爹成了真理的探索者和思想的主宰者，但其求索的过程却是漫长和痛苦的。

以后许多年，爹爹每提起旧民主革命时期，他从不将自己看做是英雄，甚至觉得别扭。大概谁都不会相信，像爹爹那么忠厚诚实、政治稳健的人，会被混乱的世界逼迫到不得不麻醉自己神经的地步。他学会了吸大烟，想用鸦片来麻醉自己清晰的视觉和敏捷的思维。他想起了仪陇老家，想起了在农村面朝黄土背朝天终日含辛茹苦的父母。

爹爹无法报效祖国，便准备好好报答他的亲人。他将他的父母和两个弟弟接到了他的防地——泸州，并且亲手送弟弟们进了他的部队。他以为身经百战的他从没有在战争中伤过一根汗毛，那么他的弟弟也不会有事情。可万万没有想到，第一次上战场，两个弟弟都没回来。可怜的父母在儿子的军官住宅里几乎哭干了泪水……

爹爹更加痛苦不堪……

国家、大家、小家没有一处是顺心的。

这时全国的军阀混战此起彼伏，丝毫没有缓和的迹象。北京政权并没有因为袁世凯暴病身亡而终止复辟帝制，他的新继承人段祺瑞，比前任更变本加厉，将北京变成了帝国主义分割中国主权的"市场"。

在爹爹的精神处于黑暗中时，他结识了一位对他的人生转折发生重大影响的朋友——孙炳文。

孙炳文也是四川人，辛亥革命时曾经加入同盟会，担任过北京《民国日报》主笔，因为反对复辟封建帝制，遭到袁世凯的通缉，他不得不离开北京回到家乡避难。爹爹早就听说这位同乡的大名，也看过他主笔的文章，心中十分敬仰。现在他知道仰慕已久的同乡就在四川，便费了些周折，终于找到了孙炳文的住所。当他们开始交流内心感受和对局势的看法时，爹爹觉得眼前黑色的帷幕被掀开，一束奇特的光亮透了进来，直达心灵深处。

他们一见如故，结为知己。

1918 年 2 月, 朱德和好友孙炳文(右)在四川泸州。

　　以后两人经常在一起讨论时事政治, 一起阅读《新青年》等进步书刊, 后来又一起到德国留学, 寻找革命真理。

　　孙炳文比爹爹回国早, 在广州黄埔军校任教授。1927 年 4 月, 蒋介石背叛革命, 在上海发动反革命政变, 而孙炳文正好从广州到上海, 一踏上码头, 即被抓走。孙炳文宁死不屈, 决不背叛自己的信仰, 一个星期后, 被国民党反动派枪杀在上海郊区。

　　消息传来, 爹爹正在前往南昌的途中。

　　爹爹紧紧抓住船舷, 失神地望着滚滚长江水, 两行热泪无声地流淌了下来, 最后再也无法抑制自己的悲痛, 双手掩面哭出了声。同行的同志们被爹爹深厚的战友情打动, 纷纷脱帽致哀, 悼念这位从未谋面的杰出的共产党人。

　　可以想象, 像爹爹这样流血也不流泪的硬汉, 当时的心是怎样的哀痛!

世交友情流传给了下一代。朱
敏与孙维世（孙炳文的女儿）。

爹爹对孙炳文的情谊一直持续到后来。孙炳文的一个儿子孙泱曾
经给爹爹当过秘书，但在"文革"中被整死，自身不保的爹爹因无法救
他而十分悲哀。孙炳文的女儿孙维世成为周恩来伯伯的干女儿后，爹
爹还经常关心他们兄妹的生活和工作。

哪里最黑暗，哪里最先看见黎明的曙光！

1919 年，北京爆发了声势浩大的五四运动，学生、工人走上街头
抗议北洋军阀出卖中国主权。顿时，全国各地如久旱的干柴堆，燃烧
起反抗帝国主义的烈火。人民第一次感受到了苏联十月革命胜利送来
的春风，爹爹他们这些在黑暗中苦苦期待光明的人，无疑看见头顶上
方闪过一束耀眼的光电，冬眠的心灵一下子被激活，迸发出锥心刺骨
的渴望，渴望再次为祖国效力，为中华民族献身！

以后人们在总结五四运动时，概括出运动的特点：在人类世界
上，很少像中国五四运动那样，在极其混乱的政治形势下出现如此巨
大的文化和思想上的剧烈变化。

就连爹爹一身戎装的旧式军人，对于五四运动也表现出由衷的骄
傲。直到 30 多年之后，我从苏联留学回国，成为新中国的知识分子时，
爹爹对中国知识分子的骄傲和敬佩依然那么浓烈。他对我说："中国
知识分子有爱国的好传统，有无所畏惧的勇气，你成为新中国知识界

的一员，要保持这种好传统好作风！"

　　五四运动揭开了反帝反封建的民主革命序幕，中国也由此进入了更加混乱的无政府状态，混战局面愈加不可收拾。

　　爹爹觉得不能再等待了。

Part.5 爹爹以顽强的毅力战胜烟瘾，踏上了海外求索真理之路。

　　1922 年，爹爹为了表达他信仰共产主义的决心，毅然决然脱掉马靴，换下军装，放弃了荣华富贵的生活。他只身前往上海，拜访了因广东军阀陈炯明叛变而被逼回上海的孙中山。孙中山希望利用滇军的力量夺回广东，并表示预付军饷 10 万元。爹爹虽然同情孙中山的处境，但凭他 10 年的经验，对借助一部分军阀攻打另外一部分军阀的做法失去了信心。他婉言谢绝了孙中山的要求。

　　从军阀连年混战的痛苦经历中，爹爹看到国民革命借助军阀力量来实现是毫无前途的。他在苦闷中急于寻找一条拯救中国的正确道路。于是他决定出国留学，而且执意到德国去，因为德国是马克思、恩格斯的故乡，是马克思主义的发源地。他到那里为的是学习马克思主义，考察德国社会，寻求拯救中国的真理。这或许是他逃避中国战乱最好的理由，也是去寻找革命道路最好的出路。这之前，爹爹和母亲贺稚华刚刚相识，母亲也将随同到德国留学。为了迎接新的生活，迎接即将来临的新世界，爹爹痛下决心，出国之前，必须戒掉大烟！爹爹特地到上海，在专门戒烟的医院里顽强地和自己体内的毒瘾搏斗了十多天。

　　吸烟容易戒烟难，戒烟后不再吸烟更难！

　　那些日子，爹爹不知道是如何熬过来的，好似蜕皮的春蚕，痛苦地蜕下暗色的皮囊，获得一身洁白无瑕的肌肤那样，忍受了常人难以忍受的身体和精神的双重煎熬。

　　离开医院的爹爹，从此和烟草永远绝缘！

爹爹经历了这次不平凡的戒烟，不仅拔掉了体内的毒素，也获得了心灵的解脱。爹爹不再是以前那个旧式军官，不再拥有兵权，也没有丰厚的薪水。他完全告别了以前的生活模式，准备开始一个崭新的人生。

爹爹和历史上每一位可敬可爱的伟人一样，从尝试与错误中洒着泪、流着血去找路，去求证，去琢磨，千方百计地去寻找前人没有发现的道路。寻找的过程是痛苦的过程，但必定铸造一个人的坚强与成熟的神经，以至于有勇气踏着荆棘、踏着血迹去寻找。

爹爹到上海还有一个原因，他想寻找刚刚诞生的中国共产党。当时共产党的主要负责人是陈独秀，他在上海接待了爹爹。一开始，爹爹将入党的事情看得过于简单，以为他提出申请，共产党就会接纳他。可是有着丰富社会经验的陈独秀，对一个远道而来的老国民党党员，而且又是旧式军官，保持着特有的矜持和不信任的警觉，没有同意爹爹的申请。他觉得应该先考验这位有着特殊身份的人入党的动机。

爹爹用手去敲未来的大门，可是大门对他没有敞开，这无疑给决意要脱胎换骨的爹爹一个打击，但毕竟起程出国在即，远方世界的吸引远远大于眼前的失意，爹爹很快便拂去心头的不快。他相信，朝着一个目标前进，永不回头，目标终有一天会属于自己。

1922 年 9 月上旬，爹爹和他的朋友孙炳文等一同乘坐法国海轮离开了上海码头。

当时有许多熟悉爹爹的人对一个快要 40 岁的人去德国留学不理解，引起了种种猜测。爹爹曾任蔡锷的滇军旅长，是位战功赫赫、威震三军的将领，是四川人引以自豪的叱咤风云的人物。他在讨袁战争中屡建奇功。纳溪一战，把北洋军阀张敬尧打得落花流水。他用兵如神，爱兵如子。他的部队纪律严明，从不骚扰百姓。因此，对爹爹为什么出国留学，而且偏偏到德国去，有人猜想是不是由于德国有个著名的军事家克劳塞茨的缘故？

随着海轮的颠簸和船舷两边海水的涌动，眼前的海域越来越壮阔，海水越来越湛蓝，爹爹的心也越来越清澈宁静。他相信他的探索会在外国的土地上得到答案，一定会寻找到解救中华民族危亡的钥匙。

1922 年 9 月上旬，朱德离开上海前往法国。他认为，"在先进的欧洲可以找到救国救民的方法"。

爹爹和孙炳文乘坐法国邮船"安吉尔斯"号,在大海上航行了40天,于10月抵达法国马赛港。他们一到住所,就听说在欧洲留学的学生成立了共产党的团体——中国共产主义青年团旅欧支部,负责人正在德国柏林。爹爹他们连行李都没有打开,当即决定去德国。

Part.6 孕育我生命的同时,爹爹也迎来了他的"新生"。

我有个很奇怪的乳名——四旬。

小时候听外婆告诉我,1926年4月我在莫斯科出生的时候,爹爹这年正好40岁。为纪念他40岁得一女儿,特地给我起了这个乳名。

以前,我只以为乳名就这一个纪念意义。

后来我长大阅读了有关父亲经历的书籍,才明白40岁的爹爹经历了一次人生的重大转折。我这个小生命诞生的同时,爹爹也将迎接一次新的革命——回国参加北伐战争。这是爹爹1922年到德国以后,第一次执行中共中央的命令,第一次将自己的追求和理想付诸行动。

当初,爹爹带着希望来到德国,在这里他遇见了比他小12岁的周恩来伯伯。

爹爹以后向别人描述了第一次和周恩来相见时的情景:

> 我们是1922年10月抵达柏林的,一到那里,我们就直奔周恩来的住处,这是我们在路上听说中国留学生在德国和法国建立了共产党支部后,打听到领导人是周恩来,并且有了柏林的地址。我当时已经36岁了,听说周恩来才24岁,年龄悬殊很大,使得我又怀疑自己是否会像在上海那样遭到拒绝。我怀着不安的心情敲开了周恩来的门,看见一个身材瘦长、比普通中国人略高一点的人,两眼闪着光辉,面貌很引人注意,称得上清秀。不过,这是男子汉英俊的一种清秀。让人一看就感觉到他的聪颖。周恩来举止优雅,待人体贴,询问我们有何见教的时候,甚至有点腼腆。

爹爹有这样的感觉，我也有过。

那时我只有 12 岁，但却非常清楚地记得周恩来伯伯那双明亮的大眼睛和他那令人感到亲切的笑容。那次他和邓颖超妈妈专门秘密来成都接我去延安，他见到我，惊讶地对邓妈妈说："这个孩子多像朱老总！""可不是嘛！……不过朱老总皮肤没有这么白！"邓妈妈以她女性特有的敏锐观察力，一眼看出了我和爹爹的差别。我白皙的肤色遗传自母亲，但是模样和神态的确是从爹爹那里遗传来的。我不知道，周恩来伯伯看见我时，是否还想起他和爹爹 16 年前的第一次相见。

爹爹和周恩来一见如故，立即将多时委屈在肚子里的苦衷全盘托出，特别讲述了他这次来欧洲学习就是为了寻找革命道路，寻找自己新的生活方式，用现在的说法就是换个活法！讲述过程中，周恩来始终侧头仔细倾听，不打断爹爹的讲话。最后，爹爹向这位比他小 12 岁的年轻人郑重地提出加入中国共产党的请求！爹爹的请求很快得到批准。1922 年 11 月，爹爹终于从旧时代中、从困惑和矛盾中拔出那一条无处落脚的腿，双脚站立到新的时代里。

爹爹和周恩来在德国认识后，爹爹继续留在德国学习，周恩来不久去了法国。等他们再相会时，一个伟大历史的开端正等待着他们……

1927 年 8 月 1 日，爹爹和周恩来，还有叶挺、刘伯承、贺龙等人领导了南昌起义，向武装的国民党反动派打响了第一枪。

直到周恩来 1976 年 1 月去世，爹爹和他并肩战斗了半个多世纪。可以说，周恩来伯伯不仅是爹爹的入党介绍人，也是和爹爹最早合作的共产党领导人，而同毛泽东合作的"朱毛"岁月却是在这之后。

爹爹入党是秘密的，因为周恩来考虑到爹爹是国民党的老党员，又是资深的军官，在国民党军队中有很高威信，就想利用这个关系，让爹爹做统战工作。后来爹爹回国参加北伐战争，主要任务就是做四川军阀的统战工作。

爹爹成为中共党员后，愈加刻苦地攻读马克思主义，他深入考察德国社会，几乎跑遍了大半个德国，他的思想也日趋深邃、成熟。爹爹一边在哥廷根大学就读，一边还领导着中国留学生学生会的工作，在留德学生中很有威望。他那股热情和用功劲一点也不像已经 37 岁的中年人。

Part.7 爹爹在留学的同志们眼中是一位带有神秘色彩的人物。

1924 年，春寒乍暖时节，孙炳文回国参加国民党第一次全国代表大会。他返回德国时和与爹爹从未见过面的刘鼎一同乘火车横穿西伯利亚，取道莫斯科前往柏林。

一路上，河流、山峦、村落、田园和一座座充满异国风光的城镇在眼前闪过。他们无心欣赏欧洲大地奇特的景致，而在破旧残败的车厢里兴致勃勃地谈论着。刘鼎这次出国是受命向国外同志传达党关于国共合作的指示。因此，在漫长的旅途上，他们谈论的话题多半是刚刚结束的国民党第一次全国代表大会；孙中山先生提出的"联俄、联共、扶助农工"三大政策；国内日益高涨的革命形势和国共合作的前景；也谈论着巴黎、柏林、哥廷根和正在那些地方学习和斗争的同志们。

谈到爹爹的时候，孙炳文更是滔滔不绝，充满了敬佩之意。刘鼎还没见过爹爹，但对他在国内的一些事迹却早有所闻，这次一路听了孙炳文的介绍，也对爹爹充满了敬意，非常渴望早日见到这位大名鼎鼎的滇军将军。

列车的隆隆声在寂寞的夜空中回荡。柏林越来越近了。一想到就要见到他所敬慕的人，刘鼎久久不能入睡，思绪随着列车的节奏翻腾着，翻腾着……

后来刘鼎这样回忆道：

到达柏林后，我们先向党内传达了有关文件，动员共产党员、青年团员以个人资格参加国民党，推动国民革命。接着，又在国民党员中作了传达。随后，中共旅德支部根据大家的提议，决定召开大会改组早已涣散了的国民党旅德支部。当时，在柏林"跨党"的共产党员、青年团员和赞成国共合作的国民党员都参加了会议。会上提出改组人选，我被选为支部书记，朱德虽然没有到会，仍被选为组织主任。

不久，我和孙炳文前往哥廷根会见朱德。

在一栋古老的小楼里，我们见面了。异国相逢，格外亲热。当孙炳文把我介绍给朱德时，他紧紧地握住我的手说："欢迎！欢迎！你来了，又增添了一份力量。"

坐定后，孙炳文向他讲述国共合作以来的国内革命形势，我党的新政策，孙中山先生的"三大政策"和新三民主义的内容。这时，我细细观察这位对面而坐、久闻大名的滇军宿将。他穿着一身普通的西装，黝黑的脸显出全神贯注、极度沉思的神态，前额宽大而又微微隆起，淡褐色的一双眼睛专注地闪动着。看得出，他敦厚、朴实、敏锐，昔日雄姿犹在。

◀ 1923 年朱德在哥廷根。

▶ 1923 年 5 月至 9 月，朱德在哥廷根住过的地方。

孙炳文讲完，我又介绍了改组国民党旅德支部的情况。然后，我从口袋里掏出几份文件递给朱德，他接过去，仔细地翻阅着。

"很好，这里面定的，我完全赞成。"说着，他兴奋地站起来，在房间里来回地踱着慢步，像是沉思什么似的。过了一会儿，他冲着孙炳文说："浚明（孙炳文的字），你还记得吧，两年前我们在上海会见孙中山先生，诉说我们多年的苦闷。孙先生也深感军阀势力靠不住，国民革命要找新的出路，要吸收新生力量。当时，孙先生谈他正酝酿制定新政策。时过两年，这新政策果然出来了！我赞成党的国共合作政策，赞成国民党'一大'宣言。推进国民革命，任重而道远哪，我们这些身在国外的人要抓紧工作才是。咱们一起把国民党支部工作抓起来，给它来一个脱胎换骨的改造。你们看好吗？"

以后，我和孙炳文在哥廷根住下了。我们的住处离朱德寄宿的地方不远，我们经常到他那里去开会，研究工作，组织学习讨论。朱德对发展国民党左派力量抓得很紧。因为一般留德学生只知道他是位老资格的国民党员，而不知道他已经加入共产党，所以，他能广泛接触留学生。经过宣传教育工作，一些中间派，甚至少数原是右派的学生，也纷纷加入国民党旅德支部。这样，我党在哥廷根大学中国留学生中间的影响日益增长。国民党旅德支部改组后，真正成为联合一切革命力量的统一战线组织。

Part.8 爹爹的真知灼见，令中国留学生和当地德国人敬佩不已。

在哥廷根大学里，中共旅德支部是经常组织学习讨论的。那时，他们的书籍有《共产党宣言》、《共产主义 ABC》、《马克思恩格斯通信集》等。爹爹学习很认真，记了不少笔记。他读的书，圈圈点点，密密麻麻，写满了批注。对他这种刻苦学习的精神，连接近他的德国同志都很感动，他们说："一个中国将军到德国来学习马克思主义，这么刻苦，我们德国人难道不应该好好学吗？"

他们还经常聚会，大体上一周一次，多半和旅行结合起来。大家到哥廷根郊外或附近的山冈上，三五成群，边走边谈。争论热烈时，索性席地而坐，各抒己见，畅所欲言。

有的留学生生活很苦，有时连吃饭钱都没有，但他们对未来的社会主义却有着奇特的想象。有人说：到了社会主义吃饭不成问题啦，到处都安上营养输送管，只要拧开龙头，就像喝自来水似的，一下子就喝饱了。有的人则说，将来，反动统治阶级被打倒了，资本家的工厂被没收了，工农差别消灭了；也没有什么大城市，城市农村交错融会在一起，城乡差别消灭了；没有小家庭，没有买卖婚姻，结婚是自由结合……

朱德学习过的德文版马克思
主义著作。

　　这些认识现在看来未免太浮浅而幼稚可笑，可是在当时，他们却
十分严肃认真地将其作为未来社会主义社会的美好蓝图而一往深情
地探讨着、向往着、憧憬着。爹爹在他们中间年龄最大，阅历丰富，考
虑问题比这些青年人深刻、透彻、现实。所以，他们很尊重他的见解。
一次讨论问题时，许多同志惊叹资本主义工业化的成就，爹爹却沉重
地对大家说：先进的科学技术固然是人类征服自然的成果，但是在资
本家手里却变成了压榨工人血汗的桎梏。

　　他接着说："在我没有接触马克思主义以前，曾经认为，中国之所以
备受东、西方帝国主义的欺凌，只是因为她贫穷落后；我还想过或许资
本主义道路能够拯救中国。可是到德国这两年，我的思想转变了。中国
确实贫穷落后，但是不改变中国半封建半殖民地社会制度，不打倒贪官
污吏、土豪劣绅、军阀和帝国主义，中国将永远贫穷落后，任人宰割！"

　　从此以后，他们的讨论会更加注意结合中国革命的实际问题。一
些青年怀着敬意称朱德为"半封建半殖民地"，虽然诙谐，却含意深
刻，由衷地钦佩他分析问题的真知灼见。

　　爹爹忧国忧民，思想深邃，对受压迫受剥削的人民群众有着强烈
的阶级感情和善良的同情心，即使对德国人民也是如此。

　　德国在第一次世界大战被打败，协约国中以英帝国主义为主的几
个国家向德国勒索巨额赔款，德国经济在沉重债务下完全崩溃了。马
克贬值，跌到二亿四千万马克兑换一美元，到后来更是以天文数字下
跌。德国资产阶级政府把经济危机转嫁给广大人民群众。通货膨胀，

1924 年 3 月，朱德进入哥廷根格奥尔格·奥古斯特大学，学习社会科学。这是该校注册处外景。

朱德在格奥尔格·奥古斯特大学的入学登记卡。

物价飞涨，马克成了毫无价值的废纸。家庭主妇挎上一篮纸币只能买回一两块面包和几斤马铃薯，工人的工资购买力几乎等于零！饥肠辘辘的人民群众在痛苦和绝望中挣扎。1924年初，美帝国主义趁火打劫，以援助为名推行"道威斯计划"，加剧了德国经济的恶化。

爹爹对德国人民的处境十分同情。在他领导哥廷根大学学生会期间，发生过这样一件事情。

原先,学生会曾经用五美元买下一栋不小的楼房。后来房主到法院去起诉,要求赎回楼房,法院传学生会负责人出庭受讯。不少学生听到这个消息都很气愤。有的说,一个愿买,一个愿卖,两厢情愿,岂能反悔? 这楼不能退! 有的说,反正马克不值钱,他要多少马克给他多少。

爹爹却主张无代价地把楼房退还房主。他说:帝国主义掠夺德国人民,反动政府搜刮本国人民,所以才造成通货膨胀,马克贬值。世界上哪有五个美金买一栋楼的便宜买卖? 德国经济破败到如此地步,遭殃的是老百姓。我们中国留学生要站在被压迫被剥削的德国人民一边,把楼房无代价地退还原主。他还表示:"如果学生会不同意这样办,那么由我出钱赎这栋楼好了。"

大多数学生被说服了,一致赞成爹爹的意见。

开庭那天,爹爹和许多中国留学生都出庭了。

学生会代表在法庭上发表了慷慨激昂的演说,义正辞严地控诉了帝国主义对德国人民的野蛮经济掠夺,抗议美国政府宣布的"道威斯计划"。公开声明:我们中国留学生反对帝国主义剥削,同情德国人民。我们宣布,一个赎金都不要,把这栋楼退还原主。

在场旁听的许多德国人非常感动,那位房主更不知说什么好,含着眼泪频频向他们点头致谢。

这件事顿时轰动了哥廷根城。德国人民群众竖起大拇指称赞:中国留学生真好! 附近认识爹爹的德国人本来就对他怀有敬意,因为在德国人眼里,"将军"这称号和公爵一样显赫,一些德国妇女平时看见爹爹都行礼致意,当他们知道退还楼房是爹爹的主意后,更是敬佩不已。

Part.9 面对右派的冲击,爹爹如怒目金刚。在德国,他萌发了中国未来的人民战争军事思想。

爹爹离开哥廷根回到柏林不久,发生过一起与右派学生争夺留学生总会办公室的斗争。

中国留德学生总会设在柏林市中心热闹繁华的康德大街的一栋

楼内，有七八间房子，地方很宽敞。共产党和国民党左派的学生经常在这里活动、学习，来往路过柏林的同志也常来这里，一时成了我党的一个活动中心。国民党右派和另立旗号的所谓"青年党"学生，也在这里出出进进。本来，各派学生都有钥匙，各自开锁进门，自由出入。有一天，右派学生突然把门锁换了，并宣布占领留学生总会，还贴出一张布告，说是过去这里被共产党霸占了，他们要收回云云。

面对右派学生的无理挑衅，爹爹他们开会研究，决定夺回来。于是，爹爹带上人马拥进楼去，用斧头劈开门锁，又重新安上一把新锁，也贴出一张布告，严正声明：留学生总会受孙中山先生的国民党旅德支部领导，留学生都有权使用会所。

那伙右派学生哪里甘罢死心？

有一天，爹爹、孙炳文、刘鼎和其他几个人正在房里装订刊物，一群右派学生突然闯进来，寻衅打架。爹爹一看来者不善，迅速抓起一把椅子往地上一摔，随手抄起两根椅子腿，往墙根一站，像一尊怒目金刚，冲着那群右派学生大声喝令："滚出去！否则别怪我手下无情！"

那群右派学生定眼一看是爹爹，知道他是一位戎马出身的将军，没敢轻举妄动，僵持了一会儿，右派学生便灰溜溜地走了。

事后，大家开玩笑地说："朱将军，你真把当年在战场上冲锋陷阵的威风拿出来了。"爹爹听了哈哈大笑。

爹爹这一招还真管用，右派学生再也没敢来闹事。爹爹和大家一起在这套房子里刻蜡版、印刷、装订、出刊物。写文章他出主意，提意见，有时还动手修改。像油印、装订这类脏活、累活，爹爹也抢着干。看到他那样和蔼可敬，埋头苦干，沉默寡言，言必中肯，人们很难想象他在反动势力面前却是那般刚毅、坚定，英勇无畏。

当时的德国，衰败的经济尚未复苏，政治动荡更加深了人民的苦难。广大德国人民中间蕴藏着强烈的革命愿望，德国共产党的威望大增。另一方面，一股出壳不久的反动势力——以希特勒为首的纳粹党徒，也在政治潜流中混水摸鱼。德国的政局十分纷乱混杂。当时，德国共产党拥有相当的力量，其外围组织有一个叫"红色前敌"的，是以军队原则编制起来的准军事组织，类似现在我国的民兵。当地广大工人和部分农民、学生纷纷参加了"红色前敌"。

1925年夏天，德国共产党中央在柏林组织了一次盛大的"红色前敌"阅兵式。20多万"红色前敌"成员手持木棒，从全国各地赶到首都，在柏林郊外一个很大的公园里搭起无数顶帐篷，好像一个威武壮观的大兵营。

爹爹和一些中国同志也应邀前往参加。

在举行阅兵式那天，只见人山人海，红旗招展，棍棒林立，口号声、欢呼声惊天动地。德国共产党总书记台尔曼发表了演说。接着，浩浩荡荡的游行示威开始了。"红色前敌"的一个个方队，穿着一色服装，扛着木棒，喊着口号，步伐整齐地走过柏林市区。围观的群众喝彩助威。政府当局派出的警察被这个巨大的阵势吓坏了，开始还有警察维持秩序，后来连个影子也看不见了，谁也不知道他们到什么地方去了。

与此同时，还举行了野营军事训练、巷战演习。"红色前敌"表现出严格的组织纪律和良好的军事素质，人民群众对他们非常支持，捐献给他们大量面包和水果等食品，在"红色前敌"的宿营地前，捐赠品堆积得像一座座小山似的。

爹爹被眼前豪迈而激荡的情绪感染着振奋着，脑海中不断闪现中国人民手持长矛冲杀的场面。他想，只要组织起群众革命，这种力量和勇气是排山倒海、无往而不胜的。他一边观看，一边详细地了解"红色前敌"的组织形式和人员情况，从中学到了不少东西。过后，他对同志们说："真了不起！这是人民武装的一次演习。'红色前敌'中有许多人参加过世界大战和保卫德国苏维埃共和国的战斗，还有一些人参加过汉堡工人武装起义。他们有丰富的军事经验，有人民群众支持，一旦革命需要他们就拿起武器，这是一支强大的工人阶级军队。看来革命要取得成功，第一要有人民的军队，第二要有人民群众的支持。"

爹爹从"红色前敌"阅兵式上受到的启发，在后来的中国革命战争中逐渐形成了他的人民战争军事思想。这不能不说是爹爹留德学习的一个重要收获。

Part.10 国内的革命志士在流血，海外的爹爹也身陷洋牢房。

1925 年 3 月 12 日，中国民主革命的伟大先行者孙中山先生不幸逝世。消息传来，中国留学生们悲痛不已。中共旅德支部和国民党旅德支部决定在柏林举行大型追悼会和示威游行，并筹备发行悼念孙中山先生的小册子。

爹爹自始至终参加了这些活动，日夜操劳，十分繁忙。

悼念大会有几百人参加，有中国留学生和爱国华侨，还有许多德国共产党人和进步群众。会场气氛庄严肃穆，许多人失声痛哭。

会后举行了示威游行。人们抬着孙中山先生的遗像，撑着大幅挽联，沿着柏林的主要街道缓缓行进。一路上，许多德国群众自动加入游行队伍。孙中山先生是属于被压迫民族的革命家，处在帝国主义压榨下的德国人民自然了解他、景仰他。街道两旁站满了群众，就连那些柏林当局派出的以维持秩序为名监视我们游行活动的警察，都对孙中山先生遗像行注目礼。

游行队伍在中国驻德大使馆门前停留了许久，不断有人以激昂悲愤的声音发表悼念演说，向那个反孙中山、反人民、媚外辱国的北洋政府驻德大使发出抗议。

这次悼念孙中山先生活动的消息，第二天就在柏林报纸上刊登出来了，以国民党旅德支部名义写的传单也散发到柏林街头和全国各地。为时几天的悼念活动反映出中国人民的觉悟，宣传了孙中山先生的革命思想，对帝国主义和德国反动派，对反革命的中国军阀政权，也是一场大示威。

孙中山先生逝世后，国内的国民党右派势力重新抬头，新老军阀和帝国主义互相勾结，沆瀣一气。1925 年 5 月 30 日，上海工人和学生抗议日本纱厂资本家枪杀工人领袖顾正红的游行示威队伍竟遭到英国军警的屠杀，造成震惊中外的五卅惨案。帝国主义的暴行激起了全中国人民的愤慨，全国各地开展了声势浩大的抗议示威运动。香港海员和各界工人总罢工，英帝国主义霸占下的香港变成了一座臭气熏天的死城。欧洲大陆许多国家的人民群众也集会声援中国人民的正义斗争。

　　五卅惨案的消息传到柏林，群情激愤。中共旅德支部立即发出通知，号召中国留学生组织声援活动。德国共产党中央全力支持爹爹他们的行动，在他们的机关报《红旗报》和其他刊物上发表文章痛斥英帝国主义的暴行，同时开展了"中国还给中国人"的运动，还派人陪同爹爹他们到德国各地参加集会。无论走到哪里，只要有中国同志在群众集会上登台讲话，不管是讲汉语还是讲德语，群众都报以热烈的掌声，德国共产党和人民真诚地支援中国人民的革命斗争。

　　在柏林，爆发了中国留学生占领中国驻德大使馆事件。这是我党

1923 年，朱德和部分留德人员在哥廷根合影。前排右起：朱德、贺治华、郑太朴、张申府。后排右起：孙炳文、高语罕。

组织的抗议示威活动中影响很大、震动了德国反动当局的一次行动。爹爹参加并领导了这次行动。

　　爹爹他们包围了大使馆，提出要中国驻德大使出来接见，答复他们的要求。那个平时神气十足的大使害怕挨打，早不知躲到哪里去了。

　　愤怒的人们冲过警戒线，涌进使馆大厅，找到了一个使馆小官吏，大家盘问他："大使到哪里去了？"

　　"他……他……不知藏到哪儿了，没出门。"吓坏了的小官吏回答说。

"搜"！爹爹一声令下，学生们一拥而上，从一楼搜到三楼，终于在一个衣柜里把战战兢兢的大使拖了出来。人们连推带拥把他带进办公室，当众向他提出留学生的要求，并把拟好的抗议通电递给他，严正地对他说："你只要还是个中国人，还有中国人的良心，请在通电上签字，和我们一起抗议英帝国主义屠杀我国人民的暴行！"他唯唯称是，乖乖地签了字。

声援五卅运动的示威集会活动持续了一个多月，特别是占领驻德大使馆的行动使那个反动大使非常恐惧，他向德国政府提出把闹事的中国留学生驱逐出境。驱逐人员名单上，爹爹的名字赫然列在第一位。

大约6月下旬，为扩大声援五卅运动的影响，在德国共产党的帮助下，以中国留学生总会名义在柏林一所学校里组织了一次集会。警察闻讯包围了会场。群众看到警察出面干涉，非常气愤。德国同志高呼：

"社会民主党人滚出去！"

"反动警察滚出去！"

"要中国！不要社会民主党！"

为什么德国共产党人点名斥责德国社会民主党呢？因为当时柏林警察总监是社会民主党人，是他派出警察包围会场，自然遭到大家的唾骂。

散会时，警察开始抓人。他们把德国人、别的外国人都放过，唯独逮捕中国留学生，爹爹、孙炳文、房师亮、章伯钧、缪焕星、刘鼎等同志一起被捕。

深夜，爹爹他们被带进柏林的一座监狱。这座像古城堡一样的监狱十分古怪，高达五层的大楼竟没有门，人们要顺着一座楼梯一直爬上楼顶，再从楼顶一层层走下去，才能走进各层楼的牢房。显然，这种奇怪的建筑设计为的是防止犯人越狱或外面劫牢。

他们被带进三层楼，一人一间，单独监禁。狭小的牢房里摆放着一张破板床、一个铁凳、一只铁马桶，就再也没有活动余地了。在昏黄的灯光下，被捕的许多同志躺在破板床上怎么也睡不着，他们有生以来第一次坐班房，而且还是在国外，那焦躁不安的心情可想而知了。

爹爹却很坦然，和以前一样，安睡、吃饭、做操……

一连几天,爹爹他们在监狱里大声吵闹、唱歌、抗议,闹得看守警察不得安宁。三天后,柏林当局不作任何解释,悄悄把他们释放了。出狱之后,爹爹他们才知道这是德国共产党积极营救的结果。就在他们被捕第二天,德共中央机关报《红旗报》就公开报道消息,发表文章,强烈谴责政府当局,认为中国留学生集会抗议英帝国主义何罪之有?政府当局悍然出动警察逮捕中国留学生,岂不说明政府站在英帝国主义一边吗!既然政府当局和掠夺德国的英帝国主义站在一起,那么,表明它已经背叛了德国,背叛了人民。德共要求社会民主党表态:究竟站在英帝国主义一边,还是站在中国留学生一边?社会民主党不敢回答。德共就大造舆论,要求社会民主党政府下台。德共巧妙地把社会民主党置于被告席上,弄得他们狼狈不堪,只好迫于形势把中国留学生释放了。

Part.11 在爹爹和母亲到达莫斯科后,我顺利来到了这个世界上。

在德国的土地上,诞生过哲学家,也诞生过文学家。在这富有哲理和浪漫情调的大地上,在这个美丽的异国他乡,我闯入了父母的生命中。我的父母在德国共同学习,共同参加革命活动,但母亲的思想渐渐发生了变化,她和爹爹虽然生活在一起,可心却越离越远,直到最后完全离开了我的爹爹。

在我即将出生的时候,德国政府在北洋政府驻德大使的乞求下,借故将爹爹和一批中国留学生驱逐出境,随后德国当局限期他们24小时离境。那时,国内也已来电调旅欧支部50多名干部回国。

父母只好匆忙准备行装。尽管当时母亲已经对爹爹不好,让爹爹伤心,但是母亲的预产期临近,爹爹还是尽了自己应尽的责任,取消了回国计划,陪着临产的母亲,根据党组织的安排,横渡波罗的海到了苏联。一到莫斯科,爹爹将母亲安置在莫斯科郊外的一个农庄待产,他先进入东方大学学习军事。

在他们到达莫斯科后,我来到了这个世界上。

我出生的时候,爹爹正好在身边,他对我这个女儿自然是喜欢得不得了。

　　我的顺利出生，对于爹爹来说好像了却了一桩心愿，他可以再次为革命投入全部精力。爹爹在我刚满月时就离开了我。40 岁的爹爹才有了自己的女儿，这个年龄是非常喜欢孩子的，是什么力量使得爹爹能撇下家庭，离开襁褓中的婴儿，去献身革命？

　　长大后，我思考过这个问题。

　　爹爹早已将革命利益看得高于一切，以求天下解放为己任。爹爹投身的急流愈宽阔，个人情感和家庭在急流中的阻力就愈小。爹爹投身的是大洪流，投身后的自己就消失在博大的洪流中。

　　后来和爹爹接触多了，才了解爹爹那种永远属于国家和事业的精神境界。

　　我出生的时候正好是国内风暴再次掀起的时代，远在莫斯科的爹爹怎能按捺住蓬勃的情绪和寻求已久的向往！特别是此时的爹爹已经铁了心跟着共产党，和以前许多旧关系都断绝了联系。此时正是他回国大展身手，在以前那些军阀面前展现崭新革命形象的机会。我这个小小生命自然无法阻止爹爹向往革命的脚步。他要起程了……他是带着对革命未来的向往，带着对新生女儿的思念，也带着个人生活不幸的伤痛踏上了回国的归程。

　　从我记事起，身边没有父亲也没有母亲。我常常怨恨母亲：她为什么不要我？不抚养我？不给我母爱？长大后我才知道，母亲弃我而去，甚至叛离了我的爹爹，是为了追求与爹爹的信仰完全不同的生活方式，她彻底改变了自己的一生。在这一点上，我作为女儿，是不能原谅她的。

　　我的存在，也给爹爹留下了一个温馨的盼头。革命形势一有好转，爹爹便让组织及时地寻找我，并且承担起一个做父亲的责任，可见我在爹爹心中是有相当重要位置的。

　　然而，爹爹这种行为并不能让我从 14 年的陌生中获得全部的理解和感动，毕竟爹爹的内心感情埋藏得太深太深。

03 Chapter

1937 年春. 朱德在延安。

Part.1 南昌起义是爹爹第一次以共产党员身份参加领导的战役。

无论在太行山八路军指挥部，还是在延安以及后来到中南海，爹爹住的地方总是来访者络绎不绝。以前我以为是爹爹工作职务的缘故，后来慢慢发现这不是唯一的原因。许多来看爹爹的人并不是来谈工作的，常常是专门来看望爹爹的，或是叙旧，或是下棋，或是谈诗。哪怕只是默默坐一会儿，他们都觉得十分愉悦。

爹爹也同样，无论他走到哪里，身边都能迅速聚集一批熟悉他的人，来者无论职务高低、权力大小，他们都交谈得和谐亲近。这些人在爹爹面前从不提个人范围的私事，更不会提出让老总对自己多加关照的请求。因为大家知道爹爹的为人！

说起来让人难以置信。历史上哪个率兵的没有几个心爱的将领？可爹爹不同，他一辈子统帅军队，可以说统兵千万，手下将领何止百千，就是没有一支部队属于"嫡系"，没有一个将军是"心腹"。爹爹对谁都一视同仁，从不厚此薄彼。在大家眼里，爹爹是心地光明、堂堂正正的楷模将帅，所以愿意和他亲近，和他说心里话，而且说完后又不会有任何后顾之忧，更不会招致"帽子"、"棍子"之类的"秋后算账"。

爹爹的历史几乎和中国革命历史同步，凡是以后成为我党我军领导人或是高级将领的，几乎都在他的手下战斗过。他们走过艰苦的战争年代，经过枪林弹雨的洗礼，他们的感情真挚而实在，无私而纯洁……这不是我们今天物欲横流的一些人所能理解和认同的。

战争可以毁灭一个人，也可以缔造一个人。

爹爹从国外回来参加北伐战争，他为中国革命而征战的历史由此拉开了序幕。

第一幕登台的大戏，便是1927年8月1日的南昌起义。

那次起义以周恩来为书记的中共前敌委员会中有爹爹、贺龙、叶挺、刘伯承等人。这是建立中国共产党以来，第一次用武装力量反抗国民党反动派血腥的镇压。中国革命现代史上，印刻下了一支新生武装力量的足迹。

然而，打开史书，南昌起义绝非像人们所讲述的那样轻松和顺利。

起义的第三天，前委按原定计划命令起义部队撤出南昌向广东进军，目的是想在潮汕地区接受外援（当时苏联答应支援起义部队），再兴第二次北伐。起义部队在广东三河坝分兵，周恩来、贺龙、叶挺、刘伯承等率起义军主力从大浦经韩江顺流而下，直取潮汕，而爹爹率4000人留守三河坝，掩护全军的侧背。10月初，爹爹率军和敌军3个师大战三河坝，歼敌1000人，然后率部队撤出三河坝，去追赶攻打潮汕的主力。

◀ 南昌军官教育团旧址。在这里朱德为党培养了一批军事干部。
▶ 这原是朱德在南昌的旧居，1927年八一南昌起义前夕，周恩来曾住在这里。

世上的事情实在令人难以预测，毕竟起义部队是一支年轻的部队，他们的指挥官还缺乏成熟的战斗经验，加上士兵大多来自农村，没有经过正规的军事训练。当主力部队以势不可挡的气势直扑潮汕时，狡猾的国民党军已经在那里构筑了坚固的工事，以逸待劳，迎战长途跋涉风尘仆仆赶来攻打的共产党起义部队。战斗的结局可想而知了。起义部队终因寡不敌众，攻打潮汕的计划严重受挫，指挥战斗的领导人也被打散，相互失去了联系。而相隔不远的爹爹却不知道这个消息，带领部队日夜兼程，准备和潮汕的主力会合。直到抵达潮汕附近的饶平遇见撤兵，才知主力已在潮汕失败。

"什么？三万兵马剩不到三千？……"当爹爹问清情况，不由得睁大眼睛……顿时一股凉气由脊梁后面爬了上来。

这个巨大的变化来得太突然了，突然得让大家无法相信，几天前还是一支浩荡的大军，转眼就溃不成军。

身经百战的爹爹虽然很少遇见这种大起伏的战役，但以他的军事经验，觉得起义部队还没有到山穷水尽的绝境。他一边收集散兵，寻访主要领导人的下落，一边紧急布置剩余部队的转移。

危难时刻，爹爹表现出大无畏的力挽狂澜的气概和机智沉稳的作风。爹爹果断带领留守部队西进，进入粤赣边区，那里是山区，便于隐蔽。

西进的征途充满了血腥和硝烟。国民党得知还有一支起义部队正在转移，立即调集重兵追剿，妄图一网打尽。

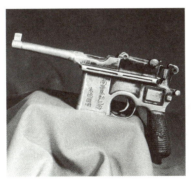

◀ 这是朱德八一南昌起义时用过的驳壳枪。

▶ 1927 年 10 月，南昌起义主力在广州潮汕地区失败，起义时三万人的队伍，此时只剩下由朱德率领的驻守在三河坝的二十五师和九军教导团2500 人。这支部队不久改编为工农红军第一师。图为三河坝战斗时朱德指挥部所在地田氏宗祠。

参加过南昌起义，后来又随着爹爹的起义部队转移的粟裕大将，在一篇回忆文章中这样讲述他们西进的情景：

> 部队在孤立无援和长途跋涉中，困难愈来愈多，情况愈来愈严重。我们虽然摆脱了国民党反动派的重兵追击，但一路上经常遇到地主武装、反动民团及土匪的袭击和骚扰，特别是三南地区地主土围子和炮楼很多，不断给我们造成威胁和损耗。为了防备地主民团的袭击和追踪，我们有意避开大道和城市，专在山谷小道上穿行，在山林中宿营。此时已是 10 月天气，山区的气温低，寒冷、饥饿纠缠着我们，痢疾、疟疾一类流行病折磨着我们。更主要的是，大革命失败之后，全国革命处于低潮，南昌起义主力又在潮汕遭到失败。在这种情况下，革命的前程究竟如何？武装斗

争的道路是否还能坚持？我们这支孤立无援的部队究竟走向何
处？这些问题，急切地摆在每个起义战士面前。

　　严酷的斗争现实无情地考验着每一个人。那些经不起考验的
人，有的不辞而别，有的甚至叛变了。不仅有开小差的，还有开大
差的，有人带一个班、一个排甚至一个连公开离队，自寻出路去
了。其中也有一些人后来又重返革命队伍，继续为革命工作。我们
这支队伍，人是愈走愈少了，在信丰一带时，只剩下七八百人。不
少人对革命悲观动摇，离队逃跑，特别是那些原来有实权的带兵
的中、高级军官差不多相继自行离去，给部队造成了极大的困难，
使部队面临着瓦解的危险。

　　在这难以想象的艰难时刻，我们的朱德同志和陈毅同志，真
是像青松那样挺拔，像高山那样耸立，他们坚决率领这支革命队
伍，坚持走武装斗争的道路，成为整个部队的中流砥柱。可以毫
不夸张地说，如果那时不是朱德同志的领导和陈毅同志的协助，
这支部队肯定是要垮掉的。当然，有些同志也可能走上井冈山，
但作为一支部队是不可能保存下来的。

Part.2 危难之中爹爹与陈毅结为生死之交。

　　就在起义部队处于危难之际，一身商人打扮的陈毅来到了爹爹
身边。

　　这位曾经担任中央军事政治学校武汉分校党委书记的政治官员，在
南昌起义领导成员中也有他的名字。可他从武汉赶往南昌时，国民党严
格控制了水路，重重布岗，盘查极严，而他的相貌又极易被认出。他不得
不放弃最近的路线，绕道远行，结果半路和撤退的起义部队不期而遇。

　　"没赶上起义，倒是赶上了撤退！"生性开朗的陈毅一身尘土，鞋
底磨透了个洞，仍不忘幽默。

　　关键时刻来了一员大将，爹爹怎能不高兴？几乎没有客套，直接
征求陈毅的意见："愿意干什么？"

"只要让我留在起义部队，当啥子都行，就是让我当兵也要得！"

爹爹怕委屈了这位文武双全的四川老乡，建议给他高一点的职务。陈毅一听，爽朗一笑，连连摇手说："不好不好，我才刚来，大家不了解我，一下子职务高了，不好工作。还是基层一点好，让我也有个熟悉的过程。"

爹爹用惊讶和激动的目光，把这位英俊潇洒颇带几分顽童神情的年轻军官上上下下打量了个遍，心里充满了敬佩之情——不愧是我党的政治工作者！那成熟的政治性格只有经历过政治斗争大风浪的磨砺才能具备。

后来，陈毅担任二十五师七十三团指导员，负责协助爹爹工作。

在部队辗转湖南境内时，陈毅为维护部队的完整作出了很大的贡献。陈毅有文化，又有很高的政治水平，他那善于演讲的口才说服了许多官兵。一些动摇悲观的官兵听了他的劝说，愿意继续留在起义部队，还有的离队官兵在他的热情动员下又重返部队。

看见部队情绪暂时稳定了下来，爹爹终于从多日的重压下长长地松了一口气，挺了挺略微弯曲的脊梁。"千军易得，一将难求"，何况此时连一卒都难留的危难处境中能求一将更是难上加难！爹爹愈发珍惜他和陈毅患难见真情的战友之情。

深秋的山区，每天都是浓雾弥漫，气温格外的低，潮湿、寒冷和饥饿像驱散不走的幽灵，困扰着每个起义战士，不多久，许多人得了痢疾、疟疾一类流行病。大革命失败之后，全国革命处于低潮。在这样的情况下，士兵开始开小差，有的甚至跑到国民党部队里。更让人焦虑的是，连林彪这类黄埔军校的老牌军官也不辞而别，离队自寻出路去了。尽管他后来又回到部队中，但悲观动摇的情绪在士兵中蔓延得很快。

创造震惊中国的南昌起义部队面临着瓦解的危险！

革命的前程究竟如何？武装斗争的道路是否还能坚持？爹爹和陈毅心头的焦虑比疾病、饥饿这些肌肤之苦更难承受。

无论如何要保住这颗属于工农民众武装的"火种"！

爹爹一向以和善著称，但是也有例外的时候。

面临部队人心涣散的局面，虽然爹爹他们竭尽全力力挽狂澜，可是部队散失实在太厉害了，如果再不用军令制止，这颗微弱的"火种"

顷刻间将化为乌有。

爹爹终于动了大怒!

1927 年 10 月下旬,部队走进一个山坳,行进速度愈来愈慢,爹爹索性命令部队停止行军,立即召开全军大会!

所谓的全军也不过几百人马、百十条枪。士兵疲惫地拥挤在树林中的草地上,他们看见领导起义的指挥官面色严峻,锐利的目光令人敬畏,不由得打起了些精神。

爹爹挥动着自己的胳膊,大声说:"革命的跟我走,不革命可以回家。大革命失败了,不勉强大家!"

"要走……现在就走!"第二句近似吼叫。

大家顿时停止了窃窃私语,用惊讶的目光紧紧盯着爹爹。爹爹震怒的脸上凝聚着一团正气。

正气往往能带来权威效应。此时的局面需要出现权威,需要有威严的统帅。

爹爹"怒发冲冠"。

"你们一定听说过苏联十月革命,胜利了是不是?你可知道,十月革命的胜利是以 1905 年俄国革命失败为代价的。我们现在就是俄国的 1905 年革命!我们只要留下火种,只要有一个团,我们就能打天下。军阀们不争地盘是不可能的,要争地盘,就要打仗,他们一打起来,我们就有办法了。革命终究会胜利的!"

陈毅接过爹爹的话头。

"成功者是英雄,但是能从逆境和失败中站立起来的英雄才是真正的英雄!"

怒颜虽说让人害怕,但怒言却让人心折。爹爹他们一番壮怀激烈的措辞,好比给大家低沉失落的心里播撒了希望的种子,让每个人有机会重新认识自身的价值。

英雄!火种!

这是对男子汉最好的奖赏。

这次大会后,起义失败的英雄们终于挺了下来,将革命火种带进了 1928 年,形成了湘南暴动的燎原之势。爹爹他们第一次公开打出军旗是 1928 年 1 月，鲜红的军旗上用黑字写着"工农革命军第一师"，全体将士在这一天纷纷撕掉军帽上的国民党帽徽，脖子上系上南昌起义时的红色带子。这标志着起义部队进入了公开武装斗争的时期。所以在抗日战争中，被改编为八路军的红军们又一次戴上国民党帽徽时，表现出了抗拒心理，这个罪恶的帽徽是他们用鲜血用生命才撕掉的，如今却要重新戴上，其心情能不起伏，能不痛苦吗？

爹爹在陈毅、王尔琢等协助下领导湘南暴动，打败了马日事变的刽子手许克祥 6 个团的进攻，这是中国共产党领导武装斗争的第一个大胜利。胜利后，爹爹带领 1 万多人的部队上井冈山会合毛泽东率领的秋收起义部队，这使井冈山的革命武装力量得到了空前壮大。

直到今天，曾经在爹爹战旗下出生入死的萧克将军满怀深情地给予爹爹高度的评价：朱总司令是中国共产党领导的军队的第一个总司令，也是唯一的最早参加辛亥革命的军队领导人，又是最早参加护国、护法战争的军队最高领导人，还是丢掉高官厚禄，远渡重洋，追求真理的军队最高统帅。

爹爹一生都在走"第一人"的道路，或许这就是爹爹的豁达气度和勇敢挑战的具体体现。

1928 年 1 月，朱德率领南昌起义军余部在宜章发动湘南起义。图为起义军指挥部旧址。

爹爹和陈毅一直没有分离，一同抵达井冈山，一同开辟革命根据地，直到开始长征，一件意外的事故才迫使他们洒泪痛别。

1934 年 10 月，红军主力长征在即，一个不幸的消息传到爹爹指挥部，他的老搭档陈毅在战斗中负了重伤，不能跟随红军主力长征。

陈毅听说中央决定让他留在当地，一边养病，一边坚持武装斗争。他不顾重伤在身，叫战士抬着担架来见爹爹，他希望爹爹能同意让他睡在担架上跟红军主力走。爹爹在红军指挥所看见了下身缠裹着绷带的陈毅，还没有顾上问他的伤势，直性子的陈毅便急切地提出他的请求。"我请求和中央一块走！因为已经到了红军主力非转移不可的时候了。总司令，我正式向你提出，请求跟红军主力一块儿突围。我的伤很快就会好，我还要继续指挥作战……请不要把我留下……"

爹爹心头一酸，他知道陈毅是一个永远也不愿意离开红军的指挥官，让他留下无疑是个残酷的事情。可是他这个红军总司令已经没有

1948 年 5 月，朱德和陈毅在河北濮阳县研究作战方案。

决定权了，连陈毅这个并不过分的要求他都不能决定。

爹爹无法回答陈毅，只是默默望着焦急不安的战友。

"总司令，我怕中央作了决定再说这些就晚了，所以叫抬到你这里，这不算过分吧。"陈毅看见爹爹不说话，更着急。

爹爹眼眶红了，他转过身子，许久还是不说话。

"总司令，你可说话啊！"陈毅已经是含着眼泪在央求了。

爹爹想了一会儿，用坚定的口气说："我个人同意你和我们一起突围，但是我只能尽力将你的意见反映上去。突围势在必行，可是博古和李德到现在还不下达命令，不知道他们是怎么想的。你现在只有一个任务，安心养伤，争取更快一点恢复健康！"

"放心吧，总司令，用不了几天，我就能站起来了。"陈毅明白了总司令用"更快"这个字眼的意思。他眉眼间露出了些笑意，以为能跟随主力突围。

可是两天后，中央革命根据地的兴国、宁都、石城一线相继失守，粉碎敌人第五次"围剿"的希望完全破灭，一直主张硬打的中央领导博古等人此时却惊慌失措，不经中央政治局讨论，就决定让中央红军主力即一方面军撤离苏区，与湘西的红二、六方面军会合。

1934 年 10 月 10 日，中央机关和红军总部从红军"首都"瑞金出发，开始了举世闻名的二万五千里长征。

爹爹最终未能带上陈毅。他带着遗憾和思念踏上了一条对红军来说生死未卜的长征路途。

躺在担架上的陈毅含泪望着自己生死与共的部队消失在视线以外……此时他的心痛远远超过了伤痛。但陈毅毕竟是党忠诚的战士，伤好后，他在江西边区坚持了 3 年多的游击战争，直到 1937 年 10 月才率红军游击队下山，不久这支部队改编为新四军第一支队。等他回延安再和爹爹相见时，已是 1944 年的冬天，他们一分手就整整 10 年！

Part.3 井冈山大会师，由此开始了"朱毛"岁月。

1928 年 5 月，这是中国革命历史上又一出高潮戏。

毛泽东领导的秋收起义部队（也叫工农革命第一师）和爹爹他们的工农革命第一师在井冈山胜利会师。随后两支"第一师"部队改编为中国工农红军第四军。爹爹任军长，毛泽东任军党代表，陈毅任军政治部主任，王尔琢任军参谋长。

"人"为什么能够站立在大地上？因为"人"有两条腿。那么今天的红军也完成了这个大写"人"字的汇合，工农红军有了坚实的两条腿，用它和国民党反动派进行了五次反"围剿"，又用它行走了二万五千里，把红军带出绝境，走进红色根据地陕北。

自从爹爹和毛泽东在井冈山会师后，文件上开始出现"朱毛"简称的落款，时间一长，大家都知道"朱毛"是指军长朱德，党代表毛泽东。"朱毛红军"，老百姓这样叫，中央文件这样写，连国民党报纸也这样报道。大概因为"朱毛"好记，红军行军时，也用"朱毛"做行进标记，看见"毛"字往右拐，看见"朱"字往左拐。

我算了一下，我那时还不到两岁，刚从苏联回到成都的外婆家。不懂人事的我自然无法知道爹爹的这番辛苦和抱负。长大以后，我才慢慢知道爹爹的这些往事。

说起长征，也是爹爹人生中的一次磨难，这不是一般意义上的磨难，这种磨难包括了思想和政治上的磨难。

　　1934 年 10 月，红军踏上了突围的征途，这是一条没有出路的出路，踏上这条路也是非常不易的，是用许多红军的性命换来的出路。当时党内"左"倾思想占主导地位，加上一次又一次和国民党反动派的"围剿"精锐部队硬拼蛮干，十多万红军严重被消耗。爹爹那时没有最高指挥权，只能眼睁睁地看着部队一天一天地大批伤亡，心急如焚却无能为力。

　　为了摆脱国民党军队的追踪，红军经常是日夜兼程，边打边走，但是部队究竟走向何处，中央决策者也很茫然，特别是毛泽东被剥夺领导权以后，几乎没有明确的战略方针，尤其是针对敌人强大、我军弱小的局面，急需正确的战略方针。

　　长征的路越走越难，红军处境越来越糟。

　　在爹爹和周恩来、张闻天、王稼祥等同志的推动下，主力走到贵州遵义时，党中央召开了一次具有历史意义的会议。会议重新确立了毛泽东的领导地位，红军这才逐步走出困境。

　　1935 年 1 月下旬，这是遵义会议之后，长征部队一渡赤水之前，红军在赤水河畔的土城进行了一场惊心动魄的战斗。国民党川军有 4 个团尾追中央红军。毛泽东决定利用土城东有山谷的有利地形歼灭敌人。他责成彭德怀统一指挥红三、五军团进行这一战斗，以红九军团及红二师担任预备队。经过几个小时的激战，红军没有取得重大战果，这时才发现情报有误，原以为 4 个团 4000 多人，实际来了 6 个团，近万人，增援部队还不断涌来，战局对红军越来越不利。

　　红军背水一战，后果难以想象！

　　爹爹决定亲自到前线指挥战斗，毛泽东连吸几支烟，没有同意。爹爹急了，他把军帽一脱，说："老伙计，不要光考虑我个人的安全，只要红军胜利，区区一个朱德又何惜！敌人的枪打不到我朱德的！不信？你看我上过多少次战场，子弹连根汗毛都没有碰到！"

　　毛泽东丢掉烟头，望了爹爹一眼，想想，点头同意他去。

　　爹爹一扬手，叫上刘伯承，一同到达阵地前沿。

　　爹爹一出现在火线，士兵顿时兴高采烈地高呼起来。

　　……亲自来助威啦！

　　战场士气大振，战局随之发生变化。年轻的红军战士们终于顶住

1928 年 4 月下旬，朱德、陈毅率领的工农革命军第一师同毛泽东的工农革命第一军第一师在江西宁冈的砻市会师。参加南昌起义和秋收起义的两支部队的会师，为创建由共产党领导的人民军队主力之一红四军奠定了基础。图为砻市龙江书院文心阁，毛泽东、朱德、陈毅曾在这里促膝谈心。

▲ 1931 年 11 月 1 日至 5 日，中国共产党中央苏区第一次代表大会（即赣南会议）在江西瑞金召开。主席台右三为朱德，右四为毛泽东。

▼ 1931 年 11 月 7 日，朱德和中共苏区中央局委员合影。左起：顾作霖、任弼时、朱德、邓发、项英、毛泽东、王稼祥。

了敌人的猛烈攻势。在后面指挥战斗的毛泽东急中生智,将奔袭赤水的红一军团急速调回增援,由防御转为进攻,终于将占尽优势的国民党川军打得屁滚尿流。

后来毛泽东决定让红军主力到川康地带和张国焘的红四方面军汇合,然后再北上。

1935 年 6 月,经过 8 个月的万里征战,历尽艰难困苦,有三万人左右的红一方面军和八万之众的红四方面军两大主力胜利会师。会师后的红军从力量上得以大大增强,这时中央确定了北上建立川陕甘根据地的战略方针。会师后,红一、四方面军混合编为左、右两路军北上。

红军总司令朱德和红军参谋长刘伯承率红军总部与代替周恩来成为红军总政委的张国焘一起率左路军,由卓克基奔阿坝。毛泽东、周恩来等与前敌指挥部率右路军由毛儿盖奔包坐、班佑一线。右路军走出草地,在班佑一带等候左路军穿越草地前来会合。

哪知张国焘表面同意率部队北上,内心却和中央唱反调。他借口草地中的河流涨水,不能前进,擅自命令部队回头南下。

爹爹不相信张国焘的理由,就让警卫员骑马下水试验,结果水只没到马的肚皮。爹爹知道了张国焘以此当借口不想北上,虽多次提出过河的建议,可张国焘就是不理不睬,按兵不动。

张国焘不仅自己不愿意北上,还企图迫使中央带领的右路军也跟随南下。

为避免红军内部分裂,毛泽东和周恩来只好先带领右路军中的一、三军团北上。

Part.4 先是雪山后是草地,爹爹像悲伤的父亲搂住生命垂危的战士不肯撒手。

张国焘是个十足的野心家,右路军一走,他便有恃无恐,将跟随左路军行动的负责人 —— 我爹爹和刘伯承不放在眼里,千方百计地排挤他们。刘伯承很快就被张国焘撤职,被安排去红军大学任校长职务。爹爹虽然十分气愤，但想到他们还没有将部队带上北上的征途，凡事必须往大处着想，他便安慰刘伯承先忍了，以后自然会讨个公理回来。

爹爹的战马从长征开始就忠心耿耿地跟随爹爹，十分健壮，也通人性。可是一天半夜却被张国焘的手下拉走，将战马活活宰杀，煮着吃了。跟随爹爹一起长征的康克清妈妈和战马很有感情，抑制不住悲伤，要去张国焘那里问个究竟，可是被爹爹阻拦了。爹爹说，张国焘杀马是向我们挑衅，如果我们找他，必定要争执，这正中他下怀，他会借口我们和他不团结，把我们支走，好让左路军归他一个人领导。康克清妈妈只好忍了。可是张国焘对爹爹的排挤仍然不断升级，连中央文件也不给爹爹看，他封锁消息，想让爹爹当个"冷板凳"总司令。

冷板凳就冷板凳，爹爹就是不理睬！

爹爹始终沉默的态度，说明了爹爹的智慧。张国焘做的手脚越多，就越多地暴露出他自己的内心动态，而爹爹始终不吭声，张国焘却无法知道爹爹的内心动态。这不公平的对抗似乎更加激怒了张国焘，他将康克清妈妈调离爹爹身边，让妈妈去很远的妇女委员会工作，有时一连几个星期也见不着爹爹一面。

张国焘妄图用这样歹毒的手段将中央派驻左路军的人赶走，然后他可以另立中央，不再北上。

寂寞中的爹爹伫立在草原上，望着茫茫的草原，秋风呼啸中一行大雁高高飞翔，往南寻找温暖的地方。爹爹想起自己一生多次身陷逆境，经历多少磨难，克服过多少困苦，可从没有像现在这样心情沉痛。一路红军北上，一路红军南下，红军刚刚会合了3个月又这样分离了。

如果红一、四方面军合力北上开辟革命根据地，那将拥有十万大军，该是怎样强大的力量啊！

爹爹的宽阔胸怀和刚柔韧性在这个时候表现得特别顽强，他用他的韧劲和张国焘的野心抗衡，无论怎样遭受陷害、排挤、冷落，就是不离开左路军，铁下心要将左路军带上北上的征途。这是他的责任！

张国焘想尽办法激怒爹爹，以便寻找借口和党中央分道扬镳。可是心如明镜的爹爹早已摸透了张国焘的意图，当然不能上当。只要一天生命不止，就坚持执行党中央北上的战略方针。

张国焘见暗中排挤不起作用，就公开反对北上。他带领部队一路南下。

爹爹无法阻止部队南下，就跟随南下。当时许多人想不通，找爹爹请求，要独自北上和党中央会合。爹爹忍着内心的焦虑和悲痛，耐心地开导大家："为了实现党中央北上的方针，我必须和四方面军在一起。只有跟他们在一起，才能做到这一点。整个部队已经南下到这里，我们就必须打开局面，求得一块暂时立足的地方，保存实力，然后才好去做张国焘的工作，争取团结他北上，同党中央会合。"

自命不凡的张国焘南下后接连打了几个败仗，加上共产国际指责张国焘分裂中央、另立中央的错误，责令他立即北上和党中央会合。这时张国焘才觉得有了压力，不得已，只好同意带部队北上，同已经到达陕北的红一方面军会合。

长征结束了，别人走了二万五千里，而爹爹却走了三万五千里；别人过了一次雪山草地，而爹爹过了三次雪山草地。爹爹自始至终参加了全过程。整整两年，爹爹在进行着艰难险阻的长征，进行着心灵历程的长征，进行着忍辱负重的长征，在用年过半百的身躯长征。长征给爹爹留下了终身难忘的记忆。从噩梦中醒来的爹爹，却时常怀念长征的日子，直到晚年他还对我说起长征，他那个神情充满了美好的回忆。

"我在长征中，身体很强健，路上就没有病过，多半是夜间走路，白天睡觉。有事马上就办。我只有一个担子，一个人一匹马，一个马夫，四个特务员，每天差不多是走一半路，骑一半马，人还是觉得很爽快，不感觉如何愁闷。过草地的时候，大家都认为是极困难的，我还认为是很好玩的。有草，有花，红的花，黄的花，都很好看，河流在草地上弯弯曲曲，斜斜的一条带子一样往极远处拐了去……牛羊群在草地里无拘无束地自由上下，也是极有趣的。"

长征真的像爹爹说的那样浪漫，那样潇洒吗？后来，我看了许多战斗在爹爹身边的警卫人员的回忆文章，才知道那是一次惊天地、泣鬼神的壮举！

爹爹的警卫人员到现在都还忘不了当年翻过的那两座雪山——一座叫夹金山，一座叫党岭山。

终年不化的雪山根本没有路，他们就用锹挖坑，用刺刀、枪托捣坑，然后扶着爹爹一步一步地往上爬，越往高越喘不上气，爹爹只能走几步停下来喘喘气。由于身体虚弱，有的同志走着走着就突然倒下去，再也起不来了。当时警卫人员不明白为什么气不够用，就问爹爹，爹爹说：山越高，空气就越稀薄，呼吸就越困难，所以上山不要急，要慢慢上。听了总司令的话，大家就走走停停，艰难向上，足足走了一天的时间才爬上去。

别以为上山不容易，下山就不难了，其实，下山更危险。大家只能把长枪套着背，双手撑着地，两脚在前掌握速度，用屁股一点一点往下滑，有时一不小心失去平衡，就会滑到白雪覆盖着的万丈深崖中，人掉下去就只见一个黑窟窿，根本无法搭救。所以爹爹总是提醒身边的警卫人员要当心，不要急，要稳住，要注意自我保护。经过几天紧张、全神贯注地下滑，大家终于安全地翻过了第一座雪山。

翻越第二座雪山时，由于战士们筋疲力尽，掉队和牺牲的同志更多了，特别是经过丹巴桥时，一下子就死了好多人。丹巴桥是两山之间用竹子架起的桥，人过桥只能趴在上面一点一点往前挪，大风刮来，人在上边像簸簸箕一样被颠得老高，稍一走神就会摔下去，不少同志就是这样牺牲的。

爹爹在过桥以后的一段日子里，总是紧锁眉毛，沉默寡言。大家明白，这是总司令为红四方面军因张国焘的错误路线而付出巨大牺牲感到痛心。

过了雪山后不久，贺龙、任弼时、关向应率领红二方面军也到了这里。两军会师后，爹爹和贺龙、任弼时、关向应、刘伯承等人同张国焘的错误进行了斗争，敦促张国焘改正错误，带领红军北上抗日。此时，跟着张国焘南下屡遭挫折的红四方面军的广大指战员，也都站到了朱老总一边，人心向背，一致北上。这样就随爹爹又一起过松潘草地，那段艰苦的历程爹爹的警卫人员现在回忆起来仍是历历在目，刻骨铭心！

　　草地，是一望无边的大草原。草高的有一人多高，低的刚露出水面。草密集的地方就形成一个个草墩子，一个草墩子刚好能站上一个人。草墩子之间的距离有大有小，小的一步就能跨过去，大的有几米远。大部分草墩子是露出水面的，也有潜在水中的，通过草地时，红军战士要像扭秧歌一样跳来跳去，如果一不小心踩在空处，就有陷下去溺死的可能。战士们长途行军，跋山涉水，筋疲力尽，一些同志跳着跳着就掉空沉下去了。看到战友牺牲，大家都很悲痛，爹爹更是心疼，他告诉各级军官，"北上抗日全靠红军啊，要尽量减少这种牺牲。"

　　警卫排的战士们都怕爹爹出危险，总是上前扶他一起走，可他却严肃地说："人多了，站在一起重量大了反而会沉下去，你们不要光顾我，拉开距离，分散开，我自己可以跳过去。"可大家怎么敢在这种危险的时候丢下总司令，只顾自己呢？一位人称"机灵鬼"的警卫战士对爹爹说："我在前边跳，你跟着我，我要是陷下去了，你就踩着我的脑袋过去。"由于他当时反应得快，不但自己没有陷下去，还很好地保护了爹爹。

　　在草地上，到处都是水，找不到一块干土地。茫茫的荒原，不是一两天能过得去的，红军不休息是不行的，但怎样才能坐下睡一会儿呢？到了该宿营的时候，每人都去拔草，把草捆成搂腰粗的大捆，然后把草捆放在地上踩下去，再在原位放上一捆，两人背靠背地坐上就可以休息一会儿。等到屁股下的草沉下去，就再加上一捆，这样，一宿要加七八捆草。

　　警卫排的战士们一坐到草捆上就不知不觉地睡过去了，爹爹坐的草下沉了他们也不知道，但爹爹从不因此叫醒他们，总是自己动手再垫上一捆。他说："你们太辛苦了，多睡一会儿吧。我年龄大了，觉轻，睡一会儿就够了。"其实，他是不放心战士们的安全，怕他们睡得过死，忘记垫草沉下去。爹爹一宿总要叫醒他们几次："小鬼，小鬼，快醒醒，草下沉了，快起来换换。"这时他们睁眼一看，身子已泡到了水里，就赶紧起来再垫上一捆草。

　　爹爹疼爱战士，战士们也十分热爱自己的总司令。他们知道爹爹是四川人，爱吃酸菜，可在草地到哪儿去找酸菜呢？想来想去想出个办法，找酸草给朱老总吃。他们尝了许多种草，最后发现一种叶子弯

红军翻越夹金山。

弯、开着小黄花的草特别酸，他们就把它采来，给爹爹煮汤喝。爹爹非常喜欢喝。看见爹爹喝得那么香，战士几乎忘记了那是野菜，他们也好像是高手艺的厨师，心里充满了愉快的感觉。

有一次，爹爹的警卫员"小公鸡"（绰号）在宿营地怎么也没找到这样的草，他急得哭了起来。"机灵鬼"劝他说："别哭了，找不到，总司令不会说你的。以后遇到这种草我们多收一些就是了。"这以后，他们一到宿营地就全体出动，多采一些酸草，把布袋装得满满的。

大家身上带的干粮快要吃完时，还没有走出草地，上级下了命令，要减少吃干粮的数量，规定每人每天只准吃干粮袋三指宽那么一截，也就只有二三两吧。警卫排的同志商量，把干粮集中起来不吃，留给爹爹，大家找草吃。爹爹发现后说："小鬼，你们肚子空空的，而我的肚子饱饱的，那太不公平了。你们年轻人肚子饿得快，还是留着你们自己慢慢吃吧，时间还长着呢，不是几天就能到的。"

"机灵鬼"说："总司令，让你挨饿我们心里不好受啊。"

爹爹说："让你们挨饿，我心里也过不去啊。"

大家被爹爹这种与士兵同甘共苦的高尚品德深深地感动了。

干粮吃完了，就开始吃野草。开始吃草时不注意，把有毒的草也采回来吃了，有的同志中毒后上吐下泻，有的脑袋肿得老大。爹爹知道后说："不能让同志们什么草都吃，你们先把找来的草拿给我，我先尝尝，如果没有问题，往下发个通知，再拿个草样子发下去，就不会出问题了。"战士们把采回的十几样草拿到爹爹面前，爹爹挑了四五种，让煮了给他尝。他们不同意，爹爹便生气发火了，他们没有办法也只好依了爹爹。

爹爹晚上吃了野草，这一宿警卫战士都没敢睡觉，生怕有个差错。到了早上，爹爹笑着对"机灵鬼"说："小鬼，发个通知，告诉大家这几样草可以吃。"

"机灵鬼"悬着的心放下了，眼泪却流了出来……我们总司令多好哇！正是这种官爱兵、兵拥官，官兵一致的作风，使红军战胜了难以想象的困难。

草吃光了，又开始吃皮带，把枪上的皮背带、穿的皮背心、裤子上的皮腰带、脚上的"皮草鞋"都吃掉了。皮带怎么吃呢？咬也咬不动，还有点药味，很难吃，放在火上烧，又变成了灰，只有放在水里泡。但要行军没有时间总泡哇，于是把皮带放在嘴里嚼来嚼去。当时爹爹风趣地对身边的警卫战士说："吃皮带是上等席啊！"说得大家都笑起来了。爹爹说的有道理，因为皮带是肉皮，比草当然好，就是数量太少了。

但是，吃了草和皮带之后，最大的后患是拉不出大便来，把人折腾得痛苦万分，有的战士痛得在地上直打滚，不少人就这样死掉了，有的一个班一个班、甚至一个排一个排地死去。起初也不知道是啥病，后来才知道全是因为解不出大便。

警卫排有两个小战士也是这样牺牲的。大家流着眼泪把他们安放在草地上，爹爹亲自把床单盖在他们身上，沉痛地低下了头。

还有几个警卫战士因解不出大便痛得直喊，爹爹过去把他们抱在怀里，像慈父一样安慰他们，用手给他们揉肚子，一边揉一边说："小鬼，不要急，不要害怕，慢慢来，慢慢解，会解出来的。"爹爹对大家说："不要难过，只要我们咬紧牙关克服眼前的困难，北上抗日就有希望、有前途。现在我们要下决心战胜草地，一定要走出去！"在爹爹的鼓舞下，大家又振奋精神继续前进了。

在水草地上走了个把月，又遇到了一段更艰苦的路程，这块地方的草地像豆腐一样，人和马走上去就立刻沉了下去。后来大家干脆就趴在草地上，连滚带爬地往前进。连滚带爬，增大了人与地面的接触面积，避免了一下子沉下去的危险。爹爹当时只穿了一件羊皮做的皮袄，没有面，头发和胡子都长得很长，他和大家一样爬着滚着，成了个泥人。

出了水草地又进入了干草地，这个地方叫黑水芦花，刚刚发生地震不久，地面高低不平，十分难走。过干草地的最大困难是没有水喝。人离开了水就无法生活，十几天不喝水怎么行呢？光吃草没有水喝，真难受啊，人们想水简直快想疯了！开始缺水时，也顾不得马尿有味，用缸子接着喝。后来马尿也没有了，真到了滴水不进的程度。

在这干渴难熬的时候，爹爹给大家做了大量的思想工作：

"小鬼，渴是最难过的事情了，大家一定要克服这一困难，坚持到底。草地就要过去了，很快就要到有水的地方了。不要害怕，什么困难也难不倒红军战士。"

爹爹也和大家一样忍受着饥渴,谁还能说什么呢?!只有咬牙坚持下去。过分缺水,爹爹的脸变得又黑又瘦,嘴干裂得直冒血。大家真担心爹爹的身体,盼着早日走出这个鬼地方。终于,在快要走出黑水芦花时,碰到了一条不大不小的河流,清清的河水顿时点燃了人们心头的希望之火,才几天没有见水的战士像扑进母亲的怀抱,全身扑到河水里,咕嘟咕嘟喝个没完。好一阵子,整个部队全趴在水面上,上级下命令出发了,竟没人动一下。许多人喝足了水之后,又把身上披的床单浸在水中带上,怕万一再没有水时可以拧出来喝。

部队又要前进了,大家依依不舍地离开了这条救命河。

Part.5 长征途中,有一匹神奇的战马始终伴随着爹爹,放马娃子也因它来到了爹爹身边。

从 1934 年 10 月到 1936 年 10 月,整整两年时间,爹爹经历了红军长征艰难曲折的全过程。在这个过程中,有一匹神奇的战马始终伴随着爹爹。这马约 7 尺多高,头似麻头,屁股蛋子又大又壮,额头上有一撮小白毛,真神气。它名叫"浑天虎",原是生长在大西北草原上的一匹野马。

红军长征北上的一天,爹爹这匹战马突然患了病,许多军马医生医治都不见好转,一筹莫展。这时,不知谁想起了红四方面军司令部后勤处骑兵营的战士孟维治,有人说他是神马医,于是马上派人通知他到总司令那里去医马。

小孟赶到总部,天色已晚。他举灯看看,吹吹马毛,摆弄几下马鬃,掰掰马嘴,掀掀马尾巴,再瞧瞧马拉的大小便。这个放马娃子出身的"大夫",凭以前在地主家养马、放马的经验,诊断出这马患的是"千结病",大小便不通畅,因不服水土,加上斗胜性暴引起。于是他叫旁边的军马医生开了几味草药,给马打一针后,又灌进几马勺生鸡蛋,便匆匆赶回连队。

说起来也真神,第二天爹爹心爱的战马竟然病好了,其可谓药到病除,就这样爹爹把小孟调到了他身边工作。

小孟平时驯马、养马,战时背文件包、日用品,拉马坠蹬,随在马后。

小孟来到爹爹身边后不久,便发现每次行军,爹爹总是习惯地跟在队伍的后面。这是为什么?起初他迷惑不解。

1936年初,国民党中央军薛岳部6个师,配合川军主力,向天全、芦山一带大举进攻,红军被迫经懋功向西康东北部转移。就在这时,小孟得病了,每天晚上发高烧,咳嗽得厉害,身体逐渐瘦下来,爹爹知道后,马上安排他到部队的"行军医院"去医治。

小孟的病还没好,部队又开始了漫漫征程。4月的一天,部队借着朦胧的月色行走在崎岖的山间小径上。下半夜的时候,小孟又开始发烧了,浑身有气无力,两腿打颤,行走不稳,爹爹安排他的警卫员张广才搀扶着他。两人都太累了,渐渐地掉了队,就一起倒在了路旁。

刚躺下不久,后面传来马的叫声。多么熟悉的声音!小孟猛地坐起来喊小张:"朱总来了!"顿时,身上好像无形中增长了力气,两人挣扎着爬起来,坚持往前走,可是没走几步,就又倒下去了。蒙眬中,小孟隐隐约约觉得有人把他扶起来,睁眼定神一看,是总司令!真是总司令!

"累了吧!"

"朱总,我又发烧了。"

"来,骑在你'老朋友'的脊背上走吧!"

"浑天虎"舔着小孟的脸,小孟抚摸着它那一撮白毛说:"不,老总,哪能骑你的马?我还能走!"

小孟知道,在强渡大渡河、嘉陵江时,"浑天虎"曾两次用身体保护过朱总。还有一次,在大巴山西北面的草地上,朱总被敌机击伤,"浑天虎"也身负重伤,但它还是用嘴拼命地把朱总一步一步地拉到一个稍高的草堆上,它则卧在草堆旁边,慢慢地让朱总滚动身体,然后自然而然地挂在自己的脊背上,艰难地把朱总救回总部。小孟心想:我是个兵,可朱德是千军万马的老总啊!他的爱骑,我怎么能骑?

爹爹见状,微笑着摇摇头,显出无奈的样子,又叫他身边的战士扶着小孟一起向前走。刚走一段路，又发现一个人倒在路旁。爹爹紧走几步上前问道："小同志，怎么啦？"只见那人干裂的小嘴翕动着，半天才从牙缝里挤出几个字："老——总——，我——的——腿。"爹爹立即让警卫员把他扶上马背，说："朝前送到医院去。"稍微停顿一下，喘口气，爹爹接着又说，"我们决不能丢下一个伤病员。"警卫员听了，牵着"浑天虎"往前走了。

哦，小孟这才明白，总司令是为了不丢掉一个伤病号，才走在行军队伍的后面啊！

爹爹身居高位，猛一看那一副严肃的面孔，很令人敬畏。其实，他待手下的战士很亲切。在他身边工作过的同志都知道，爹爹从没有喊一声"马夫"、"伙头兵"、"剃头的"之类的话。他喊年纪小的同志都是在姓前加个"小"字，大家却喊他"朱总"或者"老朱"。一看朱总有闲空，他们个个都争着和他下棋、打球、聊天。

有一次，爹爹从总部回来，小孟没有觉察到爹爹表情的变化，就硬拉着他去打球。看到小战士兴冲冲的样子，爹爹眉头紧皱，捡起球拍狠狠地朝他屁股就是一下。当时，小孟闹懵了，哭笑不得，只好两手捂着屁股跑了。后来小孟才知道，红四方面军正处在生死攸关的关键时刻，爹爹夜以继日地与贺龙、任弼时、刘伯承等人研究如何对付张国焘分裂、逃跑、退却的计划。他忧心如焚，哪有心思与战士们打球？作为他身边的工作人员，竟然没有意识到这一点，反而惹他生气，小孟为此很内疚。

第二天，小孟早早地起来遛马，回来时绕着弯子走，很怕被爹爹撞见。可是，刚要进马棚还是叫爹爹拦住了路，他说："小孟，你还生我的气呀，是我的不对，我不该打人。现在，我是向你承认错误，赔礼道歉来了。"

看着朱总笑容可掬、很真诚的样子，小孟更惭愧，心想：本来是我的过错，朱总却亲自来向我赔不是，让我如何是好。

这位在山西太原附近汶水县开镇度过童年的小战士，7岁时失去父母，和一个堂妹相依为命，常年累月、日复一日地给地主放马、养马，听到的是训斥声、辱骂声，从未有过人向他赔不是，更何况……

小孟再也抑制不住内心的激动，"哇"地一声哭了起来，呜哩哇啦地诉说道："老总呀，你的工作那么繁忙，时间那么宝贵，你却把这件小事挂在心上。事实上是我的不是，你反向我赔礼！这……"爹爹拍着他的肩膀，没让他讲下去，说："你这就不对了，我们共产党就讲认真，谁的错误，就是谁的错误，不能因我是总司令，就可以搞特殊……"

从此，小孟工作更加积极，不仅照料好爹爹的日常生活，而且与爹爹的战马"浑天虎"建立了深厚的情谊。

可是，"浑天虎"没有和它的主人一道迎来全国解放的那一天，过早地离开了他的主人。

那已是抗日战争时期的事了。1938年初，遵照中共洛川会议精神，我军实行战略转变，一改过去以正规军进行运动战的做法，分散开来，独立自主地开展游击战；开辟敌后抗日根据地，牵制和消灭敌人，配合国民革命军第二战区作战。在忻口一带，我军灵活机动地打击敌人，搅得敌人不得安宁，但同时也遭到了日伪军的疯狂报复。为了躲避日伪军飞机、大炮的轰炸，保存实力，部队不得不夜行日伏。

一天夜里，部队行进在一条狭窄的山路上，路面两尺多宽，一边是忻山，山高坡陡，一边是水流湍急的忻河，河堤足有 5 丈高。部队人多，又有担架、马匹、行李挑子，很拥挤。小孟拉住马缰绳，想让马先过去，谁知这条泥土路被雨水冲松了，马一失蹄，立刻连人带马跌了下去。小孟只觉眼前像打了一个闪电，"唰"地一亮，随后被马拽入了河里，什么也不知道了……

等他醒来时，发现自己躺在河边。爹爹和其他人都紧张、关切地看着他，见他睁开眼睛，大家喊着："好了！好了！醒过来了！"

小孟忽然想起那匹战马，大家难过地说："早冲走了。你看这水流多急，幸亏你跌落在河滩上，水浅，又是泥沙糊糊，没给冲走，真是不幸中的万幸！"

马没了，小孟一阵心酸，泪水涌出眼眶……

失去老朋友"浑天虎"，爹爹心情十分悲伤。几年来，"浑天虎"跟随他走过多少坎坷崎岖的路，帮助他减轻了多少长途行军的疲劳；驮过多少伤病员，使他们得到了及时医治，脱离险境；又救助过多少因极度虚弱而掉队的战士,使他们及时跟上队伍。现在,它却被水淹死了……

可是爹爹控制住了自己悲伤的情绪,因为"马倌"小孟毕竟没有失去,人的生命才是最宝贵的。爹爹关心地询问起小孟的伤情:"小孟,你的伤怎么样了?"小孟心里一阵热,急忙说:"就是头上跌破了点皮,身体很好,请老总放心!"小孟一边说,一边艰难地摆动着身体。

小孟知道,老总的一匹马死了,另一匹马还需要人管理照料。爹爹像是看透了他的心思,硬是要安排其他同志暂时接替他的工作,让他安心养伤,可小孟说什么也不答应,拉着马缰绳就是不松手。爹爹把脸一沉,说:"小孟,这是命令!"说着,又让其他人抱来一件皮大衣给他过夜。

在爹爹身边工作过的同志都知道,爹爹说一不二,作为战士,只有执行"命令"。

Part.6 "西安事变"消息传来,爹爹立即投入紧张的商谈之中。

1936 年 7 月,爹爹率领红二、四方面军开始北上,10 月,三大主力胜利会师。11 月底,完成北上任务的爹爹终于抵达了保安县——当时党中央所在地。毛泽东带领许多将领亲自在大路口迎接风尘仆仆的爹爹,用当时妈妈的话形容:"当我们一看见远处站那么多的熟人,就像迷路在外、受尽委屈的孩子找到了家,看见了亲人一样,没有开口说话,眼泪先叭嗒叭嗒地往下掉。"

毛泽东握着爹爹的大手,感慨地说:"老总啊,你出色地完成了党交给的任务。"后来毛泽东亲笔给抗大学员写下"学习总司令度量大如海,意志坚如钢"几个大字,这是对爹爹最好也是最准确的评价,以后的历史也充分证明了这一点。

爹爹抵达中央机关没有几天,一个惊人的消息传来,西北军杨虎城和东北军张学良两位国民党将军在西安活捉了蒋介石,引发了著名

1936 年 10 月，红二、四方
面军与红一方面军在甘肃会
宁、静宁地区会师。这是会
宁县县城。

的"西安事变"。

一时间，中央机关沸腾了。大家兴奋不已，我军和蒋介石打了 10
多年，就想要他的脑袋。现在抓住了，就要杀了这个和共产党有着不
共戴天之仇的民族大坏蛋。

爹爹和中央领导人立即开始了长达 10 多个小时的会议，讨论如
何解决西安事变问题。

我从《康克清回忆录》中找出了有关西安事变的记载。

一天晚上，老总回来很晚，我们都早已睡了。大约是午夜 12
点，老总叫醒我，高兴地说："蒋介石给抓住了！"

"真的？是被红军捉住的？"我一骨碌爬起来，披上衣服，着
急地问。

"在西安，被张学良、杨虎城的军队抓起来了。是敌人广播和
我军情报得到的可靠消息。"

我静静地听老总讲述蒋介石在临潼华清池被活捉的经过。老
总接着说，张学良和杨虎城已通电全国，提出抗日救亡的主张，
并把同红军对峙的部队全部撤了回去。党中央马上要开会研究，
准备派人同他们联系。这个意外的大好消息使得我兴奋得再也不
想睡了。

"用不着你这样着急,我想先听听同志们的意见。你看这件事怎么处理好?"

我说:"这个坏家伙,既然抓住可不能再给他跑掉。"

老总沉思不语。我最担心的就是放走蒋介石,连忙补充说:"这个人,我们上过他多少当,吃过多大亏!他是'好话说尽,坏事做绝'嘛。这次可千万别把他放了!"

老总等我把话说完,严肃地看着我,郑重地几乎是一个字一个字地说:"这是个关系全国、甚至关系世界的大事,一定要十分慎重地处理。反共亲日派正在调动大军准备向西安进攻,日本人正在巴望我们打起全面内战。照我看,蒋介石非但不能杀,恐怕还要放。"

一听说要放,我就急了,我说:"'活捉蒋介石!'这个口号我们喊了好多年,好不容易捉到了,要是放了他,全国老百姓、全体红军都会反对。"

老总笑了,然后说:"这是十分严肃的重大问题,情况很复杂。蒋介石是人家抓住的,估计他们会同我们商议。对这事决不能光凭一时痛快,要统观全局,要有战略眼光。群众中许多人往往看不到全局和长远,需要有英明的领导来正确地把握局势,我们再不能像五次反'围剿'时'左'倾领导那样蛮干了。"

西安事变发生后,爹爹的头脑一直很冷静,并且充分估计到了多方局势,预料到和平解决西安事变的可行性。

1937年初,共产党中央机关被允许搬往延安,建立陕甘宁边区政府。这是和平解决西安事变的又一成果。

随着"七七"事变的爆发,抗战烽火迅速席卷华北、华东和中原。为挽救中华民族的危亡,工农红军同意接受国民政府的改编,成为国民革命军第十八集团军,简称八路军,在南方打游击的红军改编为国民革命军新编第四军。

工农红军的使命随着战争性质的转变而开始担负起更加伟大的救国使命!

1937 年朱德（右二）和毛泽东、周恩来、博古在延安。

Part.7 毛主席也是咱们杨家岭的乡亲，咱还有啥抹不开的？

　　我在延安的日子过得很快。

　　转眼 1941 年春节快要来临了，经常看见附近农村的乡亲们扭着秧歌舞，打着腰鼓，吹吹打打，朝着杨家岭中央机关的驻地走来。队伍的前头，农民们用扁担抬着猪肉、羊肉和白馍馍，踩着欢快的节拍，给中央机关送来了春节礼物，也送来了延安民众热爱共产党和八路军的炽热感情。

事后，爹爹非常动情地对我说：你们过节吃的牛羊肉和白面馍馍都是乡亲们从自己饭碗里省下来的，不容易啊，他们的日子很苦啊，为了支援我们打鬼子，他们勒紧自己的裤腰带，用口粮养育了我们的部队。陕北人民是我见过最富有献身精神的人民，最伟大的人民，没有他们就没有我们的今天！

虽然前方战火连天，战局十分紧张，但延安地区的春节还是过得热热闹闹、红红火火的。鞭炮声从初一凌晨断断续续地响到初三，周围的山峦才渐渐恢复往日的宁静。

过节的那几天，我和表妹一听见锣鼓声就往外头跑，我们特别喜欢看富有陕北民族风情的扭秧歌、舞狮子、舞龙、踩高跷等集会。那些舞动的人们，踏着邦邦硬的冻土，在宽阔平坦的场地上奔放地扭动着身躯，挥舞着双臂，浑身散发出粗犷而强壮的活力。这种近似古朴而没有雕琢的舞动和单调的锣鼓声，持久地表现着陕北文化的特性，联结着远古和今天。

男人们穿着黑袄黑裤，头扎白色毛巾，女人则穿红袄绿裤，腰间扎着大红绸带，随着跳动的双臂，绸带在臂膀下轻盈地飘动着，像小鸟飞翔的翅膀，那样飘逸和美丽。农家娃娃穿得更有特色，个个都穿虎头鞋、戴虎头帽，用彩线绣的老虎头那么逼真又那么夸张，特别有意思。

中共中央设立在延安后，和当地群众结下了鱼水之情。逢年过节时，军民鱼水交融的情景格外生动有趣。

在我们孩子忙于凑热闹，到处跟着戏班乱跑的时候，大人却在忙着四下里拜年。以毛泽东伯伯为主，爹爹为辅的中央领导人"拜年"队在延安的大小机关和附近的乡村走访。"拜年"队里有王稼祥、任弼时、王明、张闻天等领导人，他们从大年三十就开始挨家挨户地拜年，每到一个老乡家都要坐坐、拉拉家常。

大年初一中午，中央机关在大食堂里设宴招待杨家岭村庄的群众，基本是一家来一个代表。毛泽东和爹爹他们几个分坐在几个方桌子旁。

一开始，农民兄弟很拘束，用他们的话说，桌面上的人都是大官官，不像咱农民土里土气、胡喝乱吃、胡说乱动的，到这里来要守规矩呢！

开席了好一会儿，乡亲代表们还是不敢像在自己家里那样放得开。

毛泽东伯伯看看气氛，不由笑了起来，他端起酒杯，用浓郁的湖南口音说："我这里等于是一次乡村聚会，我也是一户人家的代表，只是我这个户是大户，人多。你们把我们看成杨家岭一户人家、一位乡亲，大家就不会生分了。来来，喝酒，不要抹不开么……喝喝……"

在座的人一听毛主席这么说，情绪松快多了：毛主席也是咱们杨家岭的乡亲，咱还有啥抹不开的？喝！大家捧起大碗，相互碰撞起来，然后一仰脖子，碗底朝天。酒一下肚子，胆量立即膨胀起来。胆子一大，喉咙也大了，有人开始划拳，谁输了谁喝！

农民们豪爽，一喝上酒，觉得老是乡里乡亲自己喝不算多大能耐，要灌就得把大官官们灌倒才是真本事。于是，大家开始寻找目标，他们第一个看上了爹爹，想和他在酒量上较量一番，但不知谁悄声说，你们和谁喝都别和朱老总喝酒，他的酒量可是海量，无量的，老总喝酒当喝水！

再看爹爹，只见他含而不露，跟前摆着一个大酒坛，一副准备"迎战"的模样。其实爹爹根本不会喝酒，但是他沉着的样子着实让乡亲们摸不到底。大家以为遇见了强劲敌手，没有敢上前"宣战"，连忙捧着大酒碗掉转方向，目标又对准了毛主席。看主席文静书生样，大概没有什么酒量，咱们不如和主席喝！

毛主席看见老乡用大碗向他敬酒，连连说，我喝酒不行，喝酒不行。

老乡们可乐了，要的就是喝酒不行的人，行的人咱就不行了！他们紧紧盯住了毛主席，一直看着他也用大碗把酒喝下去，然后，挨家挨户的代表开始走到毛主席跟前，将一碗碗酒敬献给主席……

"你们这是搞车轮战哇，我一个人怎么喝得过你们这么多人啊……不行不行……"

老乡们想想也是，这样对主席好像不太公平。老乡就提议和毛主席划拳，以胜负决定喝酒多少！

这一下毛主席的警卫员有点不乐意了，这更不公平啦，主席哪儿会划拳？划不过，就要多喝酒，主席肯定会醉的。警卫员想上前阻止"胆大包天"的老乡们，可是毛泽东摆摆手说："不要扫老乡的兴，划拳就划拳么。"

"主席,划输了可是要喝酒的,一碗!"老乡把大碗伸到主席眼前。

"那当然喽!"主席面色通红,没有一点讨价还价,挽起袖子,准备划拳。

老乡也派了一个划拳老手上场。这时,别的桌子上的人都围了过来,大家第一次看见主席划拳,不知会不会划?都捏了把汗。

划拳不仅要出手快,嘴里报数也要快,反应更要快。没有想到主席划拳的反应极其快,几乎没有划错过一次。他那只大手在人们眼花缭乱中十分敏捷地伸出指头,大家还没有反应过来,他又速战速决赢了一把。结果那些自认为是划拳高手的老乡们,连续上场了好几个人,都喝得酩酊大醉、东倒西歪的。

大家一片惊讶声,问主席,这绝招什么时候学的?

毛主席哈哈大笑了起来,说是瞎懵的,划拳就是不能和人家报的数字相同,两个人两只手,有十个指头,数字也在十个数以内,最好是出一个指头,或者出五个指头,这样相同的机会就少得多。

大家不解,问,我们见你经常出好几个指头,并不是都是一和五。

主席狡黠地眨眨眼:"这叫心理战术,我出了一次小数,他们下次就会叫小数,如果我再出小数,不是正撞人家枪口吗?要变幻莫测,和打仗一样。"

以后,乡亲们再和主席同桌共餐时,谁也不敢和主席比酒量了,更不敢划拳论"英雄"了。

Part.8 娱乐之时无官兵老少之分,爹爹喜爱打篮球却"敌我不分"。

春节期间,大家有了许多娱乐时间。爹爹最喜欢下象棋,无论走到哪里,他的警卫员的军用挎包里都少不了象棋,一有时间就摆上一盘。在太行山指挥部,爹爹的老对手是彭德怀。从红军时代他们就开始对弈,到了八路军,他们又是正副总司令,工作的方便也带来了下棋的方便。随着岁月的推移,他们的棋盘从战场的山坡上摆到和平的方桌上,然后又摆到寂寞的吴家花园的院子里。他们之间好像有一盘永远下不完的棋,永远没有开始,始终没有输赢,直到"文化大革命",他们才收起了棋盘。

爹爹坐到棋盘跟前,一改温和的表情,变得锋芒毕露起来。他不依不饶的犟劲,此时暴露无遗。

默默无声往往最有威慑力。爹爹下棋,埋头一声不吭,冷不丁,他能将"枪炮"都支在对方的头上。如果对手招架不住开始抵赖,爹爹这时才会发出短促而凶猛的声音:"放下,不许赖!"

彭德怀下棋更是暴风骤雨,令人惊恐,如临大敌压境,哪怕移动一个小卒,口里都发出震天吼声:"杀——!"如果将人家老将,那吼声更加震耳欲聋:"将——!"

爹爹院子里那块石板桌上,有时晚饭后要围一群人,只要一上棋坛,官兵身份就消失了,碰到总司令下错一步,身边的人会异口同声喊"臭棋"。甚至有的战士会着急地把手伸进棋盘,替棋主走一步绝妙的棋步。

彭总碰到有人替他走子,会立即用手拍打这只多事的手,然后把子又放到原来的位置上,自己重新走,尽管这一步还是别人刚才帮着走的那步棋,但他就是不愿意别人替他走。

有时候下象棋,战场早已超越了两人世界,变成两个群体的战争,每个棋主的背后像长了千手的观音菩萨,下着下着,棋子已被背后的手移动了位置。特别是活跃分子,总要趁机在他们背后耍花样。有一次,作家刘白羽到太行山采访八路军司令部,看见爹爹和左权参谋长下象棋,他描述说:

> 一个下午,我们大伙都在彭德怀屋里,朱德同志和左权同志在下象棋,彭德怀同志从老乡粮囤里拿了小截玉米芯,悄悄放在朱德同志军帽上,我和陈赓同志都忍不住要笑出来,朱德同志聚精会神,不动声色,只伸出一只手把那截玉米芯缓缓拿下来,放在桌子上,仍旧下他的棋。彭德怀却乐得笑逐颜开,眉飞色舞。

朱德在延安抗大打排球。

　　爹爹除了爱下象棋外，还爱体育锻炼。听别人说爹爹在长征的时候还亲自创建过一个篮球队。如果现在的解放军体工队要追溯篮球的历史，爹爹创建的篮球队应该算是我军篮球队的鼻祖了。

　　那时条件异常艰苦，红军终日翻山越岭，不停地作战和奔波，大家情绪和精神都非常低落。看一个军队有没有战斗力，就看有没有"士气"，如果不及时调整战士们的情绪，部队是很容易拖垮的。这时爹爹想了办法，他一到宿营地，就组织大家打球。他随便在路边找棵树，规定一个树杈为球筐，只要把球丢进这个树杈就算得分。没有篮球，就用牛皮做个皮囊，里面塞满棉絮，能轻巧传递即可。有了这个更像橄榄球的篮球，大家有了拼杀的欲望，白天被敌人追杀的窝囊怨气也有了发泄的场所，士气顿时高涨。这个不起眼的破皮球，给艰苦卓绝的长征带来了欢乐，不仅提高了大家的情绪，也锻炼了战士们的矫健身手。以后红军把打球的好风气带到了延安，只要有空，大家总爱

在延安,康克清是朱德在工作
上的得力助手。

到球场上拼杀一番。

　　有时,爹爹和康克清妈妈都去打球,我和表妹也去球场为他们摇
旗呐喊。

　　延安的篮球已经不再是长征途中的那种篮球。杨家岭修建了正规
的篮球场,地面虽说是泥土面,但比较平整,大小也有标准尺度,还有
石灰画出的区域白线。篮球架是木头做的,上面有投篮的铁圈圈,篮
球也是国际标准的充气篮球。

　　为了力量均衡,男女队员要搭配组合。大家就将爹爹和妈妈各分
一个队,不让他们在一家。却不知,这个分配方案铸下了大错!

　　比赛开始后,爹爹打得很认真,虽然已经50多岁了,脚步还很灵
活。因为他的手大,球一到手,绝对会牢牢抓住的,稳打稳扎直到投
进篮里。妈妈虽说拼杀很有冲劲,但个子不如爹爹高,总是抢不到球。
但是妈妈比爹爹反应快、点子多,她一见再这样打下去,她所在的队
肯定会输的,就灵机一动,对着获得球的爹爹高喊:"老总把球给我。
快! 传给我!"正在激战中的爹爹几乎想都没想,一扬手将球传给了

妈妈，妈妈连跑带跳，投球进了篮里。等爹爹反应过来，他"敌我不分"的错误已经无法挽救了，妈妈她们得分有效。

和爹爹一个队的队员意见可大了，老总怎么胳膊肘往外拐，把球给对家呢？爹爹知道自己犯了错误，决心痛改前非，保证不再上妈妈的当了！可是不到一会儿，妈妈又故技重演，高声喊爹爹，爹爹依然迅速地把球传给了妈妈。

全场被爹爹屡教不改的滑稽错误逗得捧腹大笑，大喝倒彩。我也高声叫："爹爹错了，爹爹错了！"可是爹爹已经把球传递给了妈妈，正睖睁在球场上懊悔呢。而妈妈这面的啦啦队，为妈妈精彩的得球高兴得手舞足蹈。

爹爹一错再错，大家不依了，要让爹爹下场！爹爹正打在兴头上，当然不愿意下场。经过和妈妈商量，决定还是妈妈下场。这场球才得以继续打下去。

后来大家就将爹爹和妈妈编在一个队里，这样他们会相互配合，爹爹再也不会传错球了。

延安的生活很有意思，大家好像生活在一个大家庭里，不分彼此，不分男女，人人平等。机关里没有官僚作风，官兵之间亲密无间，军民关系又是那样和谐，人在这样的环境里生活，有一种舒展的轻松感和全身心投入的渴望。尽管那时物质生活条件十分艰苦，但谁也没有叫苦，谁也不留恋以前的城市生活。就连我们这些孩子也特别喜欢延安这片圣土，觉得这里的空间和空气没有紧张压抑的感觉，至少让我们觉得是安全的。不会再像在成都的时候，整天提心吊胆会不会有日本飞机来轰炸，我还要隐瞒身份，不能光明正大地姓朱，在学校里和同学说话都不能畅所欲言，生怕哪里漏了嘴，暴露了爹爹的身份，招来杀身之祸。

平时，爹爹他们的工作量是非常大的，全国抗日战场那么大，信息那么多，每一个战役、每一支部队的情况，日军的动向，蒋介石的动向，汪精卫伪政权的动向……虽说不是耳听八方，也差不多是眼观六路。他们必须每时每刻准确地把握战局脉搏，及时而有效地给八路军和新四军布置作战方针。爹爹经常是整夜整夜地工作，电报、文件、报纸、地图几乎占据了爹爹所有的时间，我真不知道爹爹有如此好的耐力，一坐就是半天，一动不动地。

有时康克清妈妈见他实在太累了，就想法拖他出来休息休息，但是爹爹有个脾气，让他离开办公室还必须有合理的理由，否则他一概不予理睬，妈妈叫他出来也不行！

有几次机关组织了舞会，妈妈想让爹爹也参加，又怕他听说是跳舞不肯去，就让我去叫爹爹，说是毛泽东伯伯也去跳舞了。果然，爹爹听我一说，就放下手里的文件，起身拉着我的手往山坡下的平场上走。开始我不明白，爹爹怎么见毛泽东伯伯去他才去？后来我才知道，爹爹最敬重毛泽东伯伯，如果毛泽东伯伯出来跳舞，爹爹一般也会去陪他跳舞的。爹爹说这是助兴。有时，毛泽东伯伯见爹爹没有来，也会问妈妈，他也关心爹爹的健康。"你叫老总出来活动活动，不要累坏了身子。"毛泽东伯伯用湖南话对身边的警卫员说。

中央领导人之间这种亲密的关系，显得十分融洽、随和而自然。听人说，有时中央开会，台下听主席作报告的将领们觉得口渴了，能起身直奔主席台上，端起毛主席或者其他人的茶杯喝水。大家在底下看见了，也不见怪，好像很平常的事情。如果谁有什么好烟、好酒，保准一会儿就被七手八脚"共产"光了。爹爹有什么好吃的东西，也经常被他的师长们"共产"，有时爹爹看见他们有好东西，他也会去"共产"的。

延安的舞会一般是周末傍晚举行，这段时间天色很亮，虽说黄土地面冻得很硬，天气也冷，但大家跳舞的积极性依然高昂，最后跳热了，身上只剩下了毛线衣，而且热腾腾地直冒热气，像刚出笼的馒头。

爹爹跳舞和其他人不一样，没有那么欢快，也不爱晃悠，和他平时为人一样，踏实认真。外国作家曾经形容爹爹跳舞好比一辆坦克，平稳扎实，勇往直前。爹爹的舞步没有什么花样，只是前进后退。如果看他的神情，你一定不会觉得他是在跳舞，而是在从事一项什么工作。别人跳舞时，都是嘻嘻哈哈，笑声不断。可是爹爹一脸平静，神情专注，脚步一丝不苟，目光注视前方。

毛泽东伯伯的舞姿也不算好，舞步特别简单，和爹爹差不多，不

1939 年 11 月，朱德、康克清
在山西武乡县和重庆战区妇
女儿童考察团成员合影。左
起：陈波儿、宋迪夏、康克清、
王紫非、朱德、吴竞。

过他比爹爹会说笑，他的舞伴经常被逗得跳错了舞步。以后我长大在
中南海再看爹爹他们跳舞时，觉得周恩来伯伯的舞跳得最棒，他的华
尔兹没有人能比，一个整场的旋转可以不停歇，特别是他潇洒的舞姿
令全场倾倒。

　　每次跳舞时，我们这些孩子也夹在里面起哄。我的目的是想听留
声机放的音乐，那些舞曲许多都是世界名曲，特别动听。在跳舞的大
人中，江青的舞跳得比较好，每次毛泽东伯伯上场都是和江青先跳一
曲，以后他们就各找各的舞伴跳。我听别人说，江青是上海的电影演
员，演过主要角色，自然是与众不同了！

　　江青比较爱唱京剧，而且嗓子不错，有时在他们院子里常常拥着
许多人听她唱京剧，毛泽东有时也为她击鼓、打拍子。但是谁也不会
想到，"文革"中的江青会变得如此冷酷和凶狠，与延安时期的江青
可谓天壤之别，判若两人！

朱德在延安时骑自行车。

Part.9 娇娇和我一起去莫斯科，我才知道娇娇的妈妈是贺子珍。

那时，江青和毛泽东的生活还是比较和谐的。他们的女儿李讷才2岁，步履蹒跚刚会走路，但已经知道跟着父母后面出来玩耍，而且特别喜欢跟在她父亲身后，披着红色的小斗篷，像爸爸身后的小尾巴似的，跑得摇摇晃晃。我们大一点的孩子时常爱抱抱她。她的皮肤白白的，胖胖的样子，像年画上的洋娃娃，特别可爱。她很小就会背儿歌，有的是她爸爸亲口教的。她的爸爸有时还和她一起玩泥巴、盖房子游戏，一个那么高大的人和那么小的娃娃一起蹲在泥地上玩，一个童心未泯，一个童心大发，童心碰撞出这个滑稽的场面，让人哑然失笑。所以李讷特别喜爱和富有"童心"的爸爸玩。有一次，她见爸爸老是看文件，不和她玩了，她小脑袋一转，想了个让爸爸和她一起玩的主意。她钻到爸爸工作的桌子底下，将爸爸正在看的电报放到火盆上烧。她以为把电报烧了，爸爸就不看这些纸片了，就会和她玩耍。幸好她爸爸发现得快，电报没有被烧掉，不然小李讷可就闯大祸了。

当时我并不知道娇娇（李敏）和李讷不是一个母亲的孩子。直到娇娇和我一起去莫斯科寻找母亲，我才知道娇娇的妈妈是贺子珍，是红军著名的女战士，和康克清妈妈一道经过二万五千里长征，并且身负过重伤，经历过九死一生的磨难，好容易活着走到了延安。可是因为伤痛和感情的危机，她和十多年生死与共的丈夫之间有了误会和矛盾。这时她发现又一次怀孕，这是她第六次怀孕。听说贺子珍以前已经生育过5个孩子，有的送给当地农民抚养，有的生下来就夭折了，还有一个女孩生在长征路上，一落地就送给了当地的老百姓，以后想去寻找，连个可以参考的依据都没有。茫茫人海，上哪里寻找这些失散的骨肉？历经生育之苦，饱尝离别痛苦的贺子珍，最后只留下了娇娇一个孩子。

多次怀孕生育的折磨和婴儿不断夭折以及离别的痛苦，给这位母亲的心灵上留下了不可愈合的创伤。人处于失意和困惑中，往往做出别无选择的选择，这个选择并非是最佳选择，但至少可以暂时逃避眼前的困难处境。贺子珍以她经历过生死起落的气魄，用军人处理问题

1940年，朱敏与表妹高洁（左二）来到延安，朱敏怀中是3岁的李敏。

的果断，处理了自己的感情问题。她毅然离开年幼的女儿和丈夫，去苏联治病，同时也想用时间来医治感情上的创伤，走出这段感情的失意时期。

她抵达莫斯科不久，就生下了她和毛泽东的最后一个男孩。想换个活法的母亲没有能避免以前的悲剧再次发生，婴儿又一次夭折了。

贺子珍在莫斯科失去了那个男孩后，精神受了很大的刺激，整日精神恍惚，旧病未愈又添新病，身心处于崩溃的状态。毛泽东在延安听说后，决定将4岁的娇娇送到莫斯科，送到母亲身边，或许贺子珍看见这个孩子，会逐步从痛苦的阴影中走出来。

在大人们开始商量我们这些孩子如何离开延安，如何去莫斯科学习时，我们小孩还都蒙在鼓里。

等我知道要离别父母、离别延安去莫斯科时，离上飞机只有3天的时间。命运之神几乎不等我回过神来，就张开翅膀将我载向另外一个国度。在大人的描绘中，那里是天堂，是孩子的乐园，是树人的大森林。

然而，命运并不一味按照人们的设想那样准确与公正地将其变为现实。我便是大人设计美好命运时遭遇意外的那一个女孩，一个奔向美好命运却投进更加苦难命运的女孩！

04 Chapter

1950 年，朱德与女儿（左二）、刘少奇之女刘爱琴（左一）、蔡畅之女李特特（右一）在北戴河合影。

Part.1 为了学习文化知识，我不得不再次离别亲人。

一天中午吃完饭，爹爹没有去开会，而是走到我的窑洞里，盘腿坐上了炕。我一见，估计爹爹有事情和我说，也连忙脱鞋爬上炕，坐在他的对面。爹爹默默看着我，从口袋里掏出一本薄薄的书，我接过一看，是介绍苏联国际儿童院简况的书。

我茫然地看着爹爹，不知道他为什么给我看书，虽然我知道延安有许多孩子在那个什么苏联的保育学校学习，但这和我有什么关系？想想也是，我那时反应真够迟钝。爹爹所要言明的意思其实都在这本薄薄的本子里，可我就是没有明白！

爹爹用慈爱的目光看了我一会儿，不由得笑了，好像在说，我的傻娃娃怎么一点没有明白爹爹的意思？我突然发现爹爹的面容在如洗的阳光下那么有趣——迎光的一侧，富有力度，几乎每一条皱纹都是画笔画出来的，深深如古铜色沟壑，而逆光的一侧，好像笼罩在弥漫的尘雾中，变得神秘朦胧起来……

"你给爹爹说说，长大以后想做什么？"爹爹打断了我好奇的观察，先开了口。

"和你一样，当八路军！"既然爹爹问我想做什么，我当然实话实说啦。

爹爹笑了，笑得那样开心，心里肯定想，有其父必有其女。我以为爹爹一定会赞扬我一番的。

"朱敏啊，你知道打完仗以后还要干什么？"

"打完仗？……我没有想过。"我摸摸脑袋瓜，心想，爹爹这是怎么啦，考我啊，我哪里知道战争结束以后会干什么呀。

"打完仗，我们要建设新中国，那时候，我们需要大量的有知识有文化的专业人才……"

爹爹这话真新鲜，我不由得问："什么是专业人才？"

"那就要经过专门学校学习，比如有人会制造汽车、会制造飞机，那就是专门懂技术的人研制的，我想让你去学习……"

"太好啦！"不等爹爹说完，我呼地站了起来，但一转念想到爹爹给我那本介绍苏联国际儿童院的书，心里不由得一紧，忙问："让我上哪儿学习？"

"苏联莫斯科！"

我几乎不相信自己的耳朵，傻傻地看着爹爹，可爹爹的目光异常肯定，绝不是和我开玩笑！

窑洞里出现了短暂的沉默，只听见爹爹沉重的呼吸声，这是爹爹长征过雪山时落下的支气管炎后遗症，呼吸声比一般人要声大。

沉默中，我看见爹爹头发里夹杂的白发……

此刻我不知道是害怕还是太紧张，竟然说不出一句话来。

"怎么？不愿意去？"

爹爹见我不说话，就告诉我，这次让我去莫斯科，是和毛泽东伯伯共同商量的，这是中央组织部的决定，不是爹爹个人的决定。然后，爹爹又慢条斯理地讲述了莫斯科国际儿童院是一座专为共产党国家的孩子设立的保育学校，有许多延安领导人的子女已经在那里学习了好几年了。爹爹又向我说起了有谁谁的孩子在那里，谁谁的孩子学习如何如何，那里如何如何比延安好。

莫斯科比延安好，这我相信，毕竟那里没有战争、没有侵略。可是在我这个年纪看来，再好的地方，没有亲人同在怎能称得上好！

爹爹没有注意到我的心理活动，依然按照他的思路往下说："战争不会长久打下去的，日本侵略者注定是会失败的。我们现在打仗，赶走侵略者，是为了建立一个没有剥削、没有压迫、人人平等、人人富裕的新中国。那时人们不再流血、不再流浪。中国近百年被帝国主义欺辱的历史，要靠你们这一代人重新改写。用什么改写？就是要用文化知识改写，用强大祖国来改写！"

爹爹说这些话时情绪特别激动，他眼睛里透出一种闪动跳跃的光，这是一个人渴望实现最崇高目标时才会出现的光芒，只有在饱经曲折、拼搏，耗尽全部心血后，这种属于胜利者的光芒才会降临。尽管追求的目标只有简单的两个字——和平，但足以让中华民族的儿女们前仆后继，去流血、去牺牲。

爹爹这来自心灵深处的光芒,也强烈地感染了我!好像胜利的日子已经来临,和平之鸽已经张开她那美丽的翅膀向我们飞来……

我的心田已经陶醉在和平的景象中,我天真地问:"爹爹,你去不去?"

爹爹收起闪烁的目光,用惊讶的口气说:"哎哎,朱敏,你都 14 岁了,还离不开爹爹,让大人陪你读书?爹爹有爹爹的事情要做,每个人都很忙,你们只能自己去莫斯科。和你一起去的还有毛伯伯的女儿娇娇、王一飞烈士、罗亦农烈士的儿子王继飞和罗西北。你们四个人一起走,路上有人照顾你们。"后来我才知道照顾我们的人是苏联飞行员,这等于照顾我们的只能是我们自己。

我是个要强的女孩,看见爹爹眉头又拧在了一起,觉得不能让爹爹小看了我。我不由得打肿脸充起胖子,说什么也要拿出大人的勇气给爹爹看看。

"爹爹我不怕,我一个人也能到莫斯科。"

"这才是爹爹的好娃娃。你做做准备,明后天可能就要走了。"

明后天?好容易壮起来的胆子又开始一点一点地泄气,声音好像带有哭调:"这么快——就走?"

"是啊,再不走就来不及了,新疆方面的形势已经很紧张了。那里是唯一通往苏联的通道。"

我垂落的手碰到屁股下热乎乎的炕,一股难舍的依恋涌上心头——我不去莫斯科!不去什么国际儿童院!我哪儿也不去!我真想放声喊出来。

"爹爹有一句话要嘱咐你,去莫斯科后,20 岁以前不准恋爱,把精力都放在学习上。你的体质差,容易生病,要想法把身体锻炼强壮。爹爹等你回来建设新中国!"

迎着爹爹充满希望的目光,我没有勇气说出我不去莫斯科、我不想离开爹爹的真实感受。我只好咽下恐惧和依恋,不得不将表面的勇敢继续扮演下去,我咬了咬嘴唇,使劲地点点头。

爹爹蹲到炕沿边,探脚伸进炕下的鞋子里,满意地离开了我的窑洞。

惶惶不安的我不知道该做什么，呆坐了一会儿，想想还是先收拾东西吧，可东一下，西一下，东西更乱，铺了一炕的物件。后来还是康克清妈妈回来帮我收拾好所有应该带走的东西。

这一夜，我没有睡踏实。

第二天一早，表妹知道我要去莫斯科学习，哭得像泪人似的，一定要和我一起去苏联。"我和姐姐一起从成都来的，为什么不让我们一起去莫斯科？我也要去，我不离开姐姐……呜呜……"

表妹的哭声让我更加难受，也情不自禁地跟着哭了起来。

康克清妈妈见我们这般生离死别的样子，有点生气，就责怪我们："你们看看，都不小了，应该懂事了。战士打仗要服从命令，你们也要服从家长的安排，去什么地方，不是谁想去就能去的。高洁你已经在学习了，我们还要安排你在延安的学校学习专业课程……你们都有学习的机会，只是地点不同，但目的一样。看看你们把好事搞得这么伤心。"

我们知道再闹也不能改变这一现实，渐渐止住了眼泪。但我和表妹在一起长大，感情很深，从来没有分开过，一说要分开，别提多么难受了，心里很长时间都有难分难舍的感觉。

表妹直到我上了飞机，她那小嘴都噘着。

Part.2 看见飞机好像现在人看见了天外星球一般，我们激动得直往上爬。

1941 年 1 月 30 日，一架苏联轰炸机要返回新疆迪化（现乌鲁木齐），爹爹和康克清妈妈要送我到延安机场。当我们坐上汽车时，才看见另外两个和我差不多大的男孩已经坐在车子里了，我想他们可能是爹爹说的王继飞和罗西北。听爹爹说他们的父亲都是我党早期党员，为革命已经牺牲了。他们也和我一样，是 1938 年由周恩来伯伯通过地下党找到的，不过他们比我早到延安，所以显得成熟一些。我们到机场后，毛泽东伯伯带着 4 岁的娇娇已经先到了。

毛泽东伯伯一直抱着娇娇。可是娇娇看见停在机场上的庞然大物，一个劲儿扭动身体，想挣脱父亲的怀抱，跑过去看飞机。

不一会儿，飞机上走下一个身材高大，一头黄色头发的飞行员，他就是开这个庞然大物的机长，我听见爹爹叫他别洛夫上校。原来爹爹他们通过苏联政府已经和这个机长联系好了，我们四个孩子由他负责带往苏联。

爹爹见我们几个孩子都到齐了，便招呼我们上了飞机。

登上飞机这一刻，是激动人心的一刻。看见这银灰大肚子和两边机翼挂着大炸弹的飞机，好像现在人看见了天外星球一般，我们激动得直往上爬，根本忘记了我们即将离别亲人，离别祖国！就连4岁的娇娇也不示弱，手脚并用，三下两下就爬上了飞机。

我们爬进去一看，里面很大，有椅子有桌子，还有许多食物和我们不认识的武器弹药什么的。在要离开亲人的时候，突然眼前有了那么多的新鲜东西，我们心里郁结的离别惆怅顿时化解了许多。

爹爹和康克清妈妈一会儿上一会儿下，帮助我们将东西放进飞机机舱。我们都顾不上他们在旁边干什么，好奇地东摸摸西看看，娇娇跟在我们后面像个小尾巴似的，一摇一摆的，我们做什么她也做什么。

不一会儿，飞机一阵颠簸，发出震耳的轰鸣声……我们吓了一跳，赶紧坐在靠椅上，这才发现飞机要起飞了……啊！我赶紧回头寻找爹爹他们，爹爹不知什么时候下了飞机。我连忙透过舷窗往外看，看见爹爹和毛伯伯他们都站在跑道旁，我朝他们拼命挥手，可是飞机几个盘旋，他们很快就成了黄土丘陵上的一个个小黑点。

爹爹渐渐远了，延安渐渐远了，一个更加残酷的岁月却悄悄地临近……

我想爹爹脸上一定和以往一样平静，即使面对感情波澜时，他也不改这特有的表情。

可我不行，两行热泪无声地滑出眼眶，我使劲忍住，不让自己哭出声音。但越是控制自己，眼泪越是流个不停……爹爹可能就是怕看见我流泪，趁我们没有注意他的时候，悄然离开了飞机。

或许这样更好一些，我想。至少我在爹爹面前没有表现出胆怯和脆弱。

可是爹爹不知道,不久,女儿将被战争抛进地狱之门,沦为法西斯集中营的小囚徒。如果爹爹知道以后将会发生的事情,还能送女儿去那个遥远的国度吗?爹爹是一定会改变主意,把我留在身边的。

人生为什么会上演那么多的悲喜剧,恐怕都是这难卜的命运在作祟吧。

我们和下面大人挥手告别的时候,娇娇或许太小,不懂得什么叫离别,她不哭不闹,依然集中精力,用自己胖胖的小手研究飞机座位上的安全带如何打开如何系上的深奥学问。

等我收住眼泪,她却在一边突然哭了起来。我忙问她哪里不舒服?她捂着肚子说肚子痛,要拉肚子。我一听可急了,飞机上哪有能拉肚子的地方,可是娇娇肚子越来越痛,控制不了,非拉不行。我和另外两个男孩想办法找来了报纸当痰盂,七手八脚帮助娇娇解决了拉肚子的难题。可刚收拾干净,娇娇又要拉了,我们只好又收拾……就这样,我们不停地忙活,娇娇不停地喊肚子痛,最后肚子拉空了,疼痛才缓解。

可是飞机从延安到新疆要3个多小时,又是轰炸机,特别颠簸,发动机传出的巨大轰鸣声震耳欲聋。大人在上面都会头晕脑涨,更别说有病的孩子。娇娇在颠簸的飞机上,紧紧捂着肚子,脸都变了色,可她忍着痛,泪汪汪地一声不吭。

窗外是茫茫白雾,就像我们难以预测的命运。

我们的心情不由得随着颠簸的飞机变得难受起来,我也开始晕机了,吐得一塌糊涂。飞机忽上忽下好像把心脏掏了出来,一会儿提上来,一会儿又丢下去地折腾……飞机在我们眼里不再好玩、不再新奇,反而让我们感到恐惧。它不停地往北飞,究竟要飞多远?什么时候才是旅程的尽头?

悬了空的飞机载着我们悬了空的心,飞往白雾茫茫的西方。

我们不由得相依在一起,那孤独无助的情景至今想起来都让人心颤。

好不容易飞机临近了乌鲁木齐的上空,别洛夫上校让我们躲进飞机的大翅膀里，怕到机场后有国民党地勤人员上机检查。苏联飞行员还在延安时已经接到斯大林的指示，要他们安全地将我们几个孩子送到新疆八路军办事处。

乌鲁木齐机场的跑道已经清晰地展现在飞行员的眼前，他们的神经也紧张得绷了起来，不停地用简单的中文关照我们不要乱动，不要出来。

现在想想当时的情况也是真够让苏联飞行员紧张的，如果叫国民党发现飞机上有四个共产党的孩子，其中还有两个是"朱毛"的孩子，那后果不堪设想。

Part.3 我们四个活人变成了四个长形行李卷。

飞机开始下降，所有人的心也在下沉，比空悬着时还要难受。

飞机着陆后，地勤人员虽说没有登机检查，可我们面临一个比他们登机检查更麻烦的事情——我们四个活人如何在星罗棋布的国民党人员的眼皮底下离开飞机？

别洛夫上校直揪他的黄头发，那双蓝色眼睛盯着我们直转，他在想办法。还是领航员脑袋快，想了个办法，可他一说出来，差点没把我们的肚皮笑破！他说将我们卷进行李卷里，当做行李扛下飞机。

别洛夫一听，马上竖起大拇指，说好主意——正好朱小姐身个也不大，很容易连头带脚卷起来，只要你们不动弹，是不容易被发现的。再说，谁会想到行李卷里是活人？

虽然我们觉得好笑，国民党不至于会把我们几个小孩怎样，可是苏联飞行员绝对不让我们出现任何意外，一定要把我们卷进行李里。我们没有办法，只好听从他们的安排。于是，我们四个活人变成了四个长形行李卷。

一卷进行李袋里，顿时感到又闷又憋，像落进了黑暗的洞里，喘气都不敢大声。不一会儿，地勤人员来扛行李，他们谁也没有对行李发生疑问，吭哧吭哧地把我们扛上肩头。我们觉得身体被人双手拨弄着，忽上忽下的，颠动了一阵，被丢在了汽车的车厢里，直到听见汽车的发动声，紧张得快要跳出来的心才松弛了下来，估计汽车驶出机场，我们就能获得自由了。

刚开始大家都担心娇娇，她最小，又在闹病，如果她动一动或是出一点声音，这场瞒天过海的计划就要前功尽弃了。没有想到险恶的环境使年幼的孩子过早地懂事，娇娇从卷进行李卷里到被摔上汽车，始终没有出一声！

终于，我们被安全地转移到八路军办事处。

为了避开国民党的耳目，保证我们的安全，八路军办事处的叔叔

毛泽民在八路军新疆办事处。

和阿姨只能白天将我们关在房间里，晚上才让我们在院子里散散步。我们在办事处过了十几天黑白颠倒的日子。当时毛泽东的弟弟毛泽民在新疆工作，他对我们特别关心，不仅因为娇娇是他侄女的缘故，在那个特殊的年代，只要是共产党人的后代，在共产党机构里都会得到最好的照顾。大家好比在一个共产主义大家庭里生活，孩子就是大家庭的孩子，大家庭的希望，也是大家庭的未来。

开始我们只知道去苏联的线路已经出现危险，可能路途不会太顺利。但没有想到，我们这次离开延安后，以后再没有孩子能从我们走过的路线前往莫斯科国际儿童院。我们成为最后一批前往莫斯科的孩子。

我们离开八路军办事处不久,新疆军阀盛世才便撕碎国共合作的协议书,切断了通往莫斯科的路线,同时在新疆大肆逮捕共产党人。毛泽民和许多八路军办事处的同志都遭逮捕,最后惨遭盛世才杀害。

2月中旬,我们终于坐上了开往苏联境内的汽车。这时去苏联的人已经不再是我们四个孩子,而是十多个人,小娇娇也有了同车大人的照顾,我们不再觉得孤单了。几天后,汽车开出了边界,当中苏边界出现在我们面前时,大人们放声欢呼了起来,欢呼终于摆脱了国民党的跟踪,离开了战争的硝烟。我们受同车大人的影响,也放声欢呼起来,但我的心里却像卡着什么,堵得慌……

离开了祖国,离开了爹爹,这有什么可欢呼的!

后来我们又在苏联一个什么地方转乘了直达莫斯科的火车。火车在荒凉寒冷、人迹稀少的西伯利亚地区整整走了一个星期,到苏联西部后,沿途才开始有了农庄和城市,有了大片大片的农田和成群的牛羊。最后我们终于抵达此行的终点站——莫斯科。

站台上,国际儿童院的老师已经等候在那里,准备接我们去距离莫斯科300公里的伊万诺沃,国际儿童院设在那里。

娇娇在车站上被她的妈妈贺子珍接走。

我们看见她妈妈大声叫着娇娇的名字,远远地跑了过来,一把将怯生惊恐的女儿紧紧地抱在怀里,生怕被人抢走一样。我看见这幕动人的母女相见的情景,心头一热,眼眶也潮湿了。我真羡慕娇娇,遥远的莫斯科有她最亲的人,有妈妈呼唤她。而我——几乎不知道母亲的模样,更不要说体会在母亲怀抱里如何幸福和温暖……

小娇娇和我们相处久了,与我们依依不舍,不愿意跟妈妈走,最后哭着被妈妈抱走了。她在妈妈怀里,目光却紧紧地追随着我们,眼泪像断线的珠子……

后来我离开儿童院去南方疗养,不幸落在德军的手里,从此与儿童院和娇娇她们失去了联系。

Part.4 在我们的成长中，青少年的履历几乎被苏联这块伟大而悲壮的土地填满了。

抗日战争时期，延安向莫斯科国际儿童院输送了 40 多名革命烈士和革命者的后代，之所以将他们送往条件优越的莫斯科学习，也是为了解除父辈们的后顾之忧，让他们全身心地投入这场旷日持久的抗日战争中。这些孩子虽然躲避了中国战场上的炮火袭击和血腥屠杀，但在苏联却经历了四年卫国战争，同苏联人民一道经历了困难时期，经受战争的考验。在我们成长的所有记忆中，青少年的履历几乎被苏联这块伟大而悲壮的土地填满了。大家对祖国抗日战争的记忆并不深刻，但对异国他乡的这场战争却锥心刺骨，终身难忘。

可以说，苏联是我们 40 多个中国孩子心灵中的第二故乡！如今离开它的怀抱已经 50 多年了，可当年的情景依然历历在目。在和别人谈话时还会突然冒出俄语来，连自己都会吓一跳，这俄语竟然比中国话说得还通顺。可见这第二故乡对我的影响之大之深。

当时有两个国际儿童院，一个是伊万诺沃国际第一儿童院，另一个是莫尼诺国际第二儿童院。抗战爆发前，中国国内就送来了十多个孩子在这里学习，主要集中在第二儿童院。1939 年西班牙内战爆发，大批西班牙革命者和知名人士的子女也被送到苏联儿童院。第二儿童院重新对各国孩子进行了调整，将 40 多名中国孩子全部迁往距离莫斯科 300 公里的伊万诺沃国际第一儿童院。

我到达莫斯科后，也被分配在第一儿童院。这个儿童院是苏联最大的国际儿童院，集中了四十多个国家的孩子，其中有波兰统一工人党领袖贝鲁特、意大利共产党领袖陶里亚蒂、美国邓尼斯、日本片山潜、南斯拉夫铁托等著名革命家的子女。中国有毛泽东的两个儿子、林彪的长女、瞿秋白的独女、蔡和森的一儿一女、蔡畅的独女、林伯渠的女儿、苏兆征的一儿一女、张太雷的儿子、刘少奇的女儿等，他们都在这个第二故乡度过了难忘的"二战"岁月。

我们一到儿童院便投入了紧张的学习。因为我的俄语不行，不能

朱敏和儿童院大班的中国学生在一起。

按年龄编进当地的中小学里跟当地孩子一起学习，便先进了俄语补习班，等掌握语言后，再进学校学习。

这里的环境和中国的环境简直是天壤之别，特别是来自战争国家的我们，刚刚穿越了战争的硝烟，走进这里的和平天地，不仅充满了诧异，几乎不相信世界上还会有这样美好的人间。这里的校园鸟语花香，室内温暖如春，老师在阳光灿烂的教室里孜孜教诲每一个学生，温馨像空气一样包围着我们……这里的城市洋溢着青春活力，人们在快乐地生活和工作，到了晚上，街头到处可听见手风琴的声音，看见姑娘和小伙子双双对对相依的身影，战争好像在另外一个星球上激烈地进行着，这里完全成了童话中所描绘的天堂。在这里生活的中国孩子被巨大的幸福淹没了，完全不去理会中国国土上的父辈们在如何的浴血奋战，如何的日理万机，如何的鞠躬尽瘁……孩子们照样嬉笑玩耍，甚至调皮捣蛋，打架犯错误，直到苏联也爆发战争，大家才深刻体会到战争是什么，才在战争中成长起来并逐渐成熟。

苏联最高统帅斯大林对我们各国的孩子给予了最好的照顾。但是，不管我们生活得多么幸福，有的孩子还是不能抹平精神上的创伤，这与长期同父母离散有关。饱受人间苦难所造成的精神创伤是不可能随着时间流逝而消失的，甚至会保留终身。我记得，我们中国学生队队长是毛岸英,他那年已经 19 岁了,但是他和父亲毛泽东一同生活的时间很短很短。他和弟弟毛岸青因为母亲被害而流落街头,受尽了人间屈辱。毛岸青的脑袋被人打坏了,脑神经受到了致命的损害。后来他们被找到后,由在共产国际工作的康生负责到欧洲将毛氏兄弟接到莫斯科儿童院。

获得和平和稳定生活的兄弟俩,依然对四周充满了警惕,对谁也不肯暴露自己的身份,有时他们不得不提到自己父亲时,就和别人一样直呼大名,好像和毛泽东没有一点关系。后来在中国派去的师哲副院长的开导教育下,他们兄弟俩才敢讲出自己的身份,才敢当大家面称毛泽东为"我们的父亲"。

在国际儿童院的许多中国孩子都有苏联名字,毛岸英叫谢廖沙,毛岸青叫戈利亚。我离开延安时,爹爹也为我起了个化名 —— 赤英。爹爹说用化名一是为以防万一,不会暴露身份;二是"赤"和"朱"都是红色的意思 —— 红色英雄,这也是爹爹对我的希望。

我一到莫斯科就再没有使用朱敏这个名字,而开始了"赤英"的生活。

在我的一生中,名字成为我经历的证明,换一个地方换一个名字,开始一种新的生活。我记得,我有好几个名字,在爹爹心中有小名"四旬"、大名"朱敏书",到延安后,爹爹又叫我"朱敏";在外婆膝下我姓贺,叫飞飞。我的名字随着地方的转移而不断地更换,离开成都,我的"贺飞飞"随着童年画上了句号,到延安开始了我的新名 —— 朱敏,这不,才几个月我又使用了"赤英"的化名。

很快,我到莫斯科已经 4 个月了,学习有了很大进展。进入 6 月夏季的莫斯科,天气依然寒冷,我小时候留下的哮喘病根,在寒冷潮湿的莫斯科又发作了,整天整夜地咳嗽。儿童院的老师请了许多医生来为我看病,药也吃了不少,病情却不见好转。最后他们决定送我去白俄罗斯明斯克城郊的夏令营疗养。与我同去的还有国际第二儿童院的一对捷克姐妹 —— 弗拉斯塔和米拉,她们是捷克共产党早期领导人日瓦沃的女儿。以后我们三个来自国际儿童院的孩子,在德国集中营里结为生死之交,顽强地度过了 4 年地狱般的岁月。在最黑暗的日子

朱敏和米拉去明斯克疗养院
前拍摄的照片。

里,我们相依为命,相互鼓励,严守自己的身世,躲过了德国鬼子的审查,成为活着走出德国集中营的幸存者。

我们从莫斯科到白俄罗斯疗养的孩子一共有 21 名,仅有的两个中国孩子中,除了我还有张闻天的儿子,他是张闻天和苏联红军女大尉所生的孩子。他从小在莫斯科长大,一口纯熟的俄语真让我羡慕不已。最为痛惜的是,在德国鬼子占领我们疗养院后,他想逃跑回莫斯科,被法西斯的飞机炸死在途中,那年他才 12 岁。

明斯克距离莫斯科有 500 多公里远,汽车在路上走了两天,6 月 21 日傍晚才抵达我们疗养的集体农庄。我们来南方疗养的孩子大都是身体有病,或者是体质差,经过两天的长途颠簸,个个都疲乏极了,谁也顾不上欣赏新"家园"是个什么模样,吃完晚饭就陷进松软的床上,呼噜大睡……

睡梦中的我们谁也不会料到这一夜将会成为历史上永远铭刻的日子。

沉浸在和平之夜的苏联人民也不会想到明天战争的来临。

最高统帅斯大林更不可能在睡梦中梦见战争狂希特勒的双眼正虎视眈眈盯着他……

此时是 1941 年 6 月 22 日凌晨 3 点，希特勒像头发疯的野兽，用他公牛般的嗓子，向他的法西斯军队下达了向苏联进攻的命令！

顿时，德军坦克部队像老鹰的巨大黑爪，扑向苏联的西南部，把我们疗养的驻地明斯克地区紧紧钳住，准备撕咬得粉碎……

已经置身于法西斯铁掌中的我们和所有苏联人都沉睡在甜蜜的梦境里……

凌晨 3 点以后，德国的飞机、大炮、坦克和他们密密麻麻的步兵跨过了苏联南部的国界。此时，苏德两国首脑于 1938 年 8 月 23 日在莫斯科签订的《苏德互不侵犯条约》已化为法西斯手中一张分文不值的纸片。

终于，善良的苏联人民和世界上所有被卷入战争的人们一样，几乎在没有任何思想准备下接受了这个强加给他们的血腥灾难，其中也包括我们这些为躲避战乱的各国孩子，再次被罪恶的战争推进了火坑里。

我们早晨醒来，听见小鸟在房前枝头上的叫声，也听见隔壁人家的牛叫鸡啼声，一切显得那样宁静和安详。我们一起床，浑身又来了精神，恢复了孩童的好奇和多动的天生"病症"，不是先去洗漱，而是跑进旁边牲口棚里看马呀牛呀羊呀什么的，特别是看见那些在"妈妈"肚子下喝奶的小家伙，我们个个都想爬进去抱一抱。要不是它们的"妈妈"们始终和我们保持不友好的态度，说不定这些可爱的小动物早就成了我们床上的宠物了。后来，我们在老师的再三催促下，才不情愿地离开了这些小动物。

我们疗养的这个农庄在明斯克郊区。这里有茂密的森林和平坦的草原，到处都是绿油油的。这里毕竟是南方，空气要暖和得多，阳光也灿烂得醉人，我的哮喘毛病不知不觉好了许多，一个晚上也没有咳嗽。早饭后，我们在老师的带领下来到村庄外的草地上玩耍，我认识了在国际第一儿童院的捷克姐妹。

"你好，这是我的姐姐，叫弗拉斯塔，我是妹妹，叫米拉。你叫什么？是中国人还是日本人？"那个叫米拉的妹妹大方地用俄语问我。

她们姐妹开朗活泼的性格给我留下了良好的印象。我回答了米拉的问题，但没有说我的父亲是谁。因为我们国际儿童院的孩子大都在险恶环境中生活过，从小因为革命家庭受过反动当局的许多折磨，渐渐养成了严守自己身世的习惯，到了和平的环境中，依然不相互打听身世，也不主动说自己的父母是谁。自然我也不知道她们的身世。

这对姐妹就叫我"中国赤英"。我欣然接受。

张闻天的儿子叫汪格里，他虽然有俄国人的白皮肤，但他的黑眼睛黑头发，一看就知道有中国血统。他的身世我是以后知道的，就连汪格里被炸死的消息也是我从德国集中营回到莫斯科后才知道的。

在我们这群孩子里，我的年龄算比较大些，已经 15 岁了（因为我离开延安时爹爹考虑我到莫斯科就学的年龄，少报了两岁，改成 13 岁）。其他孩子基本都在十二三岁，还有几个只有七八岁。一个地地道道的红领巾夏令营。

我们在一望无际的草地上尽情地唱歌跳舞，我也给同学们唱了一首中国民歌，这是我离开祖国后第一次用国语唱歌，心里别提多高兴了！但是唱着唱着，不知怎地，我的眼泪流了出来，这浓郁乡情的歌词勾起了我的思念。我离开祖国已经是个少女，对家乡的一草一木和对亲人的印象十分深刻，他们的音容笑貌老是固执地反复浮现在脑海中。从前在家唱歌不觉得歌有什么特别，可在异国他乡唱歌，感觉就大不一样了。

Part.5 夏令营顷刻不复存在，我们 21 名各国的孩子身陷战争的火海中。

正当我们玩得好不开心时，突然觉得大地有点颤抖，天空传来嗡嗡的低鸣声。我们停止了欢笑，四下寻找这个怪声音是从什么地方传来的。是不是要变天了？我们抬头看天空，看见蓝色天幕上有一个个黑色飞行物缓缓移动，像鸟群？也不对啊，鸟飞不了那么高……我眼前猛然闪现一个情景，这个情景我多次在国内看见过，那是日本鬼子轰炸机轰炸城市的情景……

我恐惧地大叫起来："飞机！"

那些没有经历过战争的孩子还高兴地喊："对！是飞机，好多好多飞机啊！"

"战争，是战争！"我无法解释更多，只用最简单的词语告诉大家。

"战争？"大家不相信地看着我……我正想解释这是轰炸机，可远处已传来了剧烈的爆炸声。

"哇……"几个年纪小的孩子被这巨大的声音吓得哭了起来。这时大家才明白我说的战争是打仗，尖叫着往村里跑去，好像躲进房屋里，炮弹就不会落到头上，就安全了。

我们在飞机呼啸声中跑回四处冒烟的村庄。一看，情景更加可怕，就在我们看飞机时，飞机的炸弹已经在村庄里横扫了一遍，其中一颗炸弹落在小牲口和它们"妈妈"居住的棚顶上，牲口棚不见了，成了一个泥土大坑，可爱的小动物已经被炸得粉碎，这里一条羊腿，那里一个牛脑袋，四处都是鲜血。我们吓得两腿直打战，怎么会是这样？这难道就是我们日夜咒骂的法西斯行为？

我们的夏令营顷刻不复存在。我们 21 名各国的孩子身陷战争的火海中。我们唯一的老师——安娜，在大火中不停地鼓励我们几个大一点的孩子："不要怕，我们一定能回莫斯科的。你们要管好年纪小的孩子，把行李都拿出来。我去寻找汽车，我们要想办法回去，记住，我们一定能回去！"

老师去寻找汽车，我们靠在破残的断壁边等待老师回来带我们离开此地。

我看见我们脖子上都系着红领巾……我想：万一我们被德国鬼子抓住了，他们肯定要抢走我们的红领巾，不行，红领巾不能给德国鬼子拿去。小小年纪的我，还不可能意识到战争对生命的残酷性，特别是法西斯屠杀犹太人的行径，是整个人类历史中最为罕见、最为残酷的一页。我们没有经历那一幕，是无法想象它的残酷的。已经置身在炮火中的我，不知道担心自己的性命，却担心着脖子上的红领巾。

我到莫斯科时间不长，俄语说得不好，无法将这个担心和别的孩子交流，就独自起身到墙角找出我们昨晚喝剩的汽水瓶子，把红领巾取下，塞进瓶里，然后封好埋在一棵大树下面。我的行动带动了大家，米拉姐妹也将红领巾摘下，和我的瓶子埋在一起。

红领巾，这是我们的荣誉，绝对不能落在法西斯的手里！

我们埋完红领巾，脸上、手上都黑乎乎的，可为维护自己的荣誉和尊严做了一件大事，也不顾黑脸脏手，兴奋地拥抱在一起，大声欢呼起来。

Part.6 面对德国鬼子，我们将自己的假身世背得滚瓜烂熟。

我们的安娜老师没能为我们找到一辆回莫斯科的汽车。看见她神情沮丧，两手空空时，我们中间有的孩子哭了，我们知道回不去了。安娜老师把我们一个个拉起来，拍拍身上的土，她眼眶红红的，说："我现在无法找到一辆可以带你们回去的汽车……镇上的车子不是被炸毁了，就是被用来运送军用物资，我试过……但他们不同意给我们汽车，我很难过……估计纳粹很快就会来的，我们如果待在这里会被他们抓走的，何况你们中间有国际儿童院的孩子，是共产党国家的孩子，他们会杀了你们的。我们还是到树林里躲一躲。"

安娜老师一手拉着一个小孩子，带我们走进村庄外的树林里。当时我们都带有皮箱和毛毯，安娜老师叫我们带上，说是树林里寒气重，毛毯能御寒。有老师在，我们心里平静了许多。其实，安娜老师不过是20岁的姑娘，但她那种勇敢和果断的行为给我们增添了战胜困难的信心。

第二天，德军占领了我们居住的农庄，村里许多没有来得及逃走的成年人被德军集中起来，强迫他们为德军建筑工事。开始德军没有搜索树林，我们没有被发现。但是，过了几天，我们的食品吃光了，本来身体就不好的孩子，这一惊一冻，许多人就生了病。安娜老师急得摸进村庄想请大夫来给看看，谁知被德军发现了。不久，我们全部也被德军从树林里搜了出来，被赶进村庄里。

安娜老师一见，跑过来，像老母鸡那样紧紧护着我们。因为她知道我们中间有犹太血统的孩子，有共产党国家领导人的孩子。虽然她已经反复嘱咐大家，不要暴露自己的身份，不要暴露自己是犹太人，

这群到明斯克疗养的各国孩子（后排左二为朱敏）不幸落入法西斯的魔掌（中间是她们的安娜老师）。

互相之间也不能出卖，但她看见德国鬼子凶神恶煞似的审讯，还是担心孩子有差错。她挨个抚摩我们的脸颊，用眼神鼓励我们不要怕，但她自己的脸色都变了，褐色的大眼睛里汪着泪。如果我们中间有一个孩子暴露了身份，这个孩子的性命就肯定难保了，我们面前站立的是杀人不眨眼的魔鬼，她能不担心不害怕吗？

大概危难之中，人有一种本能的保护意识。我们谁都将自己的假身世背得滚瓜烂熟，即使才编出来的，一到德国鬼子面前，都说得很真切，编得连自己都相信那是真实的身世。

德军将我们排成两排，一个肥胖的德军军官面对我们，脸上堆着臃肿的笑容，他的身后站立了两个全副武装的德军，面无表情，死死地盯着我们。

他挨个审讯我们，我是中间被叫出队伍的。

"你叫什么？"那个德国军官用我勉强能听懂的俄语问道。

"赤英。"

"什么地方人？"

"中国。"

"支那人？……"德国佬停下记录的笔，抬起头，那双深陷在肉团里的蓝眼珠盯住了我,不相信似的反问我一句。

那时许多外国人称中国人为支那人。我点点头,但心里气呼呼的,因为外婆告诉过我,外国人称中国人为支那人是蔑视的称呼。

"噢……你的父母在中国做什么的?"

"父亲是老中医,母亲也是。"

"你为什么到莫斯科?"

"我身体不好,父母送我来莫斯科治病。"

"你得什么病?"

"你听——哮喘。"我张开嘴,大口喘气,胸腔里发出拉风箱似的哧啦哧啦声。

也不知这个胖家伙怕我有传染病还是听我不流利的俄语太吃力,他不耐烦地挥手叫我快走。我立即跑回队伍,安娜老师轻轻吐了口气,对我微微一笑。

安娜老师虽然不知道我具体是中国哪位领导人的孩子,但她知道我不是一般人的孩子,所以,从我被叫出队伍,她就捏了把汗,担心我不太会说俄语,万一说漏了就糟糕了。看见我平安无事通过了审查,她心里落了块石头。

在我后面被叫出队伍的是米拉姐妹。安娜老师向她们挤挤眼,老师知道她们很机灵,绝对不会出问题的。果然,她们姐妹编造出父亲是捷克的火车司机,在空袭中被炸死,母亲只好改嫁,被遗弃的她们不得不投奔莫斯科亲戚的悲惨故事。故事还没有讲完,她们自己倒先感伤得痛哭流涕。德国鬼子好像对这样身世的孩子不感兴趣,连连制止边讲边哭的姐妹,好啦好啦,回队吧。

张闻天的儿子汪格里转眼变成了一个现在都不知道亲生父母是谁,被孤儿院收养大的孤儿,关于他的父母,一问三不知。德国鬼子看见他一副无知的模样,估计捞不到什么,就放他回队了。

一个朝鲜男孩摇身一变成了日本人,反正德国人也分不清亚洲人,就相信了这个孩子是来自同一战线的日本,他不仅没有继续受审问,还得到德国鬼子奖赏的一个大面包。他一回到队伍里,就给我们每人分了一块。

Part.7 刚才还堆着臃肿笑容的德国军官举起了屠刀，两个孩子倒在血泊中。

眼看我们都快要通过敌人审查时，安娜老师似乎可以喘口气了，她眼前有 19 个孩子通过了德国鬼子的盘查，她正要拥抱我们时，一件意外的事情发生了……

安娜老师张开的双臂突然僵硬在半空中……她的臂膀下还有两个 8 岁的女孩，是捷克人，而且是犹太人。她们还没有通过敌人这一关，看来安娜老师还不能轻松。

果然，德国鬼子一把拉出两个女孩，听见她们尖锐的哭叫声，我们顿时都紧张起来，毕竟她们的年龄太小了……

她们站出队伍仅仅几秒钟，我们就看见一个德国鬼子的大皮靴挑起一个女孩瘦弱的身体甩了出去，接着又甩出第二个女孩……

"不——！"安娜老师大叫着冲上前去，被德国鬼子一枪托打倒在地。

这时所有德军都围了过来，他们脸上的肉在狰狞地抖动。

我们都惊呆了，不知发生了什么事情，德国鬼子竟这样对待两个年幼的孩子！

"犹太猪！"

我们被这毛骨悚然的声音惊惧出一身冷汗，安娜老师的脸色刷地变得苍白。她明白，这三个字意味着宣判这两个女孩死刑。

我们跑上前想帮助倒在地上哭叫的孩子……顿时，我觉得肩膀一震，不等明白过来，身体已经滚出好远。我抬头一看，一个德国鬼子在用枪托棒打我们上前营救的人，有的孩子鼻孔流出了血，有的头上起了青包，有的帽子掉了，有的鞋子破了……

安娜老师拼命地拉着我们。"不要上前，他们会打死你们的，我的孩子们，不要上前……啊！"

我们被德国鬼子的枪托逼离了那两个乞求我们营救的可怜孩子。

我们几乎被这惨无人道的兽性惊惧得昏厥过去……

"法西斯！"

我们从牙缝里挤出这三个音节！

如果说法西斯的残酷已经有文字进行了淋漓尽致的描述，那么我在童年所目睹的残酷却是任何文字都无法表述的，它不仅残酷凶狠，而且是那样的冷酷。当孩子凄惨的哭叫把人的心都要撕碎的时候，法西斯却能无动于衷有条不紊，甚至异常平静地进行他们的杀人工作，好像我们不是人而是什么牲口。不！连牲口都不是，最多是株草。这样非人所为的行径能用文字表述吗？

看着德国鬼子从腰里抽出枪，一步一步走向犹太女孩，我们因为恐惧而掩面大哭了起来。

"上帝啊，你在哪里？他们要杀可怜的孩子，救救她们吧！"安娜老师双手合十，仰头望着苍天，发出悲惨的哭声。

"我早就注意到你手里这两个小姑娘，她们有褐色的眼睛，还有褐色的头发，是这头型告诉了我，你的孩子群里有犹太人！"

德国鬼子用手里的皮鞭指指地上两个女孩的头，我不知道她们的头和其他欧洲人的头有什么区别，法西斯居然能以头型来判定谁是犹太人，这不是太荒谬了吗？然而，希特勒就是用这种荒谬的头骨型说奠定了他的人种论，视犹太人为最劣等的民族，天下第一要灭绝的人种。他们将犹太人看成是瘟疫，想方设法要赶尽杀绝，即使是孩子也决不心慈手软。

"我的眼睛也是褐色的，你们杀了我吧！"安娜老师也豁出去了。

"嘿嘿……你不是犹太人，小姐！"德国军官用鞭子拨拉了一下安娜老师金色的长发，因为犹太人的头发不是金色的。

这两个孩子怎经得起这般毒打！其中一个孩子的胳膊断了，软塌塌地垂挂着，她们最后连哭叫的力气都没有了，只见她们浑身是血的瘦小身体随着棍棒的抽打在泥地上抽动。法西斯打够了，拍拍手，拉起站都站不住的女孩，一人给她们一把小铁锹，让她们挖坑。

这是干什么？

我们紧张地望着安娜老师，安娜老师满脸是泪，痛苦地喊道："他们要活埋我的孩子，上帝啊，你看见了吗？"

我们人群又开始骚动起来，想上前救她们出来。可一切都无济于事，两个活生生的孩子被德国鬼子活活埋在了土坑里……

我们已经不知道什么是哭叫了，浑身上下一点力气也没有了，连看那土堆堆的勇气都没有了。突然，我看着一只细细的血手从土里慢慢拱了出来，顽强地伸向天空，五个手指因泥土的重压而直直地张开着，好像向苍天要什么……

这是对生命的渴望！对法西斯的控诉！

两朵还没有来得及开放的花朵就这样被摧残了，折断了。

这残酷的一幕终身记在我的脑海里。至今，我听见噗噗声，都会想起那往坑里盖土的场景，令人心悸。

德国鬼子干完他们的杀人工作，便把我们赶进附近的一个孤儿院里，集体看押起来。这个孤儿院原来已经有 40 多个孤儿，我们一去，孤儿院里更加拥挤，本来就不够吃的饭食显得更加紧张。许多孤童才一两岁，因为吃不饱，几乎每天都有孩子死去。

相对来说，我们年龄要大一些，生命力也要强盛一些。有时我看见可怜的孤儿在哭叫中慢慢地断气，心里难过极了。无论我们怎样帮助那些病孩，死亡还是不断光临这个灾难深重的悲惨世界。

Part.8 到了 9 月份，苏联丧失的国土面积已经超过一个法国的面积。

我至今都记得爆发战争的这一天是一个星期日。

许多苏联人在自己的家里休息娱乐。尽管电影院里上映了战争题材的电影，可观众依然觉得这是电影，是历史而不是现实。可是无情的战争好像突然从银幕上跳了下来，光临和平的大地。毫无戒备的苏联南部顿时大火冲天，尸骨遍地。大片大片黄灿灿等待收割的麦田，被纳粹德军的坦克履带碾压在泥泞的土地里，丰收的期待随着战争的脚步走向了破灭的深渊。

这天上午 10 点，苏联千家万户的收音机里突然传来苏联部长会

1941 年 11 月 7 日在红场接受检阅的士兵直接奔赴前线。

议主席兼外交部长莫洛托夫低沉而悲愤的声音：

"纳粹德国撕毁《苏德互不侵犯条约》，不宣而战，于今天清晨 3 点兵分三路入侵苏联……"

从这一刻起，苏联人民一下子由和平使者跌入战争受害者的行列。

因为我们 21 个孩子直接置身在德寇的轰炸火力网中，毫无疑问，我们对战争的感受要比莫斯科的孩子更深切更直接。

战争刚开始时，莫斯科的中小学全面停课，许多孩子还兴高采烈地从停课中理解战争的含义。可是，前线的严峻形势和人员的大批伤亡加剧了全国的紧张气氛，很快战争的灾难降临到莫斯科等大中城市，孩子们开始挨饿受冻，开始失去亲人，停课的欢欣变为对战争的仇恨。我们儿童院的大孩子们也参加了预备军队,随时准备为第二故乡奉献自己的一切……当然,我已经在遥远的南方失去了自由,不能感受同学们那高昂的参战激情!

从 1941 年 6 月 22 日凌晨 3 点 15 分起,苏联军队承受了史无前例的猛烈攻击。战争刚开始的前三个月,苏联红军在纳粹德军的强大攻势中节节败退。到了 9 月份,丧失的国土面积已经超过一个法国的面积。11 月份,眼看着纳粹德军的坦克方阵兵临莫斯科城下,甚至连纳粹德军指挥官的望远镜里都能看见克里姆林宫顶部的那颗红星。

苏联人民面临生死存亡的危急关头!

世界上第一个建立起社会主义国家的苏联人民,是勇敢、坚强、永不屈服的民族,他们没有被纳粹德国军队气势汹汹的进攻所吓倒。就在莫斯科面临危难的时候,红场上开始了一场具有重大历史意义的大阅兵。从红场检阅台前通过的部队将直接开赴战场,和纳粹德军作战。年轻的军人们高举军旗,高唱军歌,从凝重平坦的广场走向炮声隆隆的战场,那里是用生命作承诺的疆场。红场上那悲壮肃穆的气氛,让每一个有民族自尊心的人感受到一旦走过这块天地,肩负的使命便会高于一切,公民的义务变得更加神圣!

军人的归宿是战场,军人的灵魂是和平!

这些朝气蓬勃的军人,他们的生命或许在第一天战斗中就会画上句号,然而在祖国利益面前,每一个走上战场的战士都不会在乎生命的长短,不会在乎生命停顿在某时某刻,只要是长眠在战争的子午线上,那么这个人生句号就是圆满的、永恒的。就这样,大批的苏联青年,昨天还在街头浪漫地与情人手挽手、拥抱接吻,今天却义无反顾地走向充满血腥的战场,和死亡拥抱。这大概就是正义战争最终要战胜非正义战争的真谛所在吧!

苏联红军大将、第二次世界大战时期主要将帅之一朱可夫,这个后来家喻户晓的著名人物,受命于危难之中,担负起统帅苏联红军抗击纳粹德国入侵的重任。果然,战场风云如同天空莫测的风云一般,发生了戏剧性的变化。

强大的民族仇恨和山河破碎的耻辱令所有反抗者更加坚强,从红场检阅出来的士兵顿时像充足电的战车,锐不可挡地奔向前线。

原来长驱直入,想在冬季前占领莫斯科的纳粹德军,被苏联红军顽强的防御战困阻在进退两难的莫斯科城外,唾手可得的莫斯科,转眼化成了可望而不可即的海市蜃楼。可是自然界并不顾及地球上生灵的承受力,照样更换它的面孔,就在两军对垒,僵持在莫斯科城下时,西伯利亚的寒风直扑而来,而且把 140 年未遇的寒流送上这片生命密集、散发血腥味的大地。面临摄氏零下 30 多度而身穿单衣的纳粹德军,随着气温的不断下降,士气也降到了发动战争以来的最低点。他们不是被炮弹击中,就是冻死在冰封的雪地里,失去胜利刺激的纳粹德国士兵等于失去了生命的支柱,在荒野里发出绝望的嘶叫,这绝望的嘶叫像传染的瘟疫,迅速传遍德军军营……

战争在急剧变化中越加有利于苏联一方。

远在德国的希特勒没有失望,依然情绪高昂。他掉转头来,眼睛盯住了苏联南部——伏尔加河下游的斯大林格勒。

斯大林格勒原名察里津,位于伏尔加河下游的西岸。它和失守的乌克兰地区、白俄罗斯地区相邻,当西南部的黑海沿岸失守后,斯大林格勒便正面暴露在希特勒的面前。

希特勒又用他三寸不烂之舌发出了蛊惑人心的狂叫:"先生们,我们为什么不去占领高加索和伏尔加河流域? 为什么不把斯大林格勒从地球上抹掉呢? 斯大林格勒是苏联的重工业命脉,是南方的交通枢纽。斯大林格勒完蛋了,苏联必将完蛋;苏联完蛋了,战争也就结束了!"

希特勒的党羽们,已经习惯吸吮这种"精神鸦片",而且上了瘾。他们立即精神振奋,重新部署兵力,从西南边境发兵,把他们的精锐部队推向苏联的西南边疆。

南翼战场出现了危机,苏联红军在南部战场连连失利,24 万人成了德军的战俘,几万人死伤。纳粹德军的装甲部队浩浩荡荡开过南部大草原,面对这股难以抵挡的"钢铁洪流",苏联红军只能后撤到伏尔加河畔,而身后就是斯大林格勒城。

1942 年 7 月,斯大林格勒保卫战正式拉开了序幕。

苏联人民又一次鼓足钢铁般的意志来抵挡法西斯的"钢铁洪流",

这场残酷的战争在伏尔加河畔整整打了 180 天,愣是没有让纳粹德国军队迈上这座近在咫尺的城市,这在战争史上是个辉煌的奇迹。

随着战争的扩大,四面八方的孤儿都被送到我们这个孤儿院里看管。孩子越来越多,死亡的也越来越多,整个孤儿院里充满了阴暗死亡的气息。原来孩子死时,还有神父作祷告,祈祷小灵魂安息。后来死的孩子太多,神父作不过来祷告,干脆死的活的一起作,反正活着的孩子最后还是得死去。

如果人有灵魂,那么这些无辜的小灵魂能安息吗?战争在大人之间进行,然而受害最深的是儿童。毫无抵抗能力和生存能力的孩子,被战争强行剥夺了生存的权利,小灵魂怎能安息!

后来,我们实在忍受不了饥饿和不断死亡的威胁,我们几个大一点的孩子便跑去和纳粹德国的看管人员交涉,能不能在我们做工以外的时间再给我们安排一些事情做,这样能多得到一些食品,让那些在死亡线上挣扎的孤儿不至于被饿死。

德国鬼子问我们能做什么?

我回答,我会织毛衣。

那好,织一件毛衣的工钱是一磅面包和一块黄油。

这么——少?我差点叫起来,可转念一想,如果我们 10 个大女孩都来织毛衣,能得 10 多磅面包。

我点点头,答应了。

身边的米拉直拉我的衣角,不想让我答应。

我们出来后,快嘴的米拉首先叫了起来:"毛衣,我们不会织,怎么办?"

我笑了:"我会啊,我在中国时,我的姨妈是织毛衣能手,我每年的毛衣款式都不相同。不信,你们看我箱子里的红毛衣好看不好看?所谓名师出高徒,我的毛衣织得很好,你们不会,我来教。以后我们利用晚上时间织毛衣,用毛衣换面包,让可怜的孩子不要再饿死了……"

后来尽管我们织了许多毛衣,但是我们还是不能改变孤儿们的状况,那些微薄的报酬实在不能填饱所有孩子的肚子,孩子还在死亡。

　　这一段经历，大概是我人生历程中心灵遭受折磨最沉重的一段岁月，因为人最痛苦的莫过于看见身边的人在慢慢地死去而自己却没有一点办法去帮他。

　　这样的日子实在令人难以忍受，孩子们动了逃跑的念头。第一个逃跑的是米拉的姐姐弗拉斯塔，后来听说她参加了游击队，不过她在一次偷偷来看望妹妹米拉时，被纳粹德国鬼子发现，又被抓回了我们孤儿院。第二个逃跑的是汪格里，他和几个大一点的男孩趁去外面拾柴火的机会逃跑了，但是在跑往莫斯科的途中被飞机炸死了。

　　我和米拉也想跑，可我们的身体不及那几个"越狱"的孩子好，即使跑出孤儿院，也逃不出纳粹德军的占领区，迟早还会被抓住的，那时我们再用这些假身世就蒙骗不了德国鬼子了。

　　因为有孩子逃跑，纳粹德军加强了看守，我们见逃跑的机会越来越少，就放弃了逃跑的念头。

Part.9 1942 年夏季，我已经十六岁了，却像个十二三岁的小孩子那样弱小。

　　斯大林格勒战役打响后，纳粹德军对我们的看押也越来越紧，要想逃跑几乎等于天方夜谭。特别是经过头一个严冬的煎熬，许多孩子没有能熬到春天的来临。我们这些大一点的孩子也患有营养不良症，内分泌系统出现了紊乱，有的干瘦干瘦，像个骨架标本，有的虚胖虚胖，动一动就大汗淋漓，浑身无力。我一头黑发掉落了许多，肚子像充了气一样鼓胀，变了形的模样，自己看了都害怕。十五六岁正是女孩子发育的年龄，因为得不到必要的营养，我们的发育还停留在儿童阶段。1942 年夏季，我已经十六岁了，却像个十二三岁的小孩子那样弱小。直到 1945 年底离开德国集中营，我的身高都没有增长一厘米。

　　我们的体力和精力已经不允许我们再有逃跑的非分之想，即使逃了出去，四处都是沦陷区，也无法找到藏身的地方。

我们不得不在绝望中打消了这唯一可以获得自由的希望。然而，斯大林格勒保卫战为我们在绝望中又扬起了希望之帆。只要苏联红军打赢这次战役，纳粹德国一定会全线崩溃，从苏联撤兵。那时我们就会自由啦！

我们这群失去自由的孩子，终于等到了保卫战胜利的这一天，亲眼见证了第二次世界大战转折点的来临。可是在斯大林格勒保卫战刚刚取得胜利的时候，纳粹德军将我们押往德国境内，关进了东普鲁士集中营，我成了卐字旗下的一名小囚徒。

斯大林格勒保卫战还没有结束，纳粹德军就好像预料到他们失败的命运，开始疯狂地掠夺苏联南部的财富，包括人力资源。他们一边搬运金银财宝、矿产金属，一边将青壮年押往波兰和德国的集中营，从事苦力劳动，为德国创造财富。

我们孤儿院也在劫难逃，凡是14周岁以上的孩子统统被列入苦力名单。我的年龄在来苏联时少报了两岁，但还是达到了法西斯的苦力标准。就这样，我和米拉姐妹还有另外3个女孩子被德国鬼子强行拉出孤儿院的大门，推上了肮脏的卡车……

我们是多么不愿意离开这座孤儿院，尽管它充满死亡和疾病，尽管它阴暗潮湿，尽管它不能填饱我们的肚子，但它毕竟是苏联境内的地狱，终有一天会迎来自由的阳光，迎接战争的结束。如果我们远离苏联，真不知道何日才能看见自由，看见胜利？

或许我们永远也看不见胜利，回不到自己祖国和亲人的怀抱。当时，我们几个饱经苦难煎熬、遍体鳞伤的姐妹，一听说要被押送去另外一个地方，忍不住哭出了声，然而这苦涩的泪水中已经没有多少成分是属于恐惧的。泪水是我们的咒骂与仇恨的宣泄。然而，这一声声从弱小、孤独无助的生命中发出的呐喊，谁能听见？上帝吗？从战争一开始，它就不见了，它是否存在过，我从来都怀疑。其他姐妹还在声泪俱下，上帝啊，你在哪里？你为什么不惩罚该死的法西斯？……

上帝不能解救我们，我们也不能解救自己。只好听天由命，任随命运的帆船把我们载运到任何地方，无非是个死！战争的血腥场面和无数生命轻而易举地丧失已经麻醉了我们的神经，即使知道前方等待我们的是死亡，恐怕也不会产生过多的恐惧。我们年幼的心灵承受的实在太多太多，这不是一个正常人所能想象的承受，也不是我这个经历过的人所能详尽描述的承受！这种承受使人麻木，使人痴呆，使人不知道生命的存在。在集中营时，看到许多犹太人在知道他们将要死去时，脸上还会浮现微笑，好像去死就是去获得幸福一样。人在求生不得时，不如求死，生命结束了，苦难也随之结束了。至于自由，死人的灵魂是最自由的。

Part.10 我落入法西斯魔掌时，爹爹他们为度过抗战最艰苦的时期开发了南泥湾。

在我被德国鬼子关押时期，远在中国的战场也进入八年抗战最为艰苦的阶段。当时爹爹在延安是中央军委副主席兼八路军总司令，协同毛泽东指挥各抗战根据地的斗争。

然而，在爹爹他们领导中国人民奋力抗击日本法西斯时，他万万没有料到他的女儿已经落入德国法西斯的魔掌。虽然我在法西斯关押下遭受折磨，少女最美好的时光被战争撕得粉碎，但是和我相隔万里的爹爹也同样处于最艰难的时期，只是我们各自身心所遭受的磨难有所不同。尽管我们父女早已失去了联系，但困难是我们共同的敌人之一，不管我们中间是否有国界的阻隔，克服困难的决心和信心将我和爹爹的心灵距离拉近了。

1940 年到 1942 年的中国战场，由于日伪军频繁残酷的"扫荡"和国民党顽固派的经济封锁，各抗日根据地出现了严重困难的局面。陕甘宁边区因为历史上的原因，一直属于经济落后的区域，人口只有250 万。可是在抗日战争时期，他们要用微薄稀少的乳汁养育数万名干部、战士和青年学生，用他们瘦削的双肩担负起众多人口的吃穿住用等生活必需品的供应。一些地方的军民开始没有衣穿、没有菜吃，粮食也很困难。爹爹从太行山回延安后，十分重视解决边区的经济困难。他深入到工农商运输各行业，出谋划策，提出一系列解决困难的

八路军总司令朱德十分重视南泥湾屯垦，多次亲临南泥湾视察。这是 1942 年王震（左三）陪同朱德、贺龙（左一）视察南泥湾。

方针、政策和办法,特别是他倡导边区部队实行"屯田",亲自抓了开发南泥湾的工作。

　　早听人们传说,荒凉的南泥湾没有人烟,野草、荆棘长得比人还高,野兽常常出没,野鸡、山雀几乎随处可以捉到。这一连串的"野"字,听了就使人毛骨悚然。为了探明这里的实际情况,刚从前线回到延安的爹爹,决定立即考察南泥湾。

　　一天清晨,天刚蒙蒙亮,爹爹带着身边的几个警卫员就上路了。当他们走近南泥湾边沿时,发现果然如人们传说的那样,野草丛生,荒无人烟。再往前走,连条道都找不到。没有办法,爹爹只好带头走在最前面,指挥着大家用从日本鬼子手中缴获来的战刀披荆斩棘。经过一场奋力拼搏,大家硬是劈出了一条20多华里的山路。

　　爹爹他们一行吃力地登上南泥湾的制高点后,已是夕阳西垂,落日给南泥湾起伏的山峦抹上了道道绚丽的彩霞,景色十分迷人。这时,爹爹站在高处,敞开衣襟,举起望远镜,把南泥湾的东西南北环视了一遍又一遍。他边看边不断地赞叹:"好地方呀,好地方!"接着,他挥出那有力的右手,把大家的视线引向隐约可见的片片绿草地,兴致勃勃地说:"谁说南泥湾荒凉?这一望无际的地方,我们把它开垦出来种上粮食,其作用是不可估量的。到那时,蒋介石妄图困死我们的美梦也不打自破喽!"爹爹这么一说,使警卫员们明白了他为何亲自出马考察南泥湾。顿时,他们雀跃欢呼起来。爹爹见他们这般高兴,情不自禁地拉着他们的手,大家一起又唱又跳,歌声和笑声划破了寂静的山野……

　　天色渐渐黑了下来,爹爹吩咐警卫员们赶快寻找落脚点过夜。没多久,一位姓王的警卫员同志找到一个破旧的窑洞,洞虽不小,但有些潮湿,正商量另寻地方,身后忽然传来爹爹洪亮的声音:"这里还可以嘛,不要再找了!"爹爹和大家一齐走进洞内。他看了一遍后,乐呵呵地说:"不错,比战壕里强多了!"

　　几个警卫员跟着爹爹七手八脚干了起来,有的做饭,有的铺床,有的打扫卫生。爹爹不仅手脚不闲,嘴里还不停地讲述着一个个动人的故事,大家被他逗得直乐……就这样,爹爹身边的警卫员和总司令一起度过了一个难忘的夜晚。

第二天，爹爹不顾劳累，带领他们继续对南泥湾的山山水水进行实地考察，掌握了大量的资料。当晚回到延安后，爹爹及时向毛主席汇报了考察的详细情况。

1941年3月，八路军三五九旅根据中共中央的命令和爹爹的指示，开进南泥湾，实行军垦屯田。

打这以后，爹爹一直关心着南泥湾。不久，他把身边的十多位同志轮流派到南泥湾一个叫井湾的地方，在那里一边开荒生产，一边向他反映情况、传递信息。他们在那里遵照总司令"严守纪律，搞好团结，努力生产，做出表率"的叮嘱，团结一致，艰苦奋斗，不到半年多的时间，就打了5孔窑洞，开出160多亩荒地，种上了玉米、谷子、大豆等作物，还烧了几万斤木炭。爹爹闻讯后，多次跋涉90多里山路前往他们的住地，同他们一起生活，一起劳动，并视察了整个南泥湾。

1942年7月，爹爹和徐特立、谢觉哉、吴玉章、续范亭同游南泥湾时，感叹南泥湾的变化，不禁诗兴大发，挥笔写下了那首脍炙人口的《游南泥湾》诗：

> 去年初到此，遍地皆荒草。
> 夜无宿营地，破窑亦难找。
> 今辟新市场，洞房满山腰。
> 平川种嘉禾，水田栽新稻。
> 屯田仅告成，战士粗温饱。
> 农场牛羊肥，马兰造纸俏。
> ……
> 熏风拂面来，有似江南好。

中央机关主办的《解放日报》还专门发表了一篇社论，其中有一段话是这样讲述爹爹的："南泥湾政策，成了屯田政策的嘉名，而这个嘉名永远与朱总司令的名字联系在一起。"

延安度过困难时期后，党中央召开了七届一中全会，爹爹当选为中央政治局委员、中央书记处书记。中央书记处由毛泽东、朱德、刘少奇、周恩来、任弼时五人组成,他们共同担负起将中国人民的解放事业引向最后胜利的历史重任。

05 Chapter

抗战期间，朱德在作战地动员。

Part.1 就是走到地球的尽头、地狱的最底层，我也要活下去。

1943 年春天，斯大林格勒保卫战的胜利曙光普照苏联大地的时候，我们被纳粹德军押上了西去的列车。我们好像被驱赶的牲口，拼命往闷罐车里塞，直到一个紧贴着一个，每一个人都无法躺下，才"轰隆"拉上大铁门。几百个男男女女，开始了像猪一样的生活。不到一天，车厢里就臭不可闻了，开始有人呻吟，有人哭泣，有人呕吐。我当时身体很不好，尽管看上去还是胖胖的，但是身体很虚弱。我被恶劣的空气熏得不断咳嗽，没有两天我便开始发烧了。要知道在这个时候发烧无疑等于送死，不出 3 天，往车下抛的尸体中肯定就会有我一个。

迷迷糊糊中，我觉得有人不停地往我嘴里喂水，往我额头上敷冷毛巾。我费力地睁开眼睛，看见一位身穿军装的红军叔叔，他的衣服已经破烂不堪。他看见我醒过来，就说："你刚才昏迷过去了，把你的同伴们吓坏了，她们抱着你大哭，要把你哭醒。我说姑娘们，眼泪不能感动死神，只有想办法让你们的中国姑娘降温，才能救她。正好我这里还有退烧药，现在你暂时没事了，不过还要继续冷敷。你的同伴把她们分的饮水全拿出来给你冷敷了，一天没喝水了。你这条命是大家帮你从魔鬼手里夺回来的。她们说你是中国孩子，要是死了，连墓地都没有，以后你的父母找都找不着你的——骨头。所以，一定要活下去，哪怕像牲口那样也要活下去，活着就是胜利！"红军叔叔扬了扬捏紧的拳头，脸庞上的刚毅神情好像用刀刻的一般，那么让人难以忘怀。

许久没有大人对我这样说话了，我觉得喉咙发哽，吐不出一个音节，眼泪却不听话地淌了出来。我无力地举起手摸了摸这个幽默开朗的叔叔的脸，又摸了摸他军帽的帽檐。原来他帽檐上的红星位置显露出一个深色的印迹，帽徽虽然被纳粹德国鬼子撕掉了，但是我觉得红星在我们心中是永远不会被撕掉的。

这些红军叔叔都是在斯大林格勒战役中被俘的，有的还负了伤。也不知道什么时候他们上了我们的车厢。因为一路不断有人逃跑、死亡、生重病，每到一站，就有人被抬下火车，车厢慢慢不拥挤了，甚至后来大家能轮换着睡一睡觉。在红军叔叔和姐妹们的照料下,特别是叔叔的一番话给了我活下去的信心,使得我濒临死亡的生命又有了活力,病也随着好了起来,终于没有让看押的德国鬼子发现我正在生病,我闯过了病魔和人魔两道鬼门关。

这些红军叔叔真勇敢,一路上他们一刻也没有闲着,不停地讨论如何逃出这个囚徒牢笼。战场对于他们来说就是生命,他们宁愿战死疆场,也不愿意在集中营里苟且偷生。

在火车快要到达德国边界时,他们终于有了逃跑的机会。

那天傍晚,火车停靠站台的时间很晚了,夜色已经很黑了。我们被赶下来吃饭喝水和解手。几个红军趁着人们忙着争抢食物时,悄悄躲在火车下面,贴着铁轨,爬到火车尾部,从看押士兵的间隙爬到另外一列停靠站台的火车下面,然后他们顺着列车间隙逃跑了出去。

他们逃跑了大约10多分钟,纳粹德军清点上车的人头时,发现少了人,顿时站台警笛大作,法西斯宪兵发出惊慌的尖叫声:"快追——!"

我们被枪托追打着上了火车,这时我们才知道鼓励我们要坚强活下去的叔叔也在逃跑者的行列中,大家的心一下子都提了起来。连我这个根本不相信上帝的人,也不由自主地祷告起来:上帝啊,保佑他们平安逃出魔掌,重返战场。

"砰砰——砰!"远处传来密集的枪声。

每次发生逃跑事件都会听见枪声,但许多逃跑者还是逃出了魔掌,可也有被子弹击中的。但愿这次红军叔叔是幸运的逃跑者,趁着天黑逃了出去;但愿德国鬼子放枪只是用来吓唬吓唬我们这些没有逃跑的人。过了一会儿,枪声稀落了,大概又过了半个小时,火车徐徐驶出了车站……

第二天,我们被集中在一个站台上,那个肥胖的法西斯宪兵队长满脸愤怒,大吼大叫:"逃跑者已经被就地枪决,如果谁还要逃跑,他们就是榜样!"

但是我不相信,如果枪决了,德国鬼子一定会将尸体拉来展示给大家的,他们会抓住每一次摧残我们意志的机会。

一个星期的漫长行程终于要结束了。火车到达了东普士境内,这是德国的东部地区。我们提着自己的东西，下了火车。

站在刺目的阳光下，我竟然不知道自己是死是活，走路时轻飘飘的，好像脚底踩着棉团，没有知觉一样。过了好一会儿，我才从梦幻中清醒了过来，那时面前一个黑色影子在晃动，细细一看，是自己的身影，这才确信自己是活着，不是做梦。

尽管我活着，可是我离我的国家越来越远………

活着就是胜利！我想起了红军叔叔的话，我说什么也要活下去，就是走到地球的尽头、地狱的最底层，我也要活下去。只有活着，才有希望！

Part.2 我拼命不让自己叫出声音，生怕列宁纪念章滑出嘴来。

我们被赶下火车，按照纳粹德军的指挥排成两个队伍。一个队伍的人胸口别着黄色菱形的胸牌，上面写着姓名、国籍和年龄，这是犹太人特有的标记。另外一队人胸口别着白色长方形的胸牌，这是非犹太人的队伍。我也在这个队伍中间，我的胸牌上面用德文写着"赤英"的名字，国籍一栏写着"东方"，我不知道这个东方是指处于德国东方的莫斯科，还是指中国就是东方国家。

整个队伍里很少看见像我这样黑头发、黑眼睛、黄皮肤的亚洲人，有几个听说是日本人和朝鲜人，中国人只有我一个。

当德国人命令我们两个队伍按照不同的方向行走时，犹太人的队伍出现了混乱，惊慌失措的老人拼命搂着自己的孩子，孩子也被大人的惊慌神情吓得啼哭了起来，有的人干脆一屁股坐在地上，用俄语哭喊着："杀死我们吧！我们哪里也不去。杀死我们吧！"那些男人挣扎着往队伍外头挤，可是又被纳粹德军的枪托赶进了队伍里。

犹太人一听说要他们单独朝一个方向走，就敏锐地察觉这是不祥的征兆，本能地进行抗拒。从以前许多血腥屠杀的事例中，一旦法西斯让犹太人和其他民族的人分开，就意味着大屠杀即将开始。犹太人的队伍越来越混乱，皮鞭、枪托像雨点般落在大哭大喊的骚动者的身上,使得队伍越加混乱不堪⋯⋯

这时,看押队伍的长官,一个长有一张使人信任的脸的德国人,大步流星走了过来。他手里没有皮鞭,腰里也没有手枪。如果不是这身法西斯军服,他脸上的笑容很容易让人联想起酒店老板或者是招揽生意的商人。他在寒风里反背着手,后背微微驼了起来,他用和善诚恳的口气说:"先生们,女士们,还有美丽的小姐们,我们分开走,完全是因为时间的原因。我们必须在天黑前到达营地,不然我们会被冻死在这该死的荒原上。你们看,这里有火有食物吗?只有寒风和野兽。你们完全没有理由害怕,我们已经走了一个礼拜,送你们这么远,是为了让你们为我们工作,杀死你们,我们是吃亏的。现在你们明白我的意思吗?"

队伍安静了下来,人们渐渐停止了哭泣,把生存下去的希望寄托在这个纳粹德国长官的两片薄薄的嘴唇上。

"如果你们有什么问题,尽管来找我,我的名字叫威廉。"

绝望中的犹太人好像获得希特勒的免死特赦令一样,感激地望着这个交给他们特赦令并正在微笑的威廉,半信半疑,不再哭闹,队伍开始有秩序地上路了。

天黑时,我们到达了东普鲁士集中营,然而却没有看见那支威廉长官保证在集中营汇合的犹太人队伍,以后许多天也没有看见犹太人,他们到哪里去了呢?

第二次世界大战结束后我才知道,这个集中营旁边有个日夜冒烟的烟囱,那里专门焚烧送进"浴室"洗澡而被毒气毒死的犹太人尸体,那些和我们分开走的犹太人最后全部被送往那里,等待他们的只有死亡!

这是一个高智商刽子手的表演,一个用甜蜜的微笑涂炭无数生命的法西斯分子。如果不是我亲眼所见,怎能相信这是真实的场面。

我们在进集中营前也进行了一次淋浴,这淋浴被称为消毒,不能让我们这样肮脏地进入他们为我们建立的"新乐园"。进去前我们所有的物品都要被检查,除了衣物外,其他东西一律要被没收。当然,他们不会说是没收,而是说替我们保管,甚至还发了物品保管的牌子。

我看见一个德国鬼子把我的皮箱打开来一顿乱翻，把手表、钢笔都拿走了。那支钢笔是爹爹在我离开延安时送我的，笔帽上还刻有"朱德"的名字。因为这个名字是用汉字写的，德国鬼子不认识，看见是支派克金笔，也就不去理会笔帽上的汉字是什么了。我眼睁睁看着他们拿走爹爹留给我的最后一件纪念品，心里难过极了。

在我回到中国向爹爹说起这件让我无比难过的事情时，爹爹安慰我说，能活着走出集中营已经是不幸中的大幸了，德国鬼子没有认出上面有他的名字也算是我的万幸了。对于爹爹来说，我的生命比那支钢笔更重要。以后爹爹会再送我一支作纪念，不要老是想这件事情了。

就在我为失去那支钢笔而伤心时，突然想起我的内裤口袋里还缝着一枚列宁纪念章，那是在莫斯科国际儿童院的一次联欢会上，一个同学送给我的，当时我就把这枚小小的却很精致的纪念章戴在胸前，能有一枚我最敬仰和崇拜的列宁的像章，这是何等的光荣！后来这枚纪念章就没有离开过我的胸前，直到我被纳粹德军囚禁，才把它缝进内裤口袋里，一直贴身保存着。

我们进浴室前要脱掉所有的衣服进行彻底搜查，眼前这严密的检查是很难再保住这枚纪念章了。不！我从心底冒出一个愿望，就是失去生命也不能失去这枚纪念章，我决不能失去这枚纪念章！不能失去！

我的脑子迅速转动了起来，也不知哪来的胆量，就在淋浴的队伍快要移到门口时，我伸手将内裤口袋里只有纽扣大小的纪念章快速掏了出来，往嘴里一抿，压在了舌头底下。我紧紧闭着嘴走进脱衣服的房间，无论谁和我说话，我只是点点头，决不出一声。

一进浴室，一个高大的女看守一把抓住我的头发，我以为被发现了，心好像跳出来一般，浑身颤抖起来……这个女看守发现了我头发上的发夹，就恶狠狠地往下撸，撸了一下，没有撸下，又撸……我忍着钻心的疼痛，拼命不让自己叫出声儿，生怕纪念章滑出嘴来。发夹连带着一缕长发落在了地上，女看守上前一脚踩得粉碎，然后把我推到水龙头下面冲洗……顿时我的泪水涌了出来，顺着热水一起往下流，这是死里逃生后才会有的痛楚和激动。如果我的行为被德国鬼子发现

国际儿童院送给朱敏的列宁纪念章。

了,我肯定是死路一条,绝没有活下去的可能。不过,这样去死,我没有遗憾,因为我用我自己的生命保卫了心中最神圣的"领土"不受侵犯,这和战士在前线冲锋陷阵一样可贵。

我咬紧牙关完成了所有的"消毒"程序。穿上衣服后,我才从嘴里吐出纪念章,放进口袋里。米拉在一旁看见我从嘴里吐出一个纪念章,先吓了一大跳,随后又高兴起来,伸手要过纪念章。纪念章还粘着唾液,在阳光下发出红艳艳的光,列宁的侧身头像嵌在红底色上,上面罩着有机玻璃,很像我们"文革"初期流行的毛泽东纪念章。

这枚纪念章伴随我度过了生命中最艰难的时光,一次次给了我活下去的勇气!

后来纪念章也没有离开我,跟随我度过了4年的监狱生活,又伴随我走进大学校门……直到今天,它还在我的身边。虽然已经很陈旧,周边的金属圈已有了斑点,红色底子也暗淡了,但是列宁的头像还是那样金光闪亮。它时常在桌案上向我讲述往日的事情。回忆有时也是一种享受,只是这种享受要付出痛苦的精神代价。

Part.3 在德国集中营,我们面临一个比死亡更艰难的问题,就是如何活下去。

集中营,人们在战争结束后通过书籍和电影等媒体的传播,已经了解了许多内幕,那些惨无人道的血腥岁月让读者不寒而栗。然而,身临其境的我们,对于鞭打,对于流血,对于死亡已经司空见惯。经常遭受残酷现状的刺激,只能让我们的神经末梢越来越麻痹。我们不知道痛苦,不知道欢乐,也不知道生死。从离开明斯克孤儿院后,我们就再也不知道身在何处了,每天就会机械地重复一个念头:活下去,要活过今天!

至于明天,就不去思考,因为明天我们会面临什么,谁也无法知晓。

现在的人们可能很难想象一个终日面对恐惧的人会变成什么样子,不过有一张集中营的照片很能说明人在残酷环境中的情形。图片

各国孩子在德国集中营。

中有一个孩子若无其事地从一排尸体前走过，脸部没有恐惧，也没有紧张，平淡地如同走在大街上面对一排树木一样。或许这个走过尸体前的孩子，此时正走向自己生命的终点。

　　整天面对死亡的人或许最习惯最淡漠的就是死亡！所以，我们面临一个比死亡更艰难的问题，就是如何活下去。我们每天只能得到定量很少的黑面包，有时，一个星期的定量不够两天吃的，每天都在饥饿中，连做梦都是饥肠辘辘满世界地寻找食物，寻找了一夜，很饿。早晨一起床，更饿。

　　饿！饿！饿！这个折磨比任何折磨都令人难以忍受，更何况我们这个年龄的孩子都处在长身体的时候，饥饿的痛苦就比大人要强烈得多。如果问我对集中营印象最深的是什么，那么我会毫不犹豫地回答：饥饿！

我们的定量只有大人的一半，然而劳动强度却和成年人一样。除了主食面包外，其他辅助食品更加少得可怜。黄油、蔗糖几乎看不见，汤里永远只有生芽发霉的土豆片，用放大镜也找不到几个油花。我记得，当这座集中营被苏联红军攻克，犯人自由地冲出集中营的大门时，大家几乎不约而同地朝一个方向跑——集中营的食品仓库。我也在人们乱抢食品时，拾到一块好大好大的黄油，当时我简直高兴坏了，不相信似的连连大啃了几口，弄得满嘴流油才作罢。因为黄油太大，无法放进衣兜里，我只好用手抱着。以后在流浪的路上遇见很多危险，但我始终没有舍得丢掉这块又重又大的黄油块，一直抱着。有一次睡着了，草棚失火，我跑出来才发现黄油还在里面，又返身冲进火海，把几乎融化了的黄油从火里抢了出来。后来我跑了数十公里寻找到了苏联红军，还要归功于这块救命的黄油。

我们所在的东普鲁士集中营和其他集中营的模样差不多，有营房区和工厂区，每个区的四周用高铁丝网密密匝匝地围起来，铁丝网的四个角设有高台炮楼，站在上面，整个营房、每个人的活动都历历在目，谁也别想从铁丝网下跑出集中营。到了夜间，几个探照灯一起亮，把漆黑的集中营照得如同白昼一般。

营房区里有许多木板房屋，呈一字形排列，一排连着一排。房屋之间没有花草，地面全是沙土，干巴巴的。整个集中营里除了纳粹德军党卫队的房间有盆景外，几乎没有什么绿色的植物，连只耗子都躲不过卫兵的眼睛，更别说是人了。所以，要想活着逃出集中营，这几乎近同神话。

我们6个从明斯克孤儿院来的孩子在分配房间时，紧紧拉着手，相拥在一起，结果我们几个被分在一个房间里。一般一个房间要住10多个人，后来又进来了几个其他地方来的女孩子。房间里的床铺分为上下两层，大大的房间里只有一个火炉，夜晚加进的木头，上半夜就烧光了，到下半夜，我们常常被冻醒，只听见外面的寒风从房屋的木板缝隙里哧哧地往里钻。有时，我们几个人不得不挤到一张床上，用身体相互温暖，熬过这漫长的寒夜。

天刚一放亮，耳边就响起刺耳的哨声。这是起床哨声，我们也被

1941年朱敏和小伙伴在德国纳粹集中营。

叫出门外和其他成年囚犯一起跑步。春秋天还好一些，特别是冬天，站立在雪地里听看守训话，仅靠身上那一点单薄衣服，根本抵挡不住寒风的袭击。不一会儿，好容易才跑出一点暖意的身子被刺骨的冷风剥夺得干干净净。可无论怎么冷也不能跺脚、擦手，如果动一动，或是发出什么声响，马上就会被拖出队伍，或许整整一个上午都要站立在寒风中，直到冻得昏死过去。

我们长时间吃不饱，身体越来越虚弱。我开始发烧，后来发觉脖子上有肿块。但是，我不敢让看守的德国鬼子知道，怕把我送到隔离区，到那里就只有等待死亡。我慢慢熬着。后来姐妹们发现我生了病，以为是饿出来的病，就想办法去搞食品。

"这是很危险的事情，你们不能去！"我死活拉着米拉的衣角不让她去。我知道，这个冒险的主意肯定是米拉出的。

后来我们中间有一个女孩说她在看守员的食堂当服务员，她知道有一个地方可以搞到吃的，而且不会被发现。我们实在太饿了，抵挡不住这个诱惑，就在半夜偷偷跑进看守的伙房，从泔水缸里捞到了一大堆德国鬼子丢弃的白面包，还有烂苹果。这个女孩说是她故意留下的，不然晚上就应该全都倒到臭水沟里。

饥饿至极的我们像得到了山珍海味一样狼吞虎咽起来。这是进集中营以来第一次填饱了肚子，尽管这都是变质的食物，我们还是觉得很香甜。可是这样的食物也不是经常能"偷窃"到的，如果晚上有人将泔水缸倒掉了，我们就什么也得不到。后来，晚上外面增加了巡逻队，我们就不能半夜跑出房屋，如果被发现，大家都要遭到惩罚。

Part.4 我真想把在集中营照的相片寄给爹爹，让他知道我在哪里。

这难道就是镜头中的"新家园"吗？

死去的犹太人不可能提出这个问题，可是活着的犹太人对他们的生存空间提出深深的疑问，因为他们并不知道他们的亲人已经魂断毒气室,还以为他们生活在另外一个"家园"里,他们的生活空间是不是也像这里一样恶劣?

每一个到集中营的犹太人都是在观看德国人播放的集中营生活影片后,选择了集中营生活。他们是被那些影片的场景骗到集中营的,那些美好生活的镜头实在让人向往。集中营好像就是世界上最幸福的乐园,老有所养、小有所学,每个人都在愉快地做工、生活,甚至成家立业,养儿育女。

就这样,许多犹太人拱手将土地财产交给德国人,以换取移民到"新家园"生活的许可证。他们在幻想中登上了法西斯为他们精心准备的通往死亡的火车,很多人进入毒气室后还扬头纳闷:这浴室的水龙头怎么不出水?直到毒气弥漫出孔眼的瞬间才知道受骗了!等明白过来的时候,生命已经伸进了法西斯死亡游戏的套绳里,几乎没有时间咒骂一句,便一命呜呼。

所以,法西斯在行使他们的兽性时,表现出他们文质彬彬及善意的面容,让人很难相信这就是死神的请帖。

我们进集中营不久,就发现法西斯对待我们也是反复无常,让人捉摸不透。有时他们脸上洋溢着动人的笑容,和我们说这说那的,不出 3 分钟,他能突然抬起他的大皮靴把我们踢出很远。

有一天中午,正好是放风的时间,一个德国看守高兴了,拿了一个不知从什么地方搞来的照相机。他把我们几个女孩子叫到跟前,要为我们照相。我们已经很久没有照相了,听说要照相,小姑娘爱美的天性一下子蓬勃地显示了出来。我们高兴地站在一起,脸上露出了笑容。这一刻,我们忘却了"集中营"这三个恐怖的字眼,忘记了眼前是残忍的德国鬼子,世界在我们眼睛中变得美好起来……

刚刚照了几张,这个德国鬼子突然脸色一变,把相机放在地上,说我们在假笑,在嘲笑他。他举起皮鞭狠狠给了我们一鞭子,对着我们中间笑容最灿烂的女孩说,就你笑得最假,接过去又是一鞭子。我们尖叫起来,刚才营造起来的短暂快乐顷刻坍塌如碎片,片片铸刻着我们的屈辱和现实的残酷!

美好瞬间转眼即逝,永恒的黑暗又笼罩在我们的上方!

　　过了几天,这个德国鬼子又微笑着来了,他把洗好的照片送给我们,一边不断赞扬我们笑得甜,太可爱了,一边摩挲他手里的皮鞭把子。我们被他这种变态的神情吓坏了,谁也不敢说话,不敢笑。

　　等德国鬼子走后,我们各自拿了自己的照片。我除以前在苏联境内的孤儿院和米拉姐妹的一张合影外,手里什么照片也没有,这次有一张我们六姐妹的合影照片,让我们好高兴。照片大概有 3 英寸大,人影虽然不大,但画面很清晰,连我们胸口的牌子都拍得清清楚楚。

　　看着看着,我不知怎地眼泪直在眼眶里打转。以前外婆曾经带我进过照相馆,也请人用照相机在家里的院子里照过相,每次看见照片上的自己都是一顿开怀大笑。特别是找到爹爹后,我给爹爹寄去的那张照片格外有趣,我就像一个英俊的小男孩。那时照相的心情别提多么兴奋,脑袋里老是幻想着爹爹如何看我的照片,如何在对比我和他的相像之处。

　　这个时候,我猛然明白了,一张照片有时就是对亲人思念的精神寄托,难怪爹爹那样珍惜我的照片。可是现在我连爹爹、外婆他们的照片都没有,连个念想儿都没有。我真想把在集中营照的像片寄给爹爹,让他知道我在哪里,说不定爹爹会来救我们的……

　　现在想想,那时到底是孩子,尽胡思乱想! 连自己在德国东面准确的地理位置都不知道,还想给远在万里之外的爹爹寄照片,让爹爹来营救?

　　晚上我找来一支圆珠笔,想在照片背后写点什么。可是一拿起笔,我的手有点不听使唤,原来那么熟悉的中国汉字怎么一下子想不起笔画了,好久,我才想起汉字的写法。

　　"1944 年 1 月 30 日和同志们在德国合影,三年以前的这一天,我离开了祖国。我什么时候才能回到我那可爱的家乡……"家乡两字像开启眼泪的钥匙,眼泪哗地又一次涌了出来。我无法写下去,我真的不知道我能不能活着走出集中营,更不敢想象能回自己的家乡。我放下笔,干脆让眼泪淌个够……

　　以后很长时间,只要看见那个德国鬼子拿着照相机出现在我们的房屋前,我们就忍不住颤栗起来。那恐惧的感觉,从我看到法西斯脸

1944 年 1 月 30 日，朱敏（左二）在德国集中营与难友们合影，她在照片背面写了一段想念祖国的话语。

部表情瞬间即变的一刻起，就深深地铭刻在心头。

一辈子不能忘记的感觉，往往是以心灵受伤为代价的。受伤的心比身体的伤更加疼痛，更加难以愈合！

Part.5 浑身是血的犹太人用凝聚毕生仇恨的拳头，击打在狼狗的前额上。

集中营里的难友不断增多，隔一段时间，就要送来一批人。后来犹太人也走进了这个集中营。听人说，这些走进集中营的犹太人都是有手艺的工匠，是他们的一技之长救了他们的性命，但是带黄胸牌的犹太人是最没有生命保障的囚徒，最受歧视。德国鬼子常常拿他们出气，轻者体罚，重者枪毙。

集中营旁边有个工厂区，从营房区到工厂区中间隔着两道铁丝网和两道防守严密的大门，每个人通过大门时都要经过检查。如果不是上班时间，就要有党卫队长官的亲笔手谕才能通过。站岗的和工厂里的监工不同，前者是德国宪兵，后者是雇佣军。宪兵对集中营囚徒进出这两道大门防守得非常严密，如果有人违反，惩罚也是非常严厉的。

营房区和工厂区之间就好像是地狱的鬼门关，搞不好就会丧命在这鬼门关的枪弹下。

我们几百名来自苏联、捷克、斯洛伐克、波兰、法国、英国等10多个国家的孩子，被送到集中营兵工厂里干活。这哪里是什么工厂，只是一个大得四处透风的工棚。我们的工序是将其他车间制造的子弹装进盒子里。我们每天要工作12个小时，两只手被冰冷的子弹冰得又红又肿，手背生满了冻疮，一碰，脓血直流，疼痛难忍。时间一长，手掌的细腻皮肤被磨得像锉子一样粗糙。

在我们旁边还有几个大工棚，其中有一个是分拣物品的工棚。分拣的人把从外头运来的行李物品按照物品的类型分拣出来，比如衣服归衣服，文具归文具，鞋帽归鞋帽。金银珠宝一般都有专门的人负责分拣，这是看守们注意力最集中的物品之一。因为集中营中严禁互相打听，每个人只能说"是"或者"不是"，绝对不能问"为什么"这三个字。一般能说话的范围只是局限在同房难友之间。放风时间，大家只能互相看看，不能说话。所以，我们看见一车一车行李运到工厂区里，却不知道这些物品从什么地方运来的，更无法想象是从被杀死的犹太人身上剥下来的。我们只是心里奇怪，这么多的皮箱、提包，大多数都是完好无缺、很精致的，他们的主人怎么就不要了呢？

分拣物品的活一般不让我们孩子去做，说我们年龄小，不会分类。装子弹的工作比较单一、好做、轻松。可是从我们第一天干活起，就没有觉得这活好做、轻松。

也不知哪儿来的那么多的子弹，一大筐一大筐放在我们每个人面前。我们要用油纸将子弹一排排包好，然后装进一个小纸盒里，等装好24小盒后再装进一个绿色的木箱里，这时才算完成一箱子弹的工作量。每天，我们要完成30大箱的工作量才能休息。整整12小时，我们双手不停地装啊、装啊，装得双手都麻木了，也不能完成规定的工作量。

就这样，一年365天，天天要上工，天天经过那道鬼门关。我们像机器人一样，被法西斯的皮鞭驱使，被大皮靴踢打，做着牛马活，吃着猪狗食。我们经过工厂区的门岗时，往往会遇到搜身。那些站岗的宪兵个个好像长了老鹰的眼睛，特别歹毒。他们不太看人群胸前的牌子，因为在他们眼里，胸口上的牌子无论是黄色还是白色，无论是西方还是东方，都是他们的囚徒，都是应该下地狱的低级人种。站岗士兵的视线停留在每个经过的人的脸上，能从人脸部的细微表情发现行为异常的人。一旦他们看见这样的人，马上冲进队伍，把那个在我们眼里没有任何特征、极其平常的人拉出来，凶狠地推到铁丝网一边，然后非常麻利地搜身，往往能从身上某处搜出东西来。被搜出来的东西一般都是食品。在这样的环境中，金银珠宝如粪土，只有食品才是大家向往的黄金。为了活下去，人们宁愿冒着性命危险去获得一块面包，也不会去拿一块金条的。

许多囚徒在分拣东西时会捡出吃的东西，特别是孩子的衣服口袋里有巧克力和糖果。这时人们便会被这诱人的东西刺激得饥肠辘辘、口水直流，并想办法藏一两块巧克力，带回营房吃。但是能把食品安全带出来的很少，许多人想办法瞒过了监工的眼睛，却很难瞒过站岗宪兵的眼睛。这样的行为一旦被发现，就必定招来严厉的惩罚。

有时，我们已经回到营房里，突然听到尖锐的哨声和阵阵狗吠声。这种异常恐惧的声音一响，我们就知道又要有人大祸临头了……

我一想起那几只吐着血红舌头的大狼狗，浑身就忍不住颤抖。那些畜生几乎是靠人的躯体满足食欲的，隔几天就要生吞活剥一个活人。有好几次狼狗当着我们的面将活生生的人撕得粉碎。听见遇难的难友在血肉横飞中发出惨烈的嘶叫声，我不由得双腿一软，"扑通"跌倒在地上，浑身哆嗦，牙齿发出"咯咯"的声响。我生怕这个细微却能穿透心房的声响被狼狗听见，就用手拼命抱住自己的脑袋，死死闭上眼睛……这一刻，我只觉得天昏地暗。狼狗好像在一步一步逼近，随时会扑过来撕咬我的身体。

狼狗的狂吠一声高过一声，这时集中营上空充满了恐怖的杀气。我们无论心里多么恐惧，也只能条件反射地往营房前的空地上跑，自觉地排好队，等候嗜血成性的宪兵大开杀戒。如果我们中间谁的反应慢了，排队排晚了，也要挨打，甚至遭到狼狗的撕咬……

　　有时只要某个囚徒让法西斯看着不顺眼，即被拖出队伍，当着大家的面，遭受鞭打，一直打得遍体鳞伤，再也爬不起来才住手。如果稍有反抗，这个人就要当着我们面被枪杀或者被狗咬死。整个屠杀过程不准我们离开，更不允许出声音。大家必须睁着眼睛看着自己的难友遭受折磨，直到断气为止。这种血腥屠杀的场面经常出现在我们面前，使得我们本能地付出生命极限的忍耐力和自制力而拼命重复机械性的动作，用以保护自己的性命。然而，恐惧愈增的同时仇恨也在剧增，面对这样残酷的场面，我们每个人都从心里长出了仇恨的牙齿，恨不得冲上前咬死他们。

　　虽然法西斯经常进行"杀鸡给猴看"的表演，但并没有吓倒活着的人们。只要有机会，大家还是想办法偷食品，而且越来越隐蔽，成功率越来越高，就连我们房间也分到过一块巧克力。

　　后来发生了一件惊心动魄的事情。

　　一天下午下工不久，我们个个饿得两眼发花，等着吃晚饭的哨声。哨声终于响了，我们拿着碗刚想往外跑，一听，不对呀，是紧急集合的哨声，我们只好放下碗，跑步到空场上……一到空场上就发现气氛不对，宪兵跟前有个大狼狗，呼哧呼哧吐着血红的大舌头……"扑通"，一个矮个子犹太人被推在地上。要是以前，被惩罚的人一般不会挣扎，任随他们鞭打，一副生死听天由命的淡漠表情。可是这个人不一样，他被摔在地上后，迅速用双手撑地，扬起鲜血淋淋的脸，嘶哑着喉咙大喊："他们杀了我的全家！你们看，这是照片！"他从腰后面哗地拉出一张全家合影照片，但不等他把照片举起来，狼狗呼地蹿了上去，一口咬住他的手。犹太人惨叫一声，照片掉在了地上，随即被风吹卷到了一边。犹太人望着失落的照片，好像失去了所有的希望。他疯狂地挥舞着血淋淋的双手，推搡上前要撕咬他的狼狗……

　　"法西斯杀了我的全家，我的妻子、我的儿子、我的女儿，我要和他们拼命！"

　　浑身是血的犹太人迸发出毕生的力量，用凝聚毕生仇恨的拳头，击打在狼狗的前额上。狼狗发出一声毛骨悚然的长嚎，摇晃了几步，四腿一软，摔倒在地上。

打倒狼狗后,犹太人躬着腰发出恐怖的大笑,冲向站在一边已经吓傻的宪兵……没等他冲到跟前,枪响了,子弹击中了犹太人的前胸,鲜血像水龙头里的水一样喷了出来。他睁着两只血红的眼睛,一动不动地站立在宪兵面前,许久才直挺挺地摔在地上……我们被这意外的场面惊吓出一身冷汗,心脏怦怦地猛跳,心底深处发出强烈呼唤:"勇敢的英雄,起来啊,站起来啊!"可是,他没有再爬起来,和他的家人一样惨死在法西斯的屠刀下。

整个惊险的搏斗场面几乎发生在一瞬间,一切又归于死寂。

因为饥饿和紧张,我的胃开始向上反酸水,一个劲地想呕吐。我拼命地忍着,忍得眼睛一阵阵发黑,要不是身边的姐妹用手挽着我的胳膊,我肯定会晕倒的。

不一会儿,倒在地上的狼狗摇摇晃晃爬了起来,狂叫着乱转,好像这畜生的神志有点混乱了,一会儿要扑向给它致命一击的犹太人,一会儿又要扑向自己的主人,满地乱跑。宪兵费了好大劲才拉住发疯的狼狗,稳住了自己的阵脚。

过了好久,宪兵确信那个"可怕"的犹太人真的死了,才敢上前拖尸体。

后来,我们知道这个犹太人是铸造金银的工匠。那天,宪兵给他一个装着照片的银质相架,叫他改制成酒杯。他一看,浑身像筛糠一样颤抖起来,这不是他家的合影照片吗?照片上妻子儿女那熟悉的笑容,他什么时候都不会认错。这时他才明白,法西斯说送他的家人去另外的集中营过幸福生活全是鬼话,他的家人已经被杀害了!被杀害了!

失去理智的他把像片和相架带出了大门,当然他愤怒的表情是无法瞒过宪兵的。他被发现了,但只是搜出了银质相架。他把照片折叠成条掖在皮带下,没有被搜出来,所以才有他向大家展示照片的一幕。

犹太人死了,死得惊心动魄,死得如此惨烈,我们的心很久都在隐隐作痛。以后再看见一车车物品运来,就好像看见一具具赤裸的尸体。这些不会说话的物品都是法西斯屠杀活生生生命的见证!

Part.6 我们往子弹盒里拼命吐口水，每吐一口，心里就有一种快感。

犹太人事件给我们的刺激太强烈了，这以后，我们也琢磨着如何反抗！

听人说子弹受潮就会变成哑弹，我们为什么不往弹壳上洒水，让子弹生锈，等德国鬼子把子弹运到前线，子弹都成了废品，让他们打不响枪。

我们几个女孩子开始商量如何才能把子弹弄湿。因为我们不能带水进工棚，所以不可能往子弹上洒水。最后还是米拉脑袋快，说我们趁监工不注意时往子弹盒里吐口水，弹壳不就湿了吗？

对呀，这是个好主意！我们高兴得直鼓掌。这时不知谁带头轻轻哼起了苏联歌曲，我们都跟着唱了起来。

"嘭嘭……"外头巡逻的德国鬼子听见我们的歌声，跑来砸门。

我们停下唱歌，谁也不吭气，让德国鬼子砸门好啦。

"嘭嘭………"又是一顿砸，德国鬼子见我们不开门，就狠狠地警告说："再唱把你们全拉出来冻死！"

外面又恢复了平静，我们笑了起来。

第二天，我们怀着激动且紧张的心情走到自己的工作台前，那上面已经放着一个大筐子，里面是黑亮黑亮的子弹。我们个子小，被大筐子一遮挡，监工走远一点就看不见我们了。监工一走开，我们就往子弹盒里拼命吐口水，每吐一口，心里就有一种快感。到了下工的时候，我们嘴里干苦干苦的，嗓子眼直冒火，连话都说不出来了，但大家见了面都咧开干裂的嘴，会意地笑了。

后来前线退回不少不合格的子弹，以为是制造车间的质量问题，谁也没有想到会是我们这些小囚徒的口水在作祟。现在想想，我们这种办法未必就能使所有的子弹变成哑弹，但力量微薄的我们无法做出惊天动地的大反抗，只有用这样的办法表达我们的仇恨。

到了1944年，德国法西斯开始节节败退，前线需要的子弹越来越多，我们的劳动强度越来越大。终于我支撑不住病倒了，病得很厉害。

我发低烧已经很长时间了,怕被德国鬼子发现了送隔离室,就一天天痛苦地挨着。有一段时间,夜里经常被噩梦惊醒,醒来时浑身大汗淋漓,脖子肿胀不堪。那时到底是个孩子,不明白身体真有了病是硬挺不过去的道理,老是等待哪一天早晨起来,所有的肿块奇迹般地消失了。但这一天早晨来临的不是奇迹,而是恶化。

这天早晨,我在营房前的水池洗脸,感觉脖子上老是湿乎乎的,擦干了又湿,就用手摸了摸。一看,吓我一跳,哪来的脓血?

我捂着脖子回到房间,拿出小镜子一照,看见脖子上的肿块破了,脓和血从破裂的口子里往外渗,扭了扭脖子,奇怪,疼胀的感觉减轻了许多。我想起了小时候一次长疖子,肿胀疼痛了好久的疖子像熟透的桃,油光光包的全是脓血。一天外婆用消毒的针挑破表皮,让化脓的液体排出来,没有几天,疖子就结疤,好了。这次脖子上长的是不是疖子?如果是疖子,一出脓,肿块就会消掉的。想到这,我的心情和脖子上的感觉一样,轻松了许多。

我用一条已经破了角的手绢包住脖子,再在外面穿上高领毛衣,把流脓的脖子遮盖起来。连续几天,我带着淌脓的伤口去做工,可是脖子上还是不断渗出黏黏的液体,丝毫没有好转的迹象。溃疡的面积越来越大,脓血往外渗得更加厉害。有时手绢浸透了,又沾到衣领上。不久,毛衣领子也被脓浆糊得硬邦邦的,磨得脖子皮肤生疼。

如果光是伤口流血流脓,人还能忍受,可是断断续续的发烧把人拖得够呛。一天中,好几次掉冰窟,又好几次进火炉,热热冷冷,反反复复,把人折磨得无精打采、不死不活的。来自身体内部的信息似乎越来越不妙,越来越和疖子之类的疾病相差甚远。一直亢奋的食欲变得连少得可怜的面包都不想吃了,整天觉得两条腿灌了铅似的提不动。

我的心情不由得又紧张起来,莫不是生了什么大病?病到如今,紧张害怕有什么用呢?人在生死边缘,一切只能听从命运的安排,能撑一天算一天吧。

Part.7 我感到脖子上一震，撕心裂肺的疼痛直刺神经末梢。

一天我刚起床，顿时天旋地转，一头倒在地上，失去了知觉……

醒来时，发现自己睡在一间白色的房间里，扭头看看，橱架上有许多药瓶子，我猜想是集中营的医务室。这时，窗户上出现了姐妹的脸，我想可能是她们送我来的。我真感激她们，每次我遇到困境，都是她们千方百计地帮助我战胜困难。为让我这面来自中国的生命之帆在这片死亡的苦海上不被狂风撕毁，不被雷电击垮，她们尽了最大的努力保护着我，关怀着我。

为什么我们 6 个异国姐妹能活到战争结束的一天，能走出死亡集中营呢？那是因为我们苦难的生命中流动的不只是一个人的血液，跳动的也不是一个人的心脏，而是许多人的血液和心脏在不幸的命运中一起流淌，一同跳动。如果我们的生命能在没有阳光的黑暗中存活，那么我们的心灵上一定有无数温暖的"阳光"照亮着、鼓舞着。

我就是这样一个不幸的却有"太阳照耀"的生命！

这次我说什么也要挺过去，再大的痛苦也要忍受住。一定要和姐妹们活着从这个非人的地狱中走出去！

我正在暗暗给自己打气鼓劲时，隔壁的门响了，从房间里走出一个高个子，戴着金丝边眼镜，穿着白大褂的德国狱医。从他刚才和负责我们工区的监工头的谈话中，我已经知道自己患的是淋巴结核，说是开刀把脓放出来就会好的小毛病。医生的话似乎在暗示工头，这个小孩得的不是大病，手术后还能继续干活。工头放心地走了。他不是放心我的病情，而是放心他不会因此减少一个劳动力。

工头留下两三个姐妹在医务室门外等我出来，然后拿着鞭子，把那些多余的人都赶到工棚继续上工。

虽说我是第一次进这个医务室，但早就听说这里的狱医连兽医都不如，对病人比对牲口还要凶残。碰到特殊病例，他们就会将这个可怜的囚徒当做一只饲养在笼里的大白鼠，反复进行实验，直到这个病人不堪痛苦折磨断气为止。

我心里抖抖的,不知道这个医生对我会像哪类动物,大白鼠还是马骡子?

这个德国医生有条不紊地戴上白色口罩,斯文的动作无法让人和"凶残兽医"的字眼联系起来。别人所说的或许不是这个医生,我侥幸地想。

医生"武装"完备后,他深陷的幽蓝眼睛看了我一下,用生硬的俄语问:"从哪里来的?"

我愣了一下,说:"白俄罗斯。"

"不!你不是俄国人。"他尖叫起来,好像要揭穿欺骗似的充满警惕。

"我是中国人,我是从……"我想作解释,但被他阴冷的声音打断了。

"噢,支那人,黄皮肤的支那人,东亚病夫……嘿嘿……"毫无表情的医生发出了狰狞恐怖的笑声。

这是法西斯的笑声!我熟悉它。

我肌肤上滚过一层鸡皮疙瘩,浑身打了个寒战。我禁不住又望了他一眼,正好和他鄙视的眼光相遇。我知道,这次我是在劫难逃了。我在这个魔鬼的眼睛里甚至不如一只大白鼠有实验价值,充其量不过是一个在呼吸的动物,而且是在来自东亚病夫国度的动物身上拉一刀。

我闭上眼睛,不想再看这个披着天使外衣的魔鬼在干什么!天使一旦变成魔鬼,比魔鬼还要可怕。我反正已经落在了魔鬼手里,不死也要活剥一层皮!

我感到冰冷的器械在脖子上移动,一会儿闻到一股刺鼻的酒精味,我想这可能是在消毒吧。我紧张地直硬着脖子,等待注射麻醉针……突然,我感到脖子上一震,撕心裂肺的疼痛直刺神经末梢,顿时浑身像被抽了筋似的不由自主地弹了起来……

这个失去人性的医生在没有麻醉的情况下就用手术刀拉开了我的脖子!

我拼命地哭叫、挣扎,想从这魔鬼的手术刀下逃出去。可这个法西斯用大手死死按住我,继续用刀切割伤口。我无法忍受这般剧痛,浑身不住地扭动,眼泪像断线的珠子滚滚而流。

我惨痛的哭叫丝毫没有引起这个魔鬼的怜悯,他继续用手术刀切

1982 年，朱敏在莫斯科与当年的难友合影留念。

割我的伤口，好像他的手下躺的不是有血有肉的人，而是生来就任人宰割的动物。

那一次惨无人道的手术给我的心灵留下了永远痛楚的创伤。有一段时间，我一闭上眼睛就看见一个屠夫用刀宰割羔羊的恐怖画面。

我的脖子渐渐麻木了，眼前出现了胡乱飞舞的金星——死神出现了，它往往在一个垂死灵魂哭诉时出现，它召唤我跟它去天堂……眼前晃动的魔鬼嘴脸变得模糊了，好像白纸一样飘远了，消失在黑暗的尽头，所有的疼痛也离开了我的躯壳……

我疼得昏死了过去，失去知觉的一瞬间，我以为这就是终身的解脱！

手术刀下的"羔羊"不再动弹了，这个魔鬼医生也完成了他"人道主义"的手术。他取下口罩，用手招招外面的姐妹们，叫她们把我抬回去。

当泪水涟涟的姐妹们把前襟沾满脓血的我抬进营房时，站在其他营房门外素不相识的难友都同情地上前抚摩我的脸颊，有的还悄悄送来一两片面包给我，那几乎是他们一顿饭的定量啊！

我在姐妹们的怀抱中慢慢地苏醒了过来……死神没有收留我，让我继续在地狱里经受磨难。

这场残酷的手术后，病情有了一定的缓解，脖子不太肿胀了。然而，我的淋巴结核不是手术就能根治的，他们又不给我服药，又不让休息。没隔多久，旧的创伤还没有愈合，新的肿块又出现了，而且这次肿块比以前还要大。

反正这次我横下一条心，就是把脖子烂掉，也不让这个法西斯魔鬼治疗！

06 Chapter

抗战期间,朱德在山西的一次群众大会上讲话。

Part.1 月是故乡明。爹爹走出窑洞，坐在大树下面的石凳上出神。

集中营的夜空也有又圆又亮的月亮。

每逢这轮明月爬上我们的窗棂，我都会觉得胸襟为之一畅，感觉这月亮像是一望无际的地平线，宽广得能看见自己的家乡、看见自己的亲人一样。

我们毕竟是孩子，一看见有生气的东西就容易动情，精神也会变得欢快。大概渴望自由的人最大的欢乐就是获得一望无际的感觉，让沉重和压抑的心灵在宽广的空间不受拘束地自由回旋，这样可以使受囚禁的身体也获得一点点超脱后的松快。我们这个年龄的人在渴望这种感觉的同时，还渴望有一个活蹦乱跳、能说能笑的空间，让身体和思想自由自在地活动。可是集中营里的孩子连生命都没有保障，哪里还谈得上自由的空间！

每天 24 小时，吃饭、上工、下工、睡觉、起床，如同时钟上的刻度，死板而准确。傍晚，一天仅有一次的放风是属于自由活动的时间，但是大家不能相互交谈，不能相互认识，所以蹲了几年集中营，竟然不认识隔壁房间的人。在以后大逃亡时，大家因为相互不认识，只顾自己跑，结果跑散了许多人。

我们在没有自由的空间里，怎么能对一望无际的月光不动情！

对于明月，我和其他国家的孩子不同，有着特殊的感情。因为在我们盛产神话的国度里，很小的时候就听大人讲嫦娥奔月的故事。人们给月亮上的阴面光斑赋予了生命，让无声无息的月亮变得鲜活起来，这个鲜活的月亮照亮了一代又一代的中国人。一遇见月亮圆，就仰头想念嫦娥，借景思情，抛撒心中的情愫。久而久之，明月成了思念亲人的象征，也成了安慰思乡人的信物，希望明月把美好的祝愿捎到亲人身边。

我就是在外婆动人的月亮故事中长大的。我喜欢明月，胜过喜欢给予万物生命的太阳。

大人常说月亮上的嫦娥和玉兔居住在广寒宫很寂寞，可我觉得他们不寂寞,因为成为永恒的东西是不会寂寞的,不然人们为什么总是不能忘记他们呢?寂寞意味着被遗忘。

我们到东普鲁士集中营已一年多了,月亮圆了缺,缺了圆,可是生活在地球上的人们,何时才能结束战争,何时才能团圆。这 400 个日日夜夜,我无时不在思念远在祖国的亲人,我的外婆、我的姨妈和我的爹爹,他们生活得好不好?他们知道我在哪里吗?

我多么希望他们知道,但是内心深处又不愿意他们知道。特别是我的外婆,如果知道我在德国集中营,是一定会哭坏身体的。还有爹爹,我不希望他为了我分心,因为他有比女儿生命更重要的事情要做。

月光透过木板条的窗户,冷冷地照在我的床头,同是一轮明月,集中营的明月要比任何地方的明月冰冷清寂得多。

以前让人感到温馨的时刻莫过于明月当空的时刻。全家人团坐在一起,看着明月,讲述明月的神话,所有在白天经历的疲劳和学习的压力,在这一刻化为月光下淡淡的烟缕,从心头飘走了,只有银白的月光和动人的故事让我们心醉。直到我们上床睡觉,整个身心都还陷在神话中不能自拔。梦境如此美好而飘逸,恐怕只有明月当空的夜晚了。

记得在延安时,一天明月皓亮,寒风中,月光洒在黄土大地上,原来黑沉沉的山沟沟,被月光照得明晃晃的,远处的山、近处的树都历历在目。经常熬夜的爹爹,看见了窗外的明月光,他走出烟雾缭绕的窑洞,坐在大树下面的石凳上,默默出神。

我正好晚饭多喝了几碗玉米粥,夜里起来解手。我披着棉袄从茅坑跑回窑洞时,冷不丁看见石凳上坐个人,吓得打了个战,壮着胆大声问:"是谁?"

"小声点,别把别人吵醒了。"

"是爹爹啊,可把我吓死了,我当是大豹子呢!"我和爹爹开玩笑。

"快回窑里,外面冷。"满脑袋想大事情的爹爹,无心和我开玩笑。

"你也回去嘛,要不,我也不回去。"我怕爹爹在外面时间长了会受凉,就撒娇说。

爹爹笑了,大手一拍膝盖,起身陪我进了窑洞。

"今天的月光真好,坐在外面透透气,很清冷,现在再看东西,眼睛就不发花了。"

我上炕后，爬到窗口朝外望了望，发现北方寒冬的圆月和南方湿润的圆月同样可爱，有一种冷峻的美丽和粗犷的奔放。

现在和以前同在一轮明月下，可月光中的世界却已不再相同。

延安的那轮明月早已不复存在，我现在面对的是一个像墓地一样死寂的白夜，它的四周没有树木，没有山河，只有高高的铁丝网和炮楼在月光下越发显得刺钉嶙嶙，阴森可怖。不时看见端着枪的德国鬼子从铁丝网下走过，大皮靴踩在沙土上，发出喀嚓喀嚓的声响，好像要把这冰冷的夜色踩碎一样。可能因为月光明亮的缘故，探照灯没有打开。我们有机会看见天上的月亮和星星，看见洁白的月光和月光下难友们惨白的脸庞。

我又从身下铺板缝里取出列宁纪念章，团在粗糙的手心里，用指头轻轻抚摩这很有质感的纪念章。尽管这枚纪念章很小，但在我心中的分量却很重很重。每次抚摩，我心里总是涌上一种冲动，觉得明天我们就会从这个地狱中出去，回到亲人的身边。这种冲动常常让我兴奋，带着兴奋和希望走进梦乡。可是天一亮，头天晚上积攒的希望被日复一日的苦活、鞭打和黑面包消耗殆尽，而一到宁静的夜晚，希望又升腾了起来，就和日落日出一样，一天天地支撑着苦难的日子。

有时候，我一个人在黑夜中默默地和自己说中国话，我害怕忘记了自己的母语。可是说着说着就跑音走调，甚至遇到复杂的语句，我竟然想不起来应该怎么说了。这让我很惊恐，问自己：我还是中国女孩吗？是，当然是！心底另外一个声音倔犟地回答。

中国这个亲切且遥远的称呼在我的心中越来越沉重，我越来越害怕失去它，也害怕它遗忘我。

从1941年初离开延安到现在，已经整整四年没有听见人说中国话了。自己也没有说过一句中国话。跟在难友后面学会了俄语、捷克语、波兰语，到集中营后又学会了德语。一开口就是乱七八糟的语言，说着说着，自己都不知道说到哪个国家的语言上去了。说了那么多国家的语言，唯独没有说过自己国家的语言，这对于一个热爱自己国家的人来说是非常悲哀也是非常无奈的事情。

Part.2 爹爹寄出的信被原封不动退回延安，1951 年我才
　　　看见被岁月封存了八年的信。

就在我日夜思念亲人，心痛不已的时候，爹爹好像知道了万里之外的女儿正在冰冷的明月下苦苦地思念着他，他从遥远的延安写了封信给我，寄往莫斯科国际儿童院。尽管爹爹寄这封信的时候，已经估计到苏联卫国战争可能交通阻断，根本无法通邮，但他还是寄出了这封信，希望碰碰运气。他在信上写道："你在战争中应当一面服务、一面读书，脑力同体力都要并练为好，中日战争要比苏德战争更迟一些结束。望你好好学习，将来回来做些建国事业为是。"

两个月后，正像爹爹事前预料的那样，这封来自延安的信在国际邮路上遭受战火的阻拦，无法到达莫斯科国际儿童院，在边境线停留了一个多月，最后以"邮路中断，无法投递"的理由退回到延安。

康克清妈妈接到这封退信，着急地问爹爹怎么办，是不是用延安电台向苏联方面打听一下女儿的下落？

此时爹爹心里的斗争很激烈，他听说了在苏联卫国战争中，斯大林的儿子雅可夫在战场上被俘，还有其他高级将领的孩子被德军俘虏，被认出是谁的儿子后，立即被法西斯关进集中营当做重要人质向斯大林讨价还价，以换取他们被俘的高级将领。面对自己的孩子和部属孩子的生死，斯大林痛苦地狠下一条心，拒绝了法西斯的要求。最后，法西斯残忍地杀害了这些特殊身份的战俘。年轻的炮兵中尉就是因为是斯大林的儿子，而惨死在德国萨克森豪森集中营。

这时爹爹怎能向斯大林打听自己的孩子！

"现在苏联都在战争中，我为了自己的私事怎么能打扰苏联政府呢？如果孩子没有事情更好，万一出了事，我们也救不了她，还是等战争结束以后再说吧。"

是啊，如果爹爹知道我在德国集中营，又能怎样呢？他和斯大林一样，决不会为了保全自己的孩子而做任何妥协。

康克清妈妈见爹爹说得有道理，就默默收起了这封退信，不再提

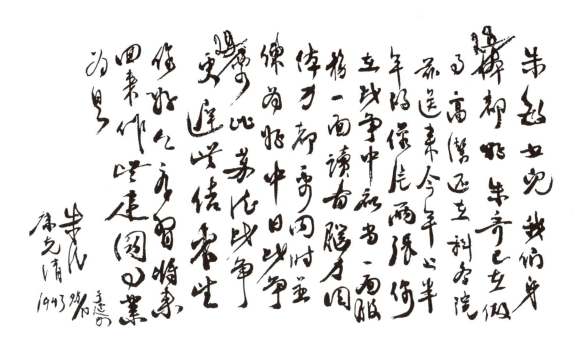

抗战期间，朱德写给女儿朱敏的一封信。

寻找女儿的事情了。

从 1941 年春天到 1945 年夏天，四年时间，我让莫斯科这个亲切而熟悉的地名成为爹爹信箱中长久的空白！

而这四年是第二次世界大战中最为艰苦的四年，是人类用正义战胜邪恶，最终赢得胜利的四年，也是中国人民和世界人民付出巨大代价的四年。

战争在世界各地疯狂地蔓延，从陆地到海上，从东方到西方，从地球南端到冰雪北国，无处不听见战争的枪炮声和人民饱受苦难的呻吟声。从苏联卫国战争一爆发，爹爹就有了承受最坏消息的思想准备。加上我到苏联后一直没有写信给爹爹，更增加了爹爹的不安。现在想起来，我真不能原谅自己。刚到莫斯科的时候，一心想等有了学习成绩再给爹爹写信汇报，直到被德军囚禁，失去自由的时候，我才明白或许永远失去了给爹爹写信的机会。这个遗憾整整伴随了我四年，直到 1945 年第二次世界大战结束，我重新提起笔，才把沉痛的遗憾还给了历史。这以后无论我到哪里，总不会忘记给爹爹写信。1964 年我到农村参加"四清"运动时，就经常给爹爹写信，汇报工作和生活情况。因为我知道，我的每一个信息对于爹爹都是很重要的。特别是爹爹到了晚年，写信和看信成为他生活中一项重要的内容，看见孙子们从四面八方寄来的稚嫩的字体，他总是戴着老花镜认真地逐字逐句地看，然后又认真复信。

　　直到 1951 年夏天，我从莫斯科放暑假回到北京爹爹身边，才看见这封被岁月封存了八年的信。信的纸张已经发黄发脆了，但是毛笔书写出来的浓重墨迹，让女儿强烈地感受到爹爹寄予我的厚望。当时，我心头涌上了说不清是酸还是甜的滋味。如果不去莫斯科学习，或者不去苏联南方疗养，我的命运将会是另外一个样子，我的学业也不会拖延到成年后才开始，身体也不会被搞垮，说不定现在已经能够为祖国建设发挥自己的作用了。但是，过去的岁月是不可能重新再来一遍的，人在命运的征途上，只要某一步跨上另外一条路，以后所有脚步都要踩在这条路上，不管这条路上是鲜花，还是荆棘。

　　我收起信，默默下定决心：加倍努力，把失去的时光夺回来，早日完成学业，回来报效祖国，让爹爹的希望变为现实！

Part.3 在苏联人民进行卫国战争时，爹爹指挥着八路军也在和日本鬼子展开殊死的搏斗。

　　在苏联人民进行卫国战争时，位于中国战场的八路军也在和日本鬼子展开殊死的拼搏。1937 年至 1940 年 5 月，爹爹在太行山八路军总部指挥八路军作战，后来又回到延安和毛泽东等中央领导人一同制定重大决策。

　　太行山距离延安有数百公里远，要经过黄河、汾河。爹爹和副总司令彭德怀在 1937 年底率八路军一一五师、一二〇师和一二九师先后渡过黄河，拉开中国共产党八年抗战的序幕后，八路军总部在太行山深处辗转了 3 个省 38 个县（市），驻扎过 66 个村镇。爹爹他们和太行山人民结下了深厚的感情，是太行山的人民用小米和热炕头养育了八路军总指挥部。这根感情的纽带一直维系到解放后，维系到爹爹生命终结的时候。

　　中国那么大，为什么八路军要选择山高路远、荒凉闭塞的太行山作为总部所在地？我长大后，了解了中国地理环境，才明白父辈们在那场艰苦卓绝的战争中选择太行山作为指挥中心是颇有一番苦心的。

太行山位于山西、山东和河南三省的边界，它的西面是吕梁山，北面是五台山，南临黄河，东接冀鲁平原，是控制华北五省咽喉的枢纽地带。八路军总部扎在太行山，就等于在日军妄图打开中国西北部大门和东南登陆日军会师的路途上，竖起了一道无法逾越的屏障，像一把尖刀插在敌人的丹田上，上下无法贯通。

1941 年 6 月，德军突然进攻苏联，给日军嚣张的侵略气焰注入了汽油般的燃料，疯狂的烈焰迅速席卷中国大地，为第二次世界大战走向癫狂的高峰推波助澜。一场更加残酷、更加持久的战斗在太行山展开了。1942 年初夏，八路军左权副参谋长在指挥八路军总部转移时壮烈牺牲。当在延安指挥作战的爹爹猛然听见这个噩耗时，无比悲痛，流着热泪，在宝塔山下的窑洞里，就着微弱的小油灯，写下了他怀念和崇敬的诗句：

名将以身殉国家，愿拼热血为吾华。
太行浩气传千古，流得清漳吐血花。

从 1941 年到 1944 年的三年间，太行山一直是日军的重点攻打目标。只要八路军总部存在一天，日军就一天不能安心睡觉，他们将八路军总部看成如背锋芒，如鲠在喉。而八路军总部凭借有利地形，一边和日军展开了游击战，一边担负起指挥中国敌后战场的重任。太行山给了八路军一个杀敌的好战场，也给了侵略者一处葬身之地。

太行山正如当地人形容的那样：太行山似海，波澜壮天地，山峡十九转，奇峰当面立。有了这片如此神奇的热土，八路军怎能不赢得这场战争的最后胜利！

在八路军总司令部左漠野秘书眼里，爹爹是一个不善言语、爱沉思的人。他的内心活动往往不是及时借助语言表达出来，而是独自思考、反复琢磨，直到成熟后才会用行动表达出来。为什么爹爹指挥战役往往以胜利告终？这无不和他独特的性格和深思熟虑的思考习惯有关。每逢大战在即，他总是身先士卒，深入火线，用和阵地紧张气氛相反的稳重语言，让部下充分领会他稳打稳扎的战术。他这种沉着坚

1937 年 12 月，朱德在山西洪洞县八路军总部会见美国记者露丝等人。前排左起：康克清、露丝、丁玲。后排左一左权、左三朱德、左五彭德怀。

定的指挥官形象给部队带来了胜利的信心。

1938 年 2 月中旬，爹爹率八路军总部由山西洪洞县向晋东南太行山区挺进。在他们转移过程中，日军正从长治出发，企图夺取临汾。爹爹率领总部抵达安泽的古县镇时，与前去进攻临汾的日军遭遇。敌军有三千多人，而爹爹身边只有两个连，敌我兵力悬殊很大。总部如果离开大路转入山地，即可平安无事。然而，爹爹从全局出发，为使临汾作好抵抗准备，使大批物资和人员得以安全撤离，还是决定进行阻击，以迟滞日军前进。恶战在即，爹爹立即命令左权参谋长前去侦察并与友军联络。

左权参谋长在安泽的府城镇一带，指挥特务团的两个连和一部分安泽县自卫队，对日军进行阻击。战斗整整进行了四昼夜，共歼敌三百余人，缴获辎重不少，为临汾的友军赢得了宝贵的时间。

八路军总部驻地古县镇离前沿阵地不远，夜间可以听到炮声。同志们对朱总司令的安全不免有点担心，但戎马一生的爹爹却处之泰然，指挥若定。

左漠野秘书到现在都记得，大概是战斗打响以后的第二天晚上，秘书处金石刚告诉他说：总司令在唱空城计，他身边只有一个作战科长和一个参谋。后来庆祝爹爹 54 岁生日时，著明作家刘白羽写了一首祝寿诗，其中有这样一句赞扬爹爹的话："危局常从笑里安。"给秘书们留下深刻的印象。

在抗战的最艰苦时期，爹爹仍没有忘记学习，特别是他对马克思列宁主义理论的研究从来没有放弃过。

当时，延安翻译出版了一些马列著作，出版以后会给总部寄去几本。秘书处收到书后，总是及时向爹爹和其他首长汇报收到了什么新书。有一回，总部收到几本列宁著的《卡尔·马克思》小册子，里面还集纳了列宁论马克思主义的几篇文章，主要内容是介绍马克思主义的三个组成部分。

有一天，左秘书去向爹爹报告新闻，发现他正在认真地看这本小册子。爹爹问他："左秘书，你看了这本小册子没有？"左秘书回答说只看了一遍。爹爹深有体会地说："这本小册子很好，讲的都是马克思主义的基本原理，简明扼要，很适合我们的干部阅读。对于马列主义的基本原理，我们要认真学习，深入理解，要能够很好地记住，这并不是教条主义。如果理论不联系实际，脱离实际，不从实际出发，把从书本上学到的东西生搬硬套地拿到实际中去滥用，那才是教条主义。如果你不理解马列主义的基本原理，也不能很好地记住，拿什么理论去联系实际！"他还说，这本小册子可以多翻印一些，最好做到直属队各单位的干部每个人都有一本，"揣到包包里"，多读几遍。

爹爹还问道："总部各单位的干部是否有人到秘书处借书？"

左秘书说："秘书处书不多，我们没有通知各单位办理借阅书籍，很少有人来借书，我们也在考虑是否可以办理出借书籍。只有薄一波同志每次来总部开会或谈工作时，总来秘书处看看，借去两本《列宁全集》，下次来时把看完了的两本归还，再借去两本。"

爹爹听说后很高兴地说："薄一波同志很勤奋，这种精神值得学习！"

在左秘书眼里，爹爹在战场上指挥千军万马沉着若定，闻炮声处之泰然，"危局常从笑里安"，但是在残酷的战争间隙，他又是一个热爱生活的人。爹爹爱下棋，爱打球，喜欢音乐，养兰花，还特别喜欢写诗。左秘书曾这样回忆道：

有一天，我去报告新闻，那天天气很好，总司令坐在院子里的一张矮凳上休息，似乎在低声唱歌，我依稀听到一句不完整的歌词："好长苗呀……"等我再向前走两步，就听不见了。我曾听史沫特莱谈过，朱总司令爱好音乐，会唱民歌。可是，我没有听过总司令唱歌，也从未听哪个老同志说总司令会唱歌。第二天，我去总司令那里，适逢康克清在座。康克清当时任八路军总部直属政治处主任，日常工作很忙，在总司令那里很少有机会见到她。我报告新闻以后，就问了康克清一句："总司令过去是不是喜欢唱歌？"她笑着说："总司令只会唱咦呀嗨，呀呼嗨。"总司令也笑了。我当即意识到，前一天总司令低声歌唱的，很可能就是陶行知作的《锄头歌》。总司令为什么欣赏这首歌呢？我想，因为他对劳动人民有着深厚的感情，同时这首歌可以抒发去恶务尽、除暴安良的志趣。

朱总司令还是一位诗人。1939年，抗日战争进入了战略相持阶段，敌人对我后方是以政治进攻为主，以军事进攻为辅，将重点逐渐向我敌后抗日根据地转移。国民党的反共活动逐渐升级，对我政治压迫和军事进攻日益加强。当时，华北敌后的抗战是非常艰苦的。后方文艺界的同志来前方慰劳八路军，访问总部。

朱总司令写了一首诗："忙马太行侧，十月雪飞白。战士仍衣单，夜夜杀倭贼。"这首诗的题目是《寄语蜀中父老》，实际上是写给国民党统治区的广大人民群众看的。诗中充满了爱兵如子的深情和对英勇杀敌的子弟兵的赞美，同时，也把国民党反动派断绝供应我抗日武装的粮饷、封锁我解放区和抗日根据地的罪恶行径揭露无余了。这首诗在重庆《新华日报》发表后，引起了国民党统治区的广大人民和海外华侨对坚持敌后抗战的八路军的深切同情和支持，激起了他们对国民党反动派倒行逆施的极大义愤。朱总司令的这首诗，可以说是思想性和艺术性的高度结合，风格很高，气势雄浑。

爹爹还有一项业余爱好，就是下象棋。无论是在战争年代还是和

1939年12月24日，朱德在山西武乡县追悼国际主义战士白求恩大会上致悼词。

1939年1月1日，朱德和傅钟（左）、薄一波（右）出席山西沁县"拥蒋反汪"万人大会。

1940 年朱德在山西武乡县。他在这里写下了豪迈的战斗诗篇《寄语蜀中父老》。

平年代,他只要有时间总要找人杀上一盘。没想到爹爹的这个爱好在统战工作中派上了用场。

1938 年初,国民党中央军事委员会派来高级联络参谋乔茂材长期驻八路军总部。乔是四川人,陆大毕业生。他还带来了一个参谋和两个副官。有一段时间,联络参谋和八路军总部的秘书处同住在一个大院里,爹爹差不多每个星期都去秘书处看看联络参谋。他听说乔参谋也会下象棋,于是在院子里同乔参谋摆开了"战场"。他们一边下棋,一边侃大山,谈话的内容大都是国内外形势的分析、团结抗日和坚持持久战的一些道理。爹爹态度和蔼,讲话深入浅出,像拉家常似的。乔参谋认真地听着,有时也讲上几句。爹爹的棋下得很好,经常是赢家。

通过这段交往,乔参谋真正认识了爹爹,认识了八路军。他常私下对人说,只有共产党的总司令才能和他这样的小人物平起平坐,同下一盘棋。

在女儿的眼里,爹爹是慈父。同样,在他身边的工作人员眼里,他也像慈父一般关心人、体谅人。

有一次,爹爹去决死队干部训练班作报告,报告内容是讲游击战。训练班离总部驻地有四十来里地,随同去的除了左秘书,还有两个警卫员同志,四个人都是骑马,左秘书走在最后。走了大概十来里地,前面的马跑开了,左秘书的马也跟着跑起来。由于左秘书缺乏骑马经验,从马上摔了下来,而马立即往回跑,跑得很快,左秘书一直追到总部驻地,还是没追上,马回到饲养班去了。他当时真是哭笑不得,不免有些懊恼。他知道,爹爹打算写一本游击战方面的书,而在训练班的讲话记录整理以后可以作为书的部分初稿。

当天晚饭以后,左秘书怀着惭愧的心情向爹爹如实地报告了落马

1939 年,朱德和罗瑞卿、吕正操、彭德怀、聂荣臻在山西武乡县王家峪。

和追马的情况。爹爹听了以后,不但没有责备,反而哈哈大笑起来。他和蔼地说:"你真是一个书生,还不熟悉戎马呵。训练班的学员可能已经把我的讲话记录下来了,下次我去的时候,可以把他们的笔记本借两份回来,加以对照整理。"

接着,爹爹边比划边说,耐心地教给左秘书跑马的要领:两腿夹

紧,两脚前蹬,抓紧缰绳,上身前倾。爹爹说:骑马也是一种实践,只要掌握要领,大胆地跑几次就会了。

爹爹虽然像慈父,可对女儿和亲属的要求却一点也不"仁慈"。

有一次秘书在处理外来函中,见到爹爹的侄子和外甥从四川寄来的一封信,信里说他们已经约好了一些愿意参加抗日的青年朋友,准备到前方来,不知前方有些什么工作可做,向伯伯请示。秘书看了以后,就把原信带着,向爹爹汇报了。爹爹说,青年人想到前方来参加抗日是好的,只要能够吃苦耐劳,抗日报国不怕牺牲,到前方来总是有事情可做的,多来些人更好,比如前方现在就需要担架队。如果以为我是大官,他们来了可以弄个一官半职,那就错了。我们这里官兵待遇一律平等,同甘共苦。你告诉他们,凡是希望升官发财的人,千万不要到前方来。爹爹还说:曾国藩是一个反动人物,但他在家书中告诫子弟的某些话语还是有道理的。我没有读过曾国藩的家书,不过,我觉得"不以人废言"的观点是符合辩证法的。这件事,使秘书们深深感受到了爹爹的清廉正气。

Part.4 一道特殊的命令从苏联元帅朱可夫手中签发出去。

爹爹是一个身经百战、经验丰富的军事指挥官,也是一个有着成熟心理活动的政治思想家。因此,在女儿眼里,爹爹的伟大正是在我面前表现出了一个父亲最平凡的情怀,让我感受到了爹爹心中那股炽热的父爱。

在爹爹担心我发生意外时,国际儿童院失踪的孩子也令莫斯科不安。在我们盼望苏联红军快一点打来的时候,一道特殊的命令从苏联元帅朱可夫手中签发出去了,这个命令居然和我们失踪的孩子有关。

朱可夫元帅像。

保卫战刚刚结束的时候,在顿河草原、伏尔加河畔深深的积雪中,到处是被击毁的纳粹德军的坦克、火炮、汽车和冷冻的尸体。死神和严寒把这幅血迹斑斑的图案冰冻在寒风中,将苏联红军的杰作保存了很长时间。

历史有时候是这样公正，公正得不容半点偏差。在这场闻名世界的战役中，德军共损失兵力 150 万，坦克 3500 辆，火炮 12000 门，飞机 3000 架。包括总司令保卢斯元帅在内的 23 个将军统统成了斯大林的俘虏。

在 1943 年 2 月 2 日，历时 180 天的斯大林格勒保卫战结束后，已经筋疲力尽的苏联红军没有休整一天，便乘胜追击，开始了反攻收复失地的战斗。

这时，莫斯科国际儿童院在战争中战死和失散孩子的名单也被送到斯大林的桌子上。这次战争中，国际儿童院共失去了 24 名孩子，其中中国孩子有张闻天的儿子汪格里被德国飞机炸死，赵世炎的儿子赵令超患病治疗不及时去世，还有我失踪。其他国家的孩子有 17 人在卫国战争中作战牺牲，他们用热血和生命捍卫了第二故乡的尊严和完整。这 17 个牺牲的同学中有德国人、古巴人、波兰人、南斯拉夫人、保加利亚人、希腊人和苏联人。

中国孩子没有上前线作战，是因为周恩来伯伯和斯大林在战前有过口头协议，即使苏联爆发战争，中国 18 周岁以上的孩子也不参战。周恩来伯伯的用意很明显，他不愿意让烈士的后代再遭受不幸，他要为这些失去亲人的孩子负责！

中国孩子虽然没参战，但他们和苏联人民一道经受了战争的考验，吃了苦、遭了罪，也尽了自己所能为前线作出贡献。可以说，苏联四年卫国战争是每个中国孩子所经历的最艰苦、最磨炼意志，也是最难忘的一段时光。

收复苏联南部失地的战斗在激烈地进行着。

这时，斯大林向正在指挥战斗的朱可夫元帅发去了一个急电。内容大体是要他在收复南方城市时，注意查找国际儿童院失散的孩子，特别要注意查找朱德总司令的女儿。朱可夫接到这个电报后，立即向收复失地的部队下达"解放一个城市，寻找一个城市"的命令。

军令如山倒！解放南方城市的部队马上执行元帅的命令，开始了艰难的寻找工作。

苏联红军沿着纳粹德军占领的线路，开始将一座座失去的城市重新夺了回来。这场艰苦卓绝的解放战役整整打了一年多,到1944年,整个苏联才回到苏联人民的手里。可是,直到红军解放最后一个城市,也没有看见我们的影子。

朱可夫元帅不得不将这个不幸的消息报告给斯大林。最终斯大林没有将这个消息告诉我们的国家,他认为没有找到并不意味着肯定就是遇难。斯大林专门请人转告爹爹说:我一定想办法找到您的女儿!

这是斯大林对爹爹的承诺。

为了兑现这个承诺,斯大林又一次把命令下达到攻占柏林的部队。

Part.5 爹爹以一个儿子内疚的心向他的母亲深深地忏悔。

1944年春天,爹爹刚刚得知我在苏联失踪的消息,他远在四川仪陇的母亲又突然去世,这双重打击使从不轻易伤感的爹爹流下了两行清泪,大颗大颗的泪水滴在灰色军衣上,前襟竟留下了一片深色的水渍。

爹爹在用一个儿子内疚的心向母亲深深地忏悔……

这一天爹爹好像有什么预感,一早起来就觉得天气又阴又闷,老是想咳嗽,这是他在长征路上留下的毛病,一遭风寒就嗓子发痒。爹爹咳嗽了一阵,又和以往一样进他办公的窑洞里处理公务。这时康克清妈妈拿着一封四川仪陇的来信,跑进来递给爹爹。爹爹一看是老家来的信,赶紧接过去,说好久没有家里的消息,现在终于来信了。爹爹边说边打开信,没有看两行,脸上的笑容凝聚成惊诧的表情,随后拿信的手慢慢地垂落了下去……

康克清妈妈见爹爹这个模样,知道不好,忙接过信。信上说钟老夫人1944年2月15日在家乡病逝,死时突然,安详如生,没有痛苦。

怎么会……病逝?康克清妈妈手直抖,不相信似的又看了一遍,这才确信她没有见过面的婆婆永远地离开了这个世界。

康克清妈妈知道爹爹时常挂念母亲,经常听他说:"要问我这一生有什么遗憾的话,就是没有尽到孝心,让母亲受了苦。"

1919年秋，朱德（左二）和亲属在四川泸州。

　　这个突然降临的噩耗让爹爹悲伤不已，他一个人坐在炕头默然，眼泪夺眶而出。这淤积太久的内疚使得爹爹心痛，不然，宁愿流血也不会流泪的爹爹怎会泪流满面呢？

　　爹爹此时的心情，我们晚辈人无法尽述。但是，世界上每一个孩子对母亲的爱都是一样的，哪怕再伟大、再刚毅的人或者是再卑鄙的人，都无法改变这种母子亲情。想想，一个用毕生爱心浇灌儿女岁月而枯竭自己生命的母亲，能不令远隔万里不能亲送母亲最后一程的儿子悲痛万分吗？

　　后来我听老家人说，奶奶临死的前几分钟还在锅台边做饭，突然觉得不舒服，倒下身就再没有起来。奶奶是一个没有自己名字，目不识丁，在家庭中没有任何权利和地位的农家妇女。她几十年如一日，默默地劳作和生活。爹爹出生的时候，奶奶也是在做饭，饭做到一半，爹爹出生了。奶奶收拾好婴儿，又起身继续做饭。58年后，奶奶还是在锅台前做饭，但这次做饭的结果却是让儿女们永远失去了一个母亲。

　　奶奶一声不响地走了！留下没有来得及报答养育之恩的儿子在苦苦地责备自己，为什么没有及早写封信给母亲，让她离开这个世界时带着远方儿子的问候呢？

　　特别是当爹爹知道母亲临终的前几天老是提起他，想再见他一面时，爹爹的心头更加不好受，因为儿子让母亲带着这个永远无法弥补的遗憾走了。

康克清妈妈看见爹爹这样伤心,想安慰他,可又不知道说什么好。因为妈妈知道,对于一个献身革命,一辈子只知道咬紧牙关不服输,把生死置之度外的坚强人来说,什么安慰都是多余的,只有在旁边默默地陪伴,让他心头的悲伤在这一刻尽情地流泻。

我没有看见过奶奶,但是听爹爹说,奶奶是一个了不起的农村妇女,是一个值得骄傲的母亲!

奶奶一生生育过 13 个孩子,存活了 8 个。因为太穷,无法养活所有亲生的孩子,后生的几个一落地就被溺死在水桶里。这期间奶奶受尽了骨肉永别的痛苦,眼睛哭坏了,嗓子哭哑了,出生的婴儿还是不能留下来。养不活还不如早点让他归天,来生转世投个好人家,何必在这个黑暗的世上遭罪呢!这或许是奶奶没有被生离死别摧毁的心灵的慰藉。

爹爹是兄弟姐妹中的老四,也是他们中间唯一念过书的人。爹爹能完成学业考上秀才,全靠奶奶起早摸黑辛苦劳作和兄弟姐妹节衣缩食,硬是一个铜板一个铜板抠出来供养起的识字人。对此,爹爹对家人怀有深深的敬意和歉意。解放后,爹爹从兄弟姐妹家各接一个孩子来身边读书,就是为报答兄弟姐妹为他做出的牺牲。

奶奶在世时没有享到一天清福,在她支撑这个穷家感到最困难的时候,爹爹也无法为母亲分担半点忧愁,甚至没有一点钱可以给家里。有一次,家乡遭灾,身为八路军总司令的爹爹只有 5 块大洋的薪水,无法帮助母亲渡过难关,就只好求助云南的好友,请朋友给他的家中寄一点钱,才使家人摆脱了困境。

奶奶顽强的意志和从容的生活态度,无形中给予了爹爹最宝贵的东西:坚强和忍耐,宽容和乐观。在半个多世纪的革命生涯中,这种高尚的品格一直伴随着爹爹。

中国有句名言:自古忠孝不能两全。

爹爹从巨大的悲痛中走了出来,又投入到紧张的工作中,但他内疚的心情很久不能平复。后来我听康克清妈妈说,为了纪念奶奶,爹爹一个多月没有刮胡子,让浓密的胡子在脸上疯长,直到七七四十九

毛泽东等祝贺朱德六十寿辰。

天，爹爹才将大胡子收拾了。

后来，中央其他领导人知道了奶奶去世的消息，大家都为奶奶崇高的品德和无私的精神所感动。经毛泽东伯伯同意，4月份，中央机关在杨家岭大礼堂举行了隆重的追悼会，和延安人民共同缅怀这位伟大而平凡的母亲。毛泽东伯伯的挽联挂在主席台的两侧："为母当学民族英雄慈母；斯人无愧劳动阶级完人。"负责妇女工作的蔡畅妈妈在追悼会上作了讲话，号召解放区的妇女向钟老夫人学习，学习她终身热爱劳动、勤俭持家的高尚美德。

为一个没有名字的普通农家妇女举行这样规模的追悼会，在延安是少见的，在中国历史上也是少见的。由此可见，爹爹在延安人民心中享有崇高的威望，延安人民对一位伟大母亲也怀有深深的敬仰之情。

随后，爹爹怀着悲痛的心情写下了《母亲的回忆》这篇悼念文章，发表在《解放日报》上。

在纪念奶奶后不久，希特勒被彻底打垮了，我也成为德国集中营的幸存者之一，活着走出了地狱。紧接着日本鬼子无条件投降……就在这喜事成串的日子里，爹爹迎来了他的寿辰——六十大寿。

延安人民又一次为爹爹办了一个特殊的纪念活动。和两年前一样，还是在杨家岭大礼堂，还是那些熟悉的同志和老战友，大家相聚在一起，祝贺爹爹的六十大寿。这是中国共产党成立以来，最隆重的一次祝寿活动。

这个隆重的祝贺包含了人们对抗日战争胜利的无比喜悦，也表达了延安人民对爹爹的衷心爱戴。

这一天是爹爹生命中最风光的一天！

这一天，他收到许多生死与共的战友们的祝贺。其中有毛泽东、周恩来、刘少奇、林伯渠、叶剑英、彭德怀、王震等人的祝词、贺电和贺信。

毛泽东的题词是"朱德同志六十大寿——人民的光荣"；周恩来的贺词说"举世人民公认，你是中华民族的救星，劳动群众的先驱，人

1946 年 1 月 10 日，中国共产党与国民党政府正式达成停战协议。为检查停战协议实施情况，三人小组到达延安。图为毛泽东、朱德与美国代表马歇尔在机场合影。

民军队的创造者和领导者"；刘少奇的题词是"朱总司令万岁"；而中共中央的祝词其第一句话是这样说的："人民庆祝你的六十年生活，因为你是中国人民六十年伟大奋斗的化身。"

特别是董必武在《新华日报》上发表的诗词道出了爹爹为人清廉的品格：

半生戎马为人民，不随流俗与共论。

革命将军老据鞍，甘为民仆耻为官。

直到解放全中国，直到生命终结，爹爹对于官职高低、待遇厚薄、权力大小，从不计较，甚至连一句自言自语的话都没有。凭爹爹的胆识、经验、身体完全可以担当更繁重的工作，但爹爹不是从"我"出发，而是接受现实给予他的安排。

这种安逸和平淡，并不是每一个经历过辉煌的将帅能够面对和承受的。

Part.6 爹爹喜欢孩子由来已久，只是我远离爹爹，无法感受这平常却浓厚的亲情。

爹爹不仅是个孝子，也是慈父。一个有着博大爱心的父亲。

爹爹喜欢孩子，这是我当了母亲以后才有的感觉。

1953年，我有了孩子，年近70岁的爹爹转眼有了孙子，升格做了爷爷。没看见那几天爹爹高兴的模样？把婴儿小心地托在手掌上，戴着老花镜，仔细地端详，像读书那样久久不肯放下。我在旁边看见爹爹这般喜欢孩子的模样，心想，我刚出生时，他是不是也这样看我？当然这个问题我没有问出口，恐怕让爹爹不高兴，哪有父亲不喜欢自己的孩子的？

以后，爹爹将我的长子留在他的身边，由他和康克清妈妈照顾。当时我不知道为什么会这样理解爹爹，认为爹爹是在弥补他过去无法照顾我们的情感，把迟到的父爱倾注在我们的后代身上，使我们的孩子比我们更多地享受到和爹爹在一起的快乐时光。对爹爹的细微举动和内心活动，孩子们比我们更了解，更有发言权。他那对孩子疼爱备加的情景至今都令我感动。我常常问自己，这就是当年金戈铁马，统帅千军，丝毫不顾自己和家人的爹爹吗？

显然，我这样理解爹爹的感情世界是片面的。爹爹喜欢孩子由来已久，只是我远离爹爹，无法亲身感受这份平常却浓厚的亲情，便不能理解爹爹这份人间常情的真实和质朴。

朱德和"八一"托儿所的孩子们在一起。

我成年以后，才从《康克清回忆录》和许多人口中深刻理解了爹爹那颗博大的爱心。

爹爹一直喜爱孩子，甚至年轻时立志为教育事业献身，并做出了许多"胆大妄为"令封建阶层"痛心疾首"的举动来。后来爹爹弃文从军，也是希望用武力摧毁封建制度，拯救中国，解救苦难的孩子。

身为总司令的爹爹，这种喜欢孩子的质朴感情依然如故。1944年秋天，中国抗日战争进入了总反攻的阶段。在迎接抗日战争全面胜利的前夜，延安大批干部纷纷奔赴前线。整个延安被迎接胜利的高昂激情所淹没，干部战士的请战书堆满了中央军委指挥官的案头。爹爹他们夜以继日地部署出征人员的名单。

最后一搏，谁都会拿出自己最厉害的王牌！八路军最厉害的王牌就是大量经过政治教育和军事训练的干部，有了他们，抗日战争就有胜利的把握。

延安窑洞空了，抗大读书的声音消失了，干部战士都枕戈待旦，准备出征。这时出现了一个问题，一个大家都不好意思说出来的生活问题。一些出征的干部是夫妻双双同上前线，他们的孩子只能留在延安，有的孩子还小，不能独立生活。父母上了前线，孩子怎么办？

这个非常具体却容易疏忽的问题惊动了中央军委。这时康克清妈妈接受了中央总政治部布置的筹建延安第二保育院的工作。当晚，爹爹就知道了这件事，马上和康克清妈妈商量起来。

从外表看，爹爹是个体魄健壮、面目黝黑的男子汉，根本不会和养育孩子这类婆婆妈妈的事情搭界，其实爹爹骨子里藏着非常善良的爱心。有一次，康克清妈妈要参加延安小学举办的文娱活动，看见刚从前线回来的爹爹整天不是开会就是埋头看文件，想拉上他，出去散散心，换换脑筋，可又怕爹爹一听是儿童会议不愿意去。妈妈特意打了腹稿，准备用大道理动员一番。哪知一开口，爹爹马上就起身，连一句话都没有问。在文娱会上，爹爹比谁笑得都开心，怀里至少抱了三五个孩子。孩子们见这个大胡子伯伯慈祥和蔼，都往他跟前挤，这让妈妈始料不及。爹爹内心一种深层的情感在这个时候蓬勃地涌动着，这在平时是很少看见的。这次儿童活动后，爹爹变得更加有意

抗战时期，朱德与儿童在一起。

思了，经常一个人散步，一散就散到附近的学校和保育院里，和天真的孩子一起玩，和保育员们交谈，帮助学校和保育院解决了不少的困难。康克清妈妈自从知道爹爹非常喜欢孩子后，就经常和他一同参加关于儿童话题的活动。

有一段时间，刘伯承和妻子都在前线，他们的儿子刘太行就交给爹爹和妈妈抚养。时间一长，这个小家伙把这个临时的家当成自己的家了，把伯伯和阿姨当成自个儿的亲爹娘了，跟在后面叫得可甜了。只要爹爹一动窝，这个小尾巴就黏上了，爹爹上哪他上哪，保险比警卫员还要紧跟，让爹爹和妈妈好喜欢，甚至晚上睡觉，爹爹都不会忘

朱德夫妇在延安时常关心工作人员的子女。

记起身给小太行盖被子。等刘伯承夫妇从前线回来，来接儿子回家时，这个小太行放声大哭，那一串串滚落的眼泪，让人感到他是在遭绑架一样，死死拉着爹爹和妈妈的手不放，死活不肯跟自己的亲爹娘走。没有办法，爹爹不忍心让小太行受委屈，就命令似的对部下说："只好暂时委屈你们大人了，等过一段时间，我再送他回去。"就这样，小太行用眼泪战胜了他的亲爹娘，又留在了爹爹的窑洞里。好长一段时间，小太行才认自己的亲爹娘，回去和刘伯承夫妇居住了。

这次接受筹建延安第二保育院的工作，爹爹自告奋勇做妈妈的"高参"。以后，只要爹爹一有空，就和妈妈一起外出寻找理想的院址。他们一起爬坡翻山，奔波在延安附近的山沟沟里。后来他们选中了延安城北枣园川南面的半山坡，这里空气新鲜，阳光充足，地点也隐蔽，作为保育院非常合适。地址一旦定下来，工程队伍就马上开始打窑洞。以后爹爹又多次去施工现场，亲自查看工程质量。他最关心的是窑洞打得牢靠不牢靠，因为在延安每年的暴雨季节，不牢固的窑洞容易塌方。眼下这十多眼窑洞连接着前线数百名将士的心，关系到一百多名孩子的生命安全，所以他不厌其烦地一次次检查工程质量，一点问题都不放过。窑洞修建好后，爹爹又发现窑洞前面的山坡没有栏杆，孩子玩耍时容易滚下山坡，特意关照建筑工人要为孩子们打上栏杆。爹爹细致到连添置什么玩具、什么生活用具都要亲自过问。

第二保育院几乎就是在爹爹和妈妈的关注下,从无到有,一天天地成长起来的。

不久,延安第二保育院迎来了第一批孩子。

保育院一成立,其他问题也接踵而来。有了孩子,却没有充足的保育人员。爹爹为了这事,又心急火燎地和中央组织部、军委组织部谈人员配备问题,一次次和保育工作人员座谈,鼓励他们安心保育事业。

被分配来做保育工作的人,有的是从前线回来由组织分配来的,思想自然不通啦!还有从后方来延安,本想轰轰烈烈干一番大事业,结果当了保育员,心里也不痛快。爹爹知道后,专门和他们谈话,做思想工作。

爹爹有一番话让不安心保育工作的同志心服口服:"这些孩子们的父母都是职业革命家,他们从小生长在革命的环境里,要把他们培养为革命接班人,只有靠你们这些启蒙老师了。你们的言行和教育对他们以后成长有很大影响,甚至影响终身。我们现在在前方是工作,在后方也是工作,而且是更光荣的工作,是要有默默无闻的奉献精神才能承担的工作。"

爹爹看见山坡上有两棵野核桃树,就指着树说:"孩子和这树一样,要精心养育,俗话说十年树木,百年树人。培育人才比培育树木更加花费心血和精力,需要有事业心的人完成这项百年树人的大工程啊!"

后来这个保育院从延安撤退时,带着一百多个孩子辗转6个多月,行程1500多公里,于建国前夕,平安抵达了刚刚和平解放的北平城。

这次大转移中,不断有惊险消息传来,爹爹和妈妈虽然没有和保育院一同转移,但一路上不时发电报询问这支"马背摇篮"队伍的转移情况。如果碰到困难,爹爹第一个反应就是通知他的下属部队或驻地部队帮助这支特殊的队伍渡过难关。有些危险地段,爹爹叫部队抽出警卫部队专门护送。有一次,"马背摇篮"在陈赓将军管辖的地段,遇到敌机轰炸,马受了惊,有两个孩子从马背兜里甩落到河里,被后面紧跟的警卫战士发现,他冒着生命危险从炸弹气浪中救出了落水的孩子。轰炸结束后,这两个孩子和警卫战士一起失去了踪影。就在前方后方都在为这三个人的生命安全焦急万分的时候,陈赓立即派部队搜寻,终于在一个老乡家找到了正在发高烧的孩子和守护他们的警卫员。这个和孩子寸步不离的战士看见救上来的孩子已经奄奄一息了,就抱着他们跑到老乡家里,想法救活了孩子,然后让他们睡在热炕上。这个保护孩子像保护自己眼睛一样精心的战士,那年才18岁。

保育院的孩子还不能忘记一个人,这就是他们的张炽昌院长。这个院长是位男同志,而且是军事院校毕业的军事干部。他在延安等候上前线带兵打仗的时候,突然被军委组织部分配到第二保育院当院长,这个阴差阳错的分配差点没让他惊诧得平地栽跟头!当时胡耀邦是军委总政组织部部长,他不得不为这种分配付出大量的时间,来改变这位军事干部满脑袋的打仗观点。经过多次做工作,张炽昌只好带着委屈走马上任了。没有想到这个思想严重不通的特殊院长,没几天就深深爱上了孩子,在保育院一干就是十多年,直到1953年才离开幼儿教育的岗位。

爹爹后来听说了张炽昌的事迹,特别宽慰,说男同志同样可以做好保育工作。

07 Chapter

1946 年 1 月 10 日至 31 日，蒋介石在全国人民要求下，被迫同意召开有各党派及社会贤达代表参加的政治协商会议。27 日，共产党代表周恩来由重庆返回延安，向党中央汇报。毛泽东、朱德亲自到机场迎接。

Part.1 从铁丝网缝隙中吹进来的风，让一颗颗冰冻的心开始复苏。

黎明的钟声敲响了 1944 年的来临。

集中营里没有钟声，也没有迎接新年来临的爆竹声，和任何黑夜一样，除了死一般的寂静，就是浓浓如墨的漆黑。对于失去自由随时都会死去的人们来说，新年也是黑暗无边的夜。

可是这一年的确和往年不一样。不管集中营里的难友们如何心灰意冷，毫无希望，这一年从铁丝网缝隙中吹进来的风却让一颗颗冰冻的心开始复苏。

这一年的夏季成为一个象征！温暖的和风将北半球的人们送进了生命旺盛的夏季，世界战局也像这转变的季节，参战国正义的脚步声渐渐临近，惊动着整个欧洲战场。

6 月 6 日，这一天是欧洲开始进入夏季的日子。这一天，由美英法等国组成的多国盟军部队在法国的诺曼底登陆；也是从这一天起，欧洲反法西斯的第二战场的形成，预示着法西斯灭亡的日子指日可待。

我们被关在集中营，并不知道这一天所发生的事情，更不可能想象这个震惊世界的行动如此迅猛，迅猛得连法西斯都来不及组织抵抗，诺曼底这块战略重地就莫名其妙地丢失了。

我们知道欧洲开辟第二战场已经是 1944 年的秋季了。那时集中营里送来的不再是平民百姓，而是穿着各种军服的战俘。开始我们只是从纳粹德军加强看守中察觉集中营可能要关押重要犯人。因为每次押来战俘，集中营都戒备森严，直到战俘被押送到其他集中营，这种森严的戒备才会缓和一些。不几天，我们看见好几十个战俘迈着整齐的步伐走进集中营的大门，走过我们这些惊呆了的人面前时还高喊口令，那威严高昂的神情就像通过检阅台一样，令我们所有难友激动不已。他们一出现，就成了我们眼里的战斗英雄。后来，这些战俘每天都保持军人正规的步伐和威严的神情，甚至放风时，他们都保持军人的姿态，不是笔直地站立，就是挺直地端坐，一举一动决没有半点马虎。

我们隔着铁丝网好奇地看着他们，觉得他们哪里是被囚禁在集中营，反倒像在某军事基地接受训练，时刻都准备重返前线。有时德国宪兵看见他们整齐地操练，也不靠近，只是从很远的哨位上用冷漠的眼光注视着他们。这一刻，我仿佛感受到他们不屈服的军魂在呐喊。或许这些军人在参战前是平常而平淡，甚至有点慵懒的人，可他们一旦走向战场，便会变得无比英勇和激昂。这时我更相信一句名言：军人是和平的天使，战场是军人的归宿。

别看集中营有密匝匝的铁丝网和黑洞洞的枪口，却只能关住军人的身体，关不住军人向往战场的灵魂。从这些被囚禁却斗志昂扬的战俘身上，我懂得一个道理：一个人可以遭受磨难，可以失去生命，但任何时候不能失去做人的尊严！

虽然我们每天都能看见战俘，却不能交谈。然而，世界上没有不透风的墙，没有多久我们就知道了欧洲战场的形势，也知道苏联红军正在收复南方失陷的城市，不久就要打到波兰和德国境内，最后还要攻占柏林。这个激动人心的消息让我们几个姐妹兴奋了好几天，没事大家就围在一起，开始乐颠颠地憧憬未来！

想起来真好笑，我们不到一分钟的时间就立下了若干个志向，什么出去后要成为一名"敲碎德军骨头"（这是丘吉尔的名言，被引用为参战的意思）的反法西斯战士，什么一离开集中营就去学习，什么回家和父母团圆，说来说去大家一出去还是饱餐一顿再说。我说我最想用中国的筷子吃一顿家乡的小吃，大家都不明白筷子是干什么的，我就向大家比划拿筷子的样子，希望她们也和我一起用筷子。米拉比划了一阵，好不耐烦地挥挥手，觉得这不行，还是用西餐的餐具吃得痛快。那迫不及待的模样，就好像有一桌饭菜在等着她似的，搞得我们都忍不住流出了口水……

米拉的姐姐弗拉斯塔很冷静，打断我们的幻想说："什么中餐筷子、西餐叉子的，如果能活着出去，用手吃一顿也行啊。关键是我们要活着出去，法西斯不会轻易投降的，越是灭亡越要垂死挣扎，说不定会大屠杀的……红军要是快点打过来就有希望了，我们就会有救的。"

顿时，我们美好的憧憬被她恐怖的猜测激出一身鸡皮疙瘩，跌进刺骨的冰窟窿里。

Part.2 我们盼望了整整四年的声音，终于在这片死亡墓地的上空回响。

在集中营好似墓地般死寂时，世界各地的战场已经进入决定胜负的大决战中，大形势基本趋于明朗。自从德国法西斯兵败斯大林格勒，世界的战局发生了根本性的变化，苏联红军由战略防御向战略进攻转变。一直攻打别国的法西斯，开始品尝受人进攻的滋味，不得不大规模地往后撤兵，妄图保住欧洲战场霸主的利益。

我们的工活也越来越重，有时常常要干到半夜才让我们收工。这让我们感受到德国鬼子垂死挣扎的气息。

反攻中的苏联红军正在向德国境内逼近，就如当年德军进攻苏联一样，也打了一场闪电战。苏联红军很快横扫了波兰境内的德军军事目标，以势如破竹的态势压向濒临崩溃的德国边境线，几乎没有费多大力气，苏联红军就进入了德国本土，并且迅速挺进，向希特勒的最后堡垒柏林进攻。

一进入德国，苏联红军就开始攻占城市，占领军事要地，碰到有集中营的地方，就想法解救里面的囚犯，使得一部分已经面临死亡命运的犹太人从苏军的闪电进攻战中死里逃生，成为第二次世界大战时期为数不多活着走出集中营的犹太幸存者。尽管这些幸存者多数奄奄一息，面目全非，惨状不堪忍睹，但毕竟活了下来！

从 1945 年 1 月起，我们所在的集中营也开始听见远处传来的时断时续的枪炮声。这种令人激动的枪炮声像一根扯动我们神经的绳索，我们的心情随着它的激烈进行而激动着、紧张着。每到枪炮声持续不断，震碎漫长的死寂黑夜时，我们会悄悄坐起身，静静地聆听，甚至会数着每次的爆炸声。

我们天天在盼望苏联红军快一点打过来，有好几次，枪炮声好像已经临近了我们集中营，可又渐渐远去。我们也不明白，为什么红军不冲过来，把我们都救出去？大概战争从来都是一种战术和战略结合的艺术，不到瓜熟蒂落的时候，每个指挥官都不会轻易将士兵推向战场。局势不允许红军攻占我们所在的集中营的时候,红军的身影自然也不会出现在我们的眼前。可焦急等待自由的我们是不会认识到这一点的。

转眼,枪炮声在我们耳边响了半个月,大家激动兴奋的心情渐渐被担忧取代,怕时间一长,德国鬼子会大开杀戒。越是面临失败,越是要垂死挣扎,连狗急了都会跳墙,更何况是嗜血成性的法西斯!

我们的心情越是着急不安,这枪炮声就好像越加遥远,老是在远处徘徊,让人等待得心焦,度日如年。

一天早晨,和往日一样,太阳依然从冰冷的地平线露出红脸,毫无生气的大地慢慢被红色阳光涂染上暖色。这时集中营的汽笛也该发出惊心动魄的刺耳声,把我们从梦中扯起来,投入到一天劳作的转盘中。可这一天,我们一直睡到天色大亮才睁开眼睛,顿时被窗外雪亮的阳光吓了一大跳!我几乎没有思考,飞快地穿衣服,指望能拨拉回一点时间,不至于被工头严厉鞭打体罚。可一定神,发现我们房间里的难友都没有去上工,大家坐在床上,惊慌失措地相互张望,不相信我们所有的人都没有听到这尖锐的汽笛声。要知道,我们从进入这个集中营起,就没有漏掉过一次这尖锐可怕的汽笛声。我们心惊胆战起来,从门缝往外看,外面到底出了什么事情?

外头很安静,只有几只麻雀在空地上来回跳跃。再一看,平时荷枪实弹的宪兵不见了,岗楼上没有,铁丝网旁没有,就连大门前也没有。大门上的锁也不见了,好家伙,不可思议,门大开着……

这到底是怎么一回事?仅仅一夜工夫,德国鬼子就在我们面前消失了?

"唉!……德国鬼子跑了……我们自由啦!"突然传来声嘶力竭的吼叫声,这声音好像是拼上全身力气迸发出来的,让我们每个人的血管都跟着膨胀起来,呼呼地涌上脑顶,撞击着眼膜一阵阵发花……

这是我们盼望了整整四年的声音,终于在这片死亡墓地的上空回响!

我们自由了?

我们自由了!

苏联红军从集中营救出的儿童。

突如其来的自由女神让我们措手不及。

渴望自由的我们,这会儿不由得发傻自问,自由是什么?

或许是失去自由时间太长了,长得连自由的含义都生疏了,或者根本就不相信自由会轻而易举地光顾我们。

等大家在各自房间里互相喊叫一阵后,确信集中营里没有德国宪兵了,才开始相信自由真的来临了。大家开始小心翼翼跨出自己营房的门槛,把自己自由地置身在空地的任何一个地方,让阳光自由自在照耀着,任凭寒风吹动发梢和衣襟……

自由啊自由,这就是自由!

Part.3 获得自由的人们此时像失去控制的野马,奔向那片生命的绿洲。

狂呼乱叫的人们开始出现各种奇怪"症状",有的人因为过于激动,一下子晕了过去,直挺挺地躺在寒冬的野外;有的人趴在地上放声痛哭,拼命地用头撞击地面,磕出了血也不停止;有的人不知道自己该做什么,在空地上来回踱步,嘴里唾沫飞溅,语无伦次;

更痴更傻的人竟然和以前一样,笔直地站立在操场上,等候德国鬼
子来训话……

　　人们将压抑太久的情绪以各种形式发泄在这片给他们带来苦难
的土地上,直到筋疲力尽,才终止这种奇特的"症状"。

　　最先结束"症状"的是男人。他们中不知是谁第一个想起了德军
的仓库,顿时人们拔腿朝几百米外的仓库跑去,那里面有食物、衣物
和生活必需品,眼下刚刚获得自由的人们太需要这些东西度过以后自
由的日子。人们像被旋风刮了起来,朝着仓库涌去。获得自由的人们
此时像失去控制的野马,奔向那片生命的绿洲。

　　这场大抢劫中,最可怜的是我们这些孩子,没有大人的力气,也
没有大人的个头,根本无法靠近仓库,只好在旁边被巨大的人流推来
揉去,始终不能靠近食品堆。后来混乱中,我被一个硬东西碰了一下,
跌了一个跟头,爬起来一看,是一个油纸包,打开一看,差点没高兴得
晕过去,是一块大黄油! 足足有五磅重,不知是谁的被挤掉了。

　　我和米拉连忙用衣服包起来,这块让我们心花怒放的战利品足以
美餐一顿了。我们便心满意足地退兵,挤出了人潮。以后我们经常听
到这么一句俗话:手中有粮,心中不慌。用这句俗语形容我们当时的
心情再恰当不过了。

　　我们突然想起旁边那座关押战俘的集中营,怎么没有听见他们的
动静,按理最热闹的应该是他们才对。

　　可是我们一到那里,被眼前的血腥场面惊呆了,几十名战俘已经
被德军活活枪杀了。他们几乎都是在睡梦中被杀害的,有的人在床上
和德军搏斗过,但被刺刀活活挑死在床头,有的倒在外面的空地上,
显然是逃出了房间,被德国法西斯从背后开枪打死的。

　　后来我们才知道,这些残忍的法西斯已经制定了屠杀我们集中营
的计划,但是他们在执行屠杀战俘集中营后,没有来得及动手屠杀我
们这个集中营,上面就命令他们立即撤退。法西斯连屠杀我们的机枪
都架好了,如果再多给他们一天时间,或许我们永远也活不出来了,
注定要和上百万集中营的死难者一样,成为异国冤魂。

　　劫后余生的人们望着手里的食品和衣物,心里不断地打寒战,旁

边战俘集中营的人都被枪杀了，难道德国法西斯就这样放过了我们？本来已经平和的气氛一下子又紧张起来，谁也不知道自己该往哪里去，也没有人出来组织。我在前头说过，大家虽说在一个集中营里，因为严密隔离，许多年大家都相互不认识，加上多年的地狱生活，都有一种天然的戒备心理，不敢轻易相信别人。

群龙无首，乱哄哄一阵后，大家怕德军再返回，所以趁天没有黑就各自逃命了。有的人往树林里跑，有的往远处的山上跑，还有的人干脆生死由命，又回到营房，继续睡在原来的床铺上。年纪大一点，没有力气跑的人，干脆坐在空地上祷告，希望上帝来救他。

我们几个姐妹也商量了一下，决定往东跑，那是苏联的方向，我们要想办法回到苏联。大家分头去准备，想办法填饱了肚子。傍晚的时候，我们也跟在陆陆续续离开集中营的大人后头上路了。

很快，阴冷恐怖的集中营丢在了身后。我们顶着星光，迎着寒风，踏上了充满希望的归途，同时也开始更加艰难的流浪生活。

或许我们晚几天离开，就会等到苏联红军过来了，也不至于在逃亡的路上吃那么多苦头，害得我和姐妹跑散了，几乎再次陷入绝境。

Part.4 我的天！我双腿跪在草地上，拼命呼唤"米拉、弗拉斯塔……"

离开集中营后，天气异常寒冷，小路上到处是积雪和泥泞。

我们身上衣服也不多，特别是脚踩在冰冷冰冷的泥潭里，很快就冻得失去了知觉。我脖子上的淋巴结核经过这番折腾，创伤口又开裂了，往外直渗液体，也不知道是脓血还是汗水。毛衣领湿了干，干了又湿。如果不是东方有我们的家园，有我们的希望，说什么我也支持不下去了。我觉得腿肚子软绵绵的，每走一步，脚趾头都钻心地疼痛，硬是咬着牙往前走……走啊走，也不知道就这样走了多少天，可是抵达苏联边境好像还是遥遥无期，问路人，个个茫然地摇头，根本听不见一点令人兴奋的消息。

　　如果再这样走下去，我真不知道我还能坚持多久？在集中营那么艰难困苦的条件下，我都没有放弃活下去的念头，可这次我觉得我真的坚持不下去，真的要倒下再也起不来了。

　　白天我们随着大批难友慢慢地走，晚上随便找个农庄或者草堆什么的休息一晚。因为我们长期与世隔绝，对外面的情况一点也不了解，最害怕碰见人，即使农庄里的农民我们也尽量躲避，就怕碰到法西斯，或者被人出卖。

　　这种谨慎不是没有道理的。我们常听说，有的越狱犯人逃出了集中营，躲在农民家里，但有的农民并不同情犹太人，很快将他们出卖给了德国人，使得可怜的逃犯又落入虎口，而这次是永远地落入了黑暗，再也没有自由了。

　　我们也心有余悸，怕当地农民把我们当做犹太人！

　　其实我们根本不知道现在的形势早已发生了变化，再不会像以前那样暗无天日了。特别是法西斯节节败退，世界大战即将结束，就连德国人也不会再相信希特勒。可我们对这些却一无所知，不敢获得人们真诚的帮助，经常在寒冷的野外过夜，有时点燃一堆篝火，可是火一灭，我们就会被冻醒，眼睁睁地看着天亮……这日子真难熬啊！

　　不过，能支撑体力走过这么多天的流浪路，真要感谢我们的大黄油，如果不是它及时给我们补充热量，我们恐怕早就趴下了。

　　有一天傍晚，我们看见一个小村庄，就进去讨要点食物，然后在村庄附近找了个草场。这地方很好，草堆又暖又软，钻进草堆睡觉是我们流浪生活中最高级的享受了。

　　半夜，我突然被闪闪的红光惊醒，起身一看，草场的另一端，大火冲天，浓烟滚滚，半个天都映红了……

　　我连忙起身，想叫醒伙伴们，可身边空空的。米拉、弗拉斯塔，还有两个乌克兰姑娘都不见了！我吓出了一身冷汗，立即放开嗓子大声叫她们的名字，可回答我的除了乱跑的脚步声和孩子哭喊的声音外，什么声音也没有。

　　我的天！我双腿跪在草地上，拼命呼唤"米拉、弗拉斯塔……"

　　失去了她们，我可怎么办？我怎么回到莫斯科？我顿时被这个可怕的推想吓得大哭起来,忘记了我所处的危险……直到有人推我,哎哎,小姑娘,赶快跑啊,快跑啊!我这才想起我还在大火的包围中,边哭边往火圈外头跑。

跑出危险地带,我一屁股坐在村庄边的池塘边,又哭了起来。哭着哭着,我想起了什么,摸摸怀里,发现那块黄油不见了,这也是我的命根子啊,我同样不能失去它,我连忙起身去寻找。

这时大火还在燃烧,人们都在奔跑救火,我却一头扎进火堆里。旁边的人吓坏了,想把我拉住:"姑娘,不能进去,要烧死的!"

"没有黄油我同样会饿死的!"我哭喊着甩脱好心人的手,双手抱着头冲进草场里。我记得我们睡觉的草堆旁有棵白杨树,很高很直。大火照映得四周很明亮,我很快找到了睡觉的草堆。幸好,火还没有烧到这里,但已经感到炽热的气浪,我背后好像被烧烤一样火辣辣的。我顾不上这些,连忙在草堆上翻找起来……找到了,找到了!……已经被吃掉一半的黄油,被高温熔化变得软绵绵的,好像一使劲就会化成油似的,我只好双手捧起这块热热的黄油,又跑出了大火的笼罩。

火灾现场的人看见我又完好无损地跑了出来,关切地围着我,摸摸这摸摸那,看见我的确没有事情,才松了一口气。但他们看见我手里有一块黄油,都发出啧啧的惊讶声,这在战争年代里无疑是一份令人羡慕的奢侈品了。

黄油找到了,可是米拉她们再也没有找到!

我好伤心啊,这是四年囚禁里最让我伤心的一件事情,我们在一起度过了最艰难的生死岁月,获得自由后却失散了。

1984 年,我应前民主德国总书记昂纳克邀请再次前往民主德国,和已经成为捷克著名女导演、也不再年轻的米拉相见。我们抱头大悲大欢后,我问她:"那次我们从集中营跑出来后,你为什么在失火的时候把我给丢了?"

米拉一听,更加委屈:"我是被人推醒的,一看大火那么猛烈,就把你推醒,看见你坐了起来,以为你也和我们一起往外跑了。可是我们到草场外面,才发现你不见了。为了找到你,我又一次跑进草场,可是你不在那里,结果等我再跑到草场外面,姐姐她们也不见了。我和你一样,也和大家走散了。后来我一个人边哭边往东走,因为又累又冷又想念你们,我在路边晕了过去,要不是苏联红军经过这里,我早就冻死了。"

天啊,我哑口无言,原来答案竟然这样的无情和残酷!这只能怪命运中这场该死的大火,把我们差点逼入绝境。这场大火不是我们命运中的灾星是什么?

那天,我久久地站在大火渐渐熄灭的草场旁,希望等到天亮,或许能找到失散的伙伴们。可是到了天亮,人群也早已散尽,却没有米拉她们的身影。在我彻底失望的时候,一个中年知识分子模样的人走了过来,用俄语问我是什么地方人?

我不敢告诉他我是从集中营跑出来的,就说是中国人,为躲避战争从苏联过来的难民,现在要回苏联去。

他一听非常热情,要带我到他的家里暖和暖和。我反正也没有其他地方可去,就跟着这个陌生人到了他的家。他的妻子给我喝了杯热牛奶,顿时身上有了热气。开始我以为他们是波兰人,后来知道那个男的也是苏联人,曾经为德军做俄语翻译,现在看见德军完蛋了,就跑回波兰妻子这里躲了起来。

我当时年龄小,也不懂得什么是人质。我一听他是法西斯的翻译,起身就要走,但他们不让,说他们并不坏,给德国人当翻译也实在是无奈之举。他们说能帮我找到红军,也好将功赎罪,再说大家都是从苏联过来的,要我相信他。

果然,没有几天,一个苏联红军军官模样的人来到这个翻译的家里,把我接走了。这时我才知道,这些天我被这个穷途末路的家伙当做救他命的人质。他找到苏联红军,谈好了交换条件:红军放他一条生路,不追究他以前的历史,他就将一个从苏联来的中国女孩交给他们。红军因为很少看见苏联流亡在国外的中国人,估计我是个经历不简单的人,就答应了他的条件。

这样,我再次脱离险境,获得了自由。

但是我和苏联红军在一起，还是不敢说出自己的真实身份。这些救我出来的红军要继续作战，无法带我一起走，就把我交给当地一处收容苏联难民的集中站，原来也是集中营的地方。

我再次进了集中站，当然这个集中站和原来的集中营有着本质的区别。但是我们在这里要等候火车通车，才能回苏联。为了维持生活，我们也要劳动，自食其力。

我在这个陌生的群体里显得更加孤独，每天我和大家一样收土豆，削土豆，做杂务。因为集中站里的人太多，谁也不会注意我这个沉默寡言的小姑娘。我在大家眼里成了一个不知道从哪里来，要到哪里去的神秘东方女孩。终于在一个月后，我这层神秘的面纱被一个红军中尉揭开了……

Part.5 听我说，中国小姑娘，您的身世不会那么简单！

我在这个遣送难民的集中站度过了寂寞难挨的两个月。

进入 1945 年 5 月，德国法西斯举手投降，战争罪魁祸首希特勒也自杀身亡。世界人民终于结束了腥风血雨，迎来了和平的一天。中国也开始对日寇最后一战，加快了结束战争的进程。

这些局势我当时并不知道，也不懂得，是一位苏联红军告诉我的。听见这些令人欢欣鼓舞的消息，我内心更加焦急，到处都在庆祝胜利，人们在为最后胜利而战斗，可我呢，至今还流亡在苏联以外的地方。

尽管内心很急很累，有时心焦得想自虐，自己抓自己胸口，把毛衣撕咬得一条一条……但一到人们跟前，我嘴上却什么也不说，好像这自由的世界属于天下所有的人，独独不属于我，因为我觉得这宝贵的自由时光会很快被法西斯拿走，有一种在梦幻里生活的感觉。

几年的囚禁，我的心理已经不是生活在正常环境中的女孩心理，法西斯留给我心灵的伤痕太深太痛，笼罩在我头顶上的阴影太黑太沉，以致把其他美好的东西都遮盖了。即使这些美好的东西来到我面前，我也不敢去接受……是不是我们被苦难岁月挤压变形的心脏丧失了承载美好事物的能力？不然，我真无法解释获得自由后，我怎么变得更加孤僻和敏感，甚至自暴自弃呢？

我对谁也不信任，总想，我讲的话谁会相信？没有一个人会相信我的真实身份。因为自由后我碰过钉子，有过教训。最初找到我的红军部队要开拔回苏联时，我特别想跟他们走，就找到他们的指挥官，用试探的语气问他们："如果我是共产党大官的女儿，你们会怎么样？带我走吗？"那个红军一听先是哈哈大笑，然后说："您真会开玩笑，小姑娘，您应该问纳粹分子怎么办。"意思很显然，他们根本不相信共产党领导人的孩子能活着走出纳粹集中营。就这样我失去了跟随苏联红军回莫斯科的机会。红军当然不会让一个身份不明的孩子跟随部队走东走西的。

这以后，我再也不敢贸然提这类让人发笑的问题了。

一天，我们这个收容站换了一个新政委，军衔中尉。他和以前的政委不一样，他喜欢直接和难民们交谈，特别和蔼，像典型的俄罗斯大叔那样有副好心肠外搭一副好脾气。开始他看见我是个亚洲人，也和他的前任一样，很好奇地打量我一番，仔细地问了我的经历。有了以前的经验，我还是照搬老黄历：爹爹是中国的老中医，送我到苏联南方养病，后来战争爆发，我就被德军抓走，现在我想回苏联，寻找在中国的父母。

这个军官很有意思，听完我天衣无缝的身世，不是满意地点点头，或者发出遗憾和同情的感叹声，而是直截了当地告诉我："听我说，中国小姑娘，您的身世不会那么简单！"

他这一说，吓我一跳，好像我的身世连我自己都不知道，需要他告诉我一样。

言多必失！我赶紧不再说话了。可我越是保持缄默，越是让这个政委好奇。

过了几天，他又来了，和我一起削土豆，反复问我在苏联时的细节问题，比如到明斯克之前到过莫斯科吗？上过学校吗？叫什么名称？老师中有没有中国人？

我的破绽就出在这个中国老师问题上，我说我在的学校有中国老师。

这个军官马上敏感地抬起头说："我也是莫斯科人,莫斯科有中国老师的学校可不多。据我所知,国际儿童院就有中国老师,您是不是从那里来的？"

我吓坏了,好像大祸要临头了,无论他再问我什么,我死也不再开口了。

红军政委见我不开口,估计这里面一定有秘密,也不追问我了,便把话题岔开,想缓解我紧张的情绪。他给我讲了许多外界新鲜的事情,告诉我世界各个国家的人将不再受战争的磨难了。中国八年抗战也快结束了,我应该回到亲生父母身边,应该上学,学习文化。

他一提到中国,我禁不住潸然泪下…

中国,这个离别了四年多的祖国在我心里激起了巨大的感情波澜,我真想立即回到祖国的怀抱,让所有苦难的日子在她的怀抱里融化,变为永远过去的历史……

我要不要把我的真实身份告诉眼前这个和蔼可亲,可以让人信赖的莫斯科军官呢？

我内心剧烈地斗争着,最后我还是没有勇气说出一切。我怕他不相信,说我骗人。我流着眼泪看着这个军官摇摇头,转身走了。

这一夜,我失眠了,眼前老是出现爹爹朦胧的身影,好几次想努力回忆起爹爹真切的模样,可怎么也想不起来。我被自己迅速衰退的记忆惊惧出一身冷汗,真怕再也不能回到祖国。可转念一想,难道我就这样回国？两手空空去见寄厚望于我的爹爹？

我一个人越想越伤感,觉得自己太孤独了,孤独得没有人能分担我的苦恼,也没有人能知道我的心。我像一个被遗忘的人,在远离祖国的地方过着无人能体会的寂寞日子,而且整天被过去的阴影困扰着,提心吊胆地度日。如果有人能宽慰我,鼓励我,告诉我应该怎么做,或许我就不会被这么一个简单的问题折磨得神情恍惚了。

我以为红军政委不会再来找我了。没有想到,第二天一早,政委把我叫到他的办公室。这是一间简易的木板房间,木质地板踩上去吱嘎吱嘎直响,让人更加紧张。

政委乐呵呵地给我拿了张椅子，让我坐下，他也在办公桌的后面坐了下来，我们面对面……

突然我眼睛一亮，他的桌子上有一束不知从什么地方采来的鲜花，失去根的淡红色花在没有任何美感的罐头瓶子里依然浓烈地开放。我心头一热，久违了，迎春花！这是我最喜爱的花！

"这是迎春花，是春天的使者。瞧，它们开得多好。"政委看见我惊喜的目光，以为我不知道是什么花，从瓶子里取出一枝递给我。我接过来一闻，一缕淡淡的清香袭人肺腑。这花真新鲜，估计是才摘来的，花瓣上还带着露水呢。

看见这些花，我的心情放松了许多，刚才怦怦跳的心也被这美丽的花抚平了。

政委依然用和蔼的语气问我："昨天我给你讲了许多道理，告诉你，你的国家也快要和平了，这个消息对你很重要，估计你昨晚没有睡好……"

这个莫斯科人真厉害，好像能看透人的五脏六腑，我昨晚失眠都瞒不过他的眼睛。

"昨天我一讲到中国，你就哭了，我知道你一定很想回家。所以我今天找你来，是想帮助你找到中国的父母，让你早日回去和家人团圆。"

我的鼻子又酸了，眼泪在眼眶里打转。这时"中国"和"父母"字眼是我心灵深处最脆弱最容易受伤害的一根神经，谁要一碰它，就好像提起我感情的闸门，牵出我许多的悲伤和委屈。

"不过，你一定要告诉我真实情况，我才能帮助你。知道吗？"

我点点头，不假思索，脱口而出："以前我说的是假身份，我是中国八路军总司令朱德的女儿！"

"什么？再说一遍。"政委几乎是从椅子上弹跳起来，身子歪了一下，差点跌倒。他站立起来，两只眼睛瞪着我，像不认识我一样，投来惊讶的目光。

我被他盯得心里直发毛，身子也不由得矮了半截。

我就知道我说了真话他们不会相信的！

"赤英,我没有听错的话,你刚才说你是朱德的女儿?就是中国共产党总司令的那个朱德?"

"是的……"我低下头,小声回答。

"这简直……简直是个天大的奇迹……八路军总司令的女儿从德国集中营活着走出来,这不是天大的奇迹是什么。要知道,我的中国小姑娘,你奇迹般地从德国鬼子眼皮底下活了下来,这要让法西斯分子花一辈子的时间去追悔、去捶胸顿足的呀……哈哈……"

我心里一块石头落了地,傻傻地盯着这个手舞足蹈的红军政委。我的身世就这么让他兴奋?但看见政委这样高兴,我的心情也受了感染,好久没有这样开心了,我跟着大笑了起来。我手里的花朵也跟着我起伏的身躯颤抖起来,我怕抖掉花瓣,赶紧用手护着。

我收住笑,用手背擦了擦眼睛,原来太快乐也会流眼泪的,这泪流得让人心里爽快,舒服!我看见政委不笑了,就起身想出去干活。我在这里耽误了半天,土豆还没有削呢。

"你到哪里去?"政委奇怪地问。

"我去削土豆呀!"

没想到政委走到我跟前,用手按住我的肩头,又让我坐下。

他转身叫来一个士兵模样的年轻人,吩咐说:"这个中国姑娘以后不再去做活了,从今天起她就搬到我办公室旁边的房间住。你再去找一位苏联姑娘来陪她,负责照顾她的日常生活。"

我刚刚踏实的心又悬了起来,我有手有胳膊,怎么能叫别人照顾呢?连忙说:"不行不行,中尉同志,这样不行,我会不习惯的。"

"在这里,我是领导,你要服从我的命令。"

以前只知道暴露身份会被法西斯杀死,却没有想到现在暴露身份会被当做重要人物,受到隆重礼遇。这天壤之别的变化,前后不过一个小时。这戏剧性的转变,让我觉得是在云雾里行走。脚底下的大地变得不踏实、不真实,飘忽飘忽的……该不是在做梦吧?

Part.6 毛岸英连忙找到爹爹，把我在德国寻找父亲的事情告诉了他。

我在这个好心的中尉的帮助下，开始写信寻找我的爹爹。

我激动地坐在桌子前，展开白纸，哪知一提笔，我却把老祖宗的字忘得差不多了，怎么想也写不出来几个字。俄文我又没有学好……这可好，朝思暮想能给自己的爹爹写信，如今有了机会，我这个昔日的初中生却被法西斯摧残成了一个既不会中文又不懂俄文的文盲！

看来寻找爹爹，我这文化水平肯定是不行了，我只好又去找中尉。我告诉他，自己不会写中文了。这让他也很惊讶，感慨这地狱的魔力能把人改变得这样厉害。最后，他答应帮助我写信。

和第一次寻找爹爹相比，这次更难。

上次是周恩来伯伯找到了我，我是被寻找者，而这次我是寻找者，特别是我什么线索也没有，就是请这位关心我的红军政委代笔寻找，也不是一件容易的事情。

我在莫斯科只生活了3个月，对那里的地名街名都不了解，甚至连我所在的国际儿童院在什么地方都说不清楚，只知道我们国际儿童院是共产国际负责创办的。

这个信息让政委很高兴，他说他知道这个地址，很快就帮我写好了一封信。信中说一个叫赤英的中国女孩要寻找在中国的父亲，并且将我在国际儿童院的情况也介绍了一下。因为我们还在靠近德国的边境，怕信件丢失，没有敢直接写上爹爹的名字。但我忽视了一个关键问题，没写上我真实的名字——朱敏。

信倒是没有丢失，被寄到了莫斯科，可共产国际已经解散了，无人受理我的信。信在莫斯科停留了一段时间，被热心的邮递员转到莫斯科红十字协会。工作人员打开信，看我原来是国际儿童院的孩子，就准备转国际儿童院。

巧合的是，毛岸英在苏联卫国战争结束后听从他父亲的安排，正好到红十字协会办理回国手续，而我的信当时正放在工作人员的办公桌上。他看见后，问这是谁的信？工作人员见毛岸英也是中国人，就问他认不认识儿童院里有个叫赤英的中国女孩，说她要寻找在中国的父亲。如果当时告诉毛岸英是朱敏，他或许根据姓氏推，还能知道我是谁的女儿。可一听叫赤英，他想了半天，实在没有印象了。我在国际儿童院时，毛岸英哥哥已经考入大学，只有星期天才回儿童院住，加上我们的年龄差距，他和我只有几次点头之交，3个月后，我又失踪了。他当然记不住一个叫"赤英"的新生。不过，他答应回延安打听一下谁是赤英的父亲。

这一次幸运女神又走进了我的命运里，毛岸英在心里默默记住了赤英这个名字，他为我以后和爹爹再次取得联系立下了汗马功劳。

后来我常想，如果那次不是毛岸英到红十字协会办事看见我的名字，或许我寻找父亲的时间会更长。

就这样毛岸英带着"赤英"的名字回到了延安。在一次和父亲毛泽东的交谈中，他无意中说起有个叫赤英的中国女孩寻找她的父亲。当时，毛岸英并没有想到他父亲会知道这个古怪的名字，但一听说赤英，他父亲马上停下手里的事情，问："你知道赤英在哪儿？"

难道父亲知道赤英是谁？毛岸英连忙把在莫斯科红十字协会看见的一封信告诉了父亲。毛泽东伯伯高兴地说："这是我们朱老总的千金啊，这个化名我知道。这可好了，好多年没有音信了，没有想到她还活着，你赶快去告诉朱伯伯，让他也放心。"

毛岸英连忙找到爹爹，把我在德国寻找父亲的事情告诉了爹爹。

当时爹爹没有说什么，第一个反应是到桌前坐下，拿过纸和笔，要写信给我。

毛岸英想想说："信上说，赤英的中文已经忘记了很多，你写信给她，不知她能不能看得懂，还是我执笔，写信给她，好吗？"

爹爹放下毛笔，连连说："好好，你写你写！"

毛岸英写好信，寄到莫斯科红十字协会，请他们将信再转给赤英。

我知道毛岸英在延安给我写过信，就专门去红十字协会打听。当时我希望信还能在红十字协会，可那里的叔叔告诉我，他们早已将毛岸英哥哥的信按照红军政委留给的地址寄走了。然而，这回幸运女神

1942年加入苏联红军时的毛岸英。

和我擦肩而过,等信在邮车上周折数万公里来到我们集中站时,我们已经全部到了波兰境内,在离苏联边境很近的地方等候国际火车通车,以便回莫斯科。

毛岸英哥哥的信再次成为无人查收的"死"信。

在很长时间都没有苏联和中国的消息时,这位红军政委并没有"原地待命",依然想办法和苏联方面联络。我们到了波兰和苏联交界的地方,政委利用和苏联联系方便的条件开始一层层地往上报告,终于我的情况被报告到斯大林的办公室,我的身份一下子大白天下。

斯大林一道急令飞往波兰境内:立即护送朱德将军的女儿到莫斯科。

没有几天,我被安排坐战后第一列通往莫斯科的国际火车,踏上了离别后的第一次归程。为了我的安全,路上专门派了两个士兵负责护送。

政委用吉普车送我到了站台。我突然看见绿色车厢,心里感到一阵颤抖,难道这就是千次万次用生命去争取、用心灵去盼望的时刻吗?可我怎么一点也激不起喜悦的浪花,只有一肚子依恋的泪水在翻腾?

我依依不舍地望着这个帮助我重返莫斯科,帮助我从心灵上彻底走出法西斯阴影的红军政委,内心冒出了一个奇怪的念头,我对着正在指挥士兵往车上拿东西的政委说:"政委叔叔,让我参加红军吧,和你们在一起战斗。"

政委一看见我正儿八经的模样,忍不住笑了起来。"我的红色公主,你是我们最高统帅亲自下令保护的重点人物,我怎么能让你参军?斯大林同志要是知道了,他可要……"他做了一个撸的动作,"他可要撤我的职的。"

"我真不想离开你们,你们对我真好,我不想走了……呜呜……"

红军政委这时眼睛也湿润了,他走过来,紧紧拥抱着我,最后在我的额头上轻轻地吻了一下,说:"上车吧,你应该继续读书,以后还要回中国,建设自己的国家,你的任务很重啊,不要忘记给我来信!"

我没有理由再留在站台上了,只好上了车。

眼前这条伸向远方的铁路,我三年前走过,那时是走向地狱,如今我又一次从它身上走过,从此,我将远离地狱。人生中这一来一去,不仅仅是归返某地某处,而是在经历生命截然不同的旅程。铁路还是这条铁路,国界还是这条国界,可我的生命含义已经完全不相同了。我这哪里是在乘坐火车?分明是在搭乘一班历史的列车。

1948 年毛岸英再次来莫斯科,听说我已经从德国返回伊万诺沃了,就来看我。他一见我,和苏联人见面一样,高兴地拥抱了我,拉着我的手上下一顿打量说:"你真是命大,能从德国集中营回来!"我问他:"你怎么知道我在德国集中营?"他这才告诉我,我那封寻找爹爹的信是他最先看见的,也是他把我的情况告诉了爹爹……原来这样!我一下子对年长我几岁的毛岸英有了兄长般的亲切感。

1950 年夏天,我回到北京度暑假,毛岸英来中南海看我,我们又热闹地谈了许多。那时抗美援朝战争还没有爆发,他也不知道会去朝鲜战场,而且将一去不复返。我送他出大门,他像个淘气的大哥哥,又开始拿我赤英这个化名和我逗乐,揭我的短,说我不仅忘记了自己的名字,把老祖宗的文字都忘了,连爸爸都丢了……听见他说中国话像打机关枪一样流利,把我可急死了,我的中文说得更加蹩脚,真想狠狠捣他几拳头。他见我扬拳头,一溜烟跑了。我在他身后用俄语"警告"他说:"你可小心点,我去告毛伯伯,说你欺负我。"可惜毛岸英哥哥在同年年底牺牲在朝鲜。我 1953 年回国,才知道这个不幸的消息,我心里特别难过,以后我再也见不着他了,再没有机会向这位敦厚的哥哥"撒娇"了,国内也没有人知道我流亡在外寻找爹爹的那段曲折遭遇了。

Part.7 在我的纪念日中,似乎只有 1 月 30 日显得有些特殊和神奇。

1946 年初,我历经磨难,九死一生,终于回到了阔别五年的莫斯科。

以后我给那位红军政委写过信,可他没有回,再后来我听他的战友说,他在一次意外事故中牺牲。那天晚上,我在宿舍里为他点燃了红蜡烛,默默悼念这位世界上最好最好的叔叔。

按照宗教的说法,死去的人都会去天国。我想,我眼前这摇曳的烛光一定会叩响天国的大门，向这位善良、聪明而淳朴的红军叔叔带去我迟到的谢意和无尽的思念。

我又回到了莫斯科，又回到了国际儿童院。这天是 1946 年 1 月 30 日。

我一生中有几个日子是不能忘记的，一个是我的生日，一个是爹爹和妈妈的生日，再一个就是 1 月 30 日。爹爹去世时，我记忆中又多了 1976 年 7 月 6 日这个忌日。

在这些纪念日中，似乎只有 1 月 30 日显得有些特殊和神奇。但不知为什么，我老是不能淡忘这个日子，因为它在我生命中占据了最重要的位置，成为命运中生死交替、祸福变换的转折点。

1941 年 1 月 30 日，我离开了延安，踏上了去莫斯科求学的旅程。深切地记得飞机在延安机场起飞时，我看见机翼下那一个个渐渐变成小黑点的亲人，我的心都缩了起来，他们好像会永远地从我的视线中消失，以后无论我是跌倒还是站立，我再也够不着他们的手，让他们牵我一把。这一天，我品尝了更加惆怅甚至带有恐惧的离别滋味。

1944 年 1 月 30 日，我和难友们在德国集中营已经关押了 3 年。一个喜怒无常的德国宪兵为我们拍摄了第一张在集中营的合影照片。本来这一天，我就很伤感，又面对黑黑的镜头，我的心很痛。但这苦涩的乡愁和这张相片一直保存了下来，直到今天，照片背后的字迹依然那么清晰，依然能让我透过小小照片去体会当时那种刻骨铭心的乡思和悲愁。

1945 年 1 月 30 日，我们在惊慌和惊喜中获得了意外的自由，拼命地逃离了那座阴森恐怖以后将无人再来问津的集中营，开始了寻找归途的流亡生活。

一年后的今天，我站在了莫斯科的红场上。

这些大起大落、大悲大欢的遭遇，都是发生在这个神奇却又十分普通的日子里。

正因为有这么多个 1 月 30 日的奇特遭遇，才有了我生命中一条由必然和巧合组成的历史隧道，将我最终送到了自由和光明的天地之中。从此，这个苦难且温暖的日子自然而亲切地印在我的记忆里。

1946 年，朱敏和米拉（右一）通过红十字会又在儿童院见面了。

我在红场信步。街道、房屋、古老建筑、艺术雕塑和克里姆林宫红墙……景色依旧。在列宁墓前，我从大衣口袋里掏出列宁纪念章，带在前胸。这是获得自由后第一次佩带纪念章，一份自豪的感觉油然而生……走着走着，我内心涌上了柔和的感受，仿佛这场战争从来没有来到这片土地上，我也从来没有去过什么德国集中营……这眼前一切的一切，居然让我感到和 5 年前的岁月焊接得如此完好无缝！

柔和安详，和平宁静，弥漫了我的心房……

突然，一阵寒风吹来，脖子上至今没有愈合的淋巴肿块又开始隐隐作痛。这铭刻残酷岁月的伤口好像在提醒我，这段伤痕累累的人类历史无论如何是无法用柔和的心情去焊接的。我刚刚轻松的心情又开始沉重起来，整整 4 年荒废的岁月又化作不易申诉而又焦急的石块压上了心头。

我必须用很短的时间来弥补失去的 4 年，不然我除了年龄增长以外，其他什么都在原地踏步，以后怎么回去向爹爹妈妈作交代啊！每想到这个揪心的问题，我都会想起爹爹那双充满期待的眼睛。这几乎成为我回到莫斯科后的一道无声的军令，促使我不得不拼命地学习。

Part.8 我颤抖着手，撕开了牛皮纸的信封。

我一走进国际儿童院的大门，依稀又记起了以前的往事——教室、宿舍和那令人陶醉的大草坪。记得有些好斗的男同学，常在这块大草坪上进行摔跤比赛，有的男孩个性强，输不起，摔着摔着，就当起真来，结果大家混战一场，哭的哭，骂的骂，只好不欢而散。那架势好像这一辈子都势不两立，结了世仇似的，可不出两天，敌视的双方又好得恨不得穿到一条裤子里。我们女孩子最爱在草坪上做游戏、过家家。最令人羡慕的是被选出来做"新娘"的孩子，她可以羞答答地扮演"婚礼"中最风光的角色。

时隔四年多，我走进这些认识似乎又不认识的同学中间，陌生中，大家相互发现，经过这几年艰苦环境的锻炼，我们这些当年无忧无虑

1947 年，朱敏从集中营返回
伊万诺沃国际儿童院与昔日
同学团聚。朱敏（后排右一）、
刘允斌（后排右二）、刘爱琴
（二排左二）、毛岸青（二排左
三）。

的孩子，无论是调皮的，还是听话的，无论是大打出手当"拳王"的，
还是羞答答当"新娘"的，都在战争中长大了、成熟了，个个脸上都挂
着和年龄不相符的老练和沉稳，甚至还有些世故。

　　我到伊万诺沃国际儿童院不久，收到了爹爹从延安的来信。那时
中共中央机关还没有撤离延安，世界大战结束后，中国和苏联之间又
恢复了正常的邮路通讯。

　　这是我离开祖国后收到的第一封中国来信！

　　爹爹是用毛笔写的信，我颤抖着手，撕开了牛皮纸的信封。爹爹
写了一页信纸，虽然只有寥寥数语，但我还是止不住流下了眼泪。

　　爹爹在信上说：苏联 4 年卫国战争也是中国国内抗日战争最艰苦
的时候，而没有及时打听你的下落，让你受了苦，爹爹对不起你！全
苏联都在遭受战争的苦难，我不能因为个人的事情麻烦苏联政府，想
必女儿能谅解爹爹的。……

我的眼泪大滴大滴地滴在脆黄的信纸上。很快，信纸就烂了，拿不住了。我只好把信铺在桌面上，用手绢把不断涌出来的眼泪堵住。

我好想家好想家，好想立刻回到爹爹的身边啊！

爹爹给我写来这封信后不久，也就是1946年6月，国民党蒋介石悍然撕毁停战协定和政协决议，大举进攻中原解放区，中国内战全面爆发。由于战略任务发生了根本变化，解放区各部队由八路军、新四军改称中国人民解放军，爹爹任总司令，彭德怀任副总司令。他们依然是搭档。此后不久，解放战争在中国大地拉开了序幕。

解放战争第一个攻打大城市的战役是1947年11月6日拂晓在河北石门（现在的石家庄）打响的。石家庄解放战斗经过6个昼夜激战，守军2.5万余人全部被歼。

在解放战争战略反攻形势图上，第一个在大城市上空插上解放军军旗的就是石家庄。这也是爹爹在解放战争中直接指挥的一次战役，为以后解放全国大城市起到积极的表率作用。

有关爹爹在解放战争中的消息是我以后知道的。

自从和爹爹取得了联系，我心里平静了许多。我想，现在什么牵挂的事也没有了，剩下的就是我自己怎样把学习搞上去，赶上同学们的进度。

战争时期，在莫斯科的同学虽然没有直接投身战争，但他们也没有能正常地上课，大部分时间都用在为前线服务的工作上，也耽误了不少功课。所以我和他们的差距并不像我所想象的那么大，只要我肯吃苦，一定能赶上的。

学习这事，就是一个吃苦用功的问题。我先在儿童院补习俄文，不到一年，就掌握了俄文。然后我转到伊万诺沃学校七年级学习。苏联的学制和中国不同，他们是初小、高小、初中、高中联贯起来计算学年的，分为十个年级。七年级相当于中国的初中一年级。进入中学，就要开始掌握物理、化学、生物等自然科学的课程，学习任务也就加重了许多。因为我的底子比较薄，我常常"不耻下问"，遇到不懂的问题就向同学请教，有时为做一道难题，甚至熬到半夜十一二点。

这种"艰苦作战"的学习状况持续到第二年才有所缓解。我升入

1947 年，朱敏参加伊万诺沃
苏维埃地方选举。

八年级后，和同学的差距才逐渐缩小，再往后，就越学越轻松了。

我跨越了用俄文学习的难关，但我的中文却出现了危机。有时我
给爹爹写信，常常因为不会写汉字，图省事，就用俄文代替。我想，爹
爹年轻的时候在莫斯科东方大学学习过，会点俄语，所以我在信中的
俄文越来越多。开始爹爹还能对付，连猜带蒙，一封信的内容也就差
不多看懂了，可是随着我信中的俄文数量不断升级，爹爹不得不去找
中央机关懂俄语的人翻译，才能把我的信看完。

一次爹爹来信，他那时已经撤离延安，在转战途中给我写信。信
中叫我注意复习中文，使用中文，以后回中国工作，干什么都离不开
汉语。它是母语，是中国人交谈的语言，切切不可丢掉，以后写信最好
不用俄文！

我这才从俄语世界中清醒过来。是啊，我是中国人，不使用中国
文字怎么行？我赶紧找来中文字典，写信遇到生字，就查找字典，给

1949 年，朱敏十年级毕业与同学合影。

爹爹写信再不敢使用俄文了。但是我的中文并没有多大的提高，特别是汉话，几乎忘得差不多了。一个人说什么语言，语言环境很重要，不要说我这个在国外生活了六七年的人，就连来莫斯科儿童院才一年的孩子，也把自己国家的语言都忘完了。

1949 年，我读完苏联十年制的学习课程，完成了高等中学的教育。

这本应在 4 年前就可以实现的目标，因为战争，因为命运的波折，整整向后推延了四个寒暑。这时我已经快是 23 岁的成年人了，才开始迎考大学……

正当我全力冲刺，准备报考列宁高等教育学院时，国内传来一个好消息：蒋介石的国民党政府垮台了，共产党解放了全中国，一个崭新的中华人民共和国即将在世界东方站立起来……随着这个好消息的传来，一个何去何从的选择也摆在了我的面前……

08 Chapter

1955 年 5 月 8 日，朱德夫妇与女儿朱敏、女婿刘铮在明十三陵。

Part.1 爹爹这番充满爱心的话语，让我感动，但也让我矛盾。

报考教育专业，是我在战争年代目睹许多孤儿的悲惨情景后立下的志愿。

我准备上大学的时候，正是战争结束不久，无论是中国，还是苏联，或是其他经历过战争的国家，都有大量的孩子因为战乱和贫穷没有学上。特别是中国，别说是孩子们期待教育，就连成人的文盲比例也相当高。

一个没有文化的国家，拿什么来搞建设？

时代需要大批的人从事教育工作，"教师"这个职业变得比任何一个时候都要神圣。我想，如果我学了某种科技专业，回国后只能发挥我一个人的才智。当教师呢，为国家输送的就不是一个专业人才，而是一大批专业人才。

我这个出发点竟然那么的单纯，甚至有点幼稚，没有一点现在人们常说的"实惠"和"功利"。但是，越是单纯幼稚的东西往往越是最有魅力的东西，我被自己的见解激励着，从而更加坚定选择教育专业的决心。

对于我的想法，可能许多人会觉得我很傻，一个开国元老的女儿，何愁没有最好的职业，何必要当娃娃头呢？可是我说，有这种想法的人才是傻！那时，领导人子女的头脑里压根就没有也根本不敢有"背靠大树"的念头。我们谁不清楚自己的父亲是什么样的父亲？为了革命他们连头颅都可以不要，还能允许子女依靠他们而生活？

或许"太傻"的缘故，我们也从来没有现代人所谓"太累"的感觉，更没有现在"高干子女"被别人说三道四的心理负担。

我正想把自己选择教育专业这个想法告诉爹爹时，爹爹的信却先到了我的手上。看了信后，我的内心受到很大的震动，我不知道应该怎么办？

爹爹这时和我已经离别八年多了，加上国内解放的形势越来越好，爹爹可能非常希望我能回到他的身边。他在信中提出，想让我回国读大学。他说，上海已经解放了，上海的高等院校不比莫斯科的差，社会科学和自然科学的专科学校都有……他还说，我的身体不好，特别是淋巴结核久治不愈，让他担心。中国的传统中医对这样的顽症有显著的疗效，回去后可以边治病边学习，身体、学习两不耽误。

爹爹这番充满爱心的话语，让我感动，但也让我矛盾。说心里话，我恨不得能插上翅膀飞回去，可一想到爹爹对我寄予那么大的希望，我又犹豫起来。爹爹当时要我学业有成后再回去见他，可是我现在只完成了中学教育，离爹爹要求的学业还相差很远。我在这里大家都知道我的经历，即使我年纪大一点，同学们也都不会见怪。如果去了陌生的上海，别人一定会奇怪：喂，朱敏，你在苏联十年都没有完成大学的课程，这些年你都干嘛去了？面对这个尴尬的问题，我如何解释？我说我被德国鬼子抓到了德国集中营……这些国外经历，国内人怎能体会和理解？再说，上海的学生能接受我这个几乎全部欧化的人吗？我能适应上海人的生活吗？上海在我的记忆中，是一个繁华热闹的大城市，也是一个使用古怪方言的城市。到那里，我需要很长一段时间才能适应。

我刚从陌生中走了出来，难道又要投入到另一个陌生？人，或许无法逃避从一个陌生投向另一个陌生的现实。可我的年龄已经不允许我赔出更多的岁月来适应一个可以避免适应的环境。我不愿意再次投入一个陌生环境！也不愿意两手空空回去见爹爹！

莫斯科在我的眼里已经变成熟悉而温暖的城市，我希望以后的学业继续在这里完成。我反复考虑了好几天，最终难舍刚刚"情投意合"的莫斯科。不过，爹爹要我回去治病也确实是件迫在眉睫的正经大事。

我在莫斯科学习的这几年，从集中营留下的老毛病始终没有除根，脖子上的淋巴结核时好时坏，儿童院的院长请来莫斯科最好的医生为我治病，但因为病情拖延的时间太长了，只能减轻病情，却无法根治。我只好一边学习一边治疗，基本上将病情控制在对身体不造成严重危害的程度，这样才免除了我因身体拖累而再次辍学的危险。

我想起离开延安时，爹爹在窑洞里对我的一番叮嘱，心头时刻承受着一种无形的压力。我一天不考进大学，这种压力就一天不能减轻。就在这个无形却实实在在的心理压力下，我用了两年多的时间，学习了六年的功课，硬是一步一步地追赶，一天一天地刻苦，一分一分地积累，将被德国法西斯剥夺的四年时间从别人玩耍、睡觉、上街和闲谈的空隙中一点一点地抠了回来。

我的压力比其他孩子大得多，来自身体的病痛、年龄的现实和一个又一个的考试，如同沉重的磨盘时刻碾压着我的神经。但我都挺了下来，学生考勤本上几乎找不到我一个因迟到或者缺席的红圈圈。

的确，这并不是一件容易的事情，除了需要恒心外，还需要勇气和自信。

我不知道这是不是我体内遗传的爹爹那一部分坚强性格的潜质被沉重的年轮挤压了出来？不断从内心深处涌出不认输的养分，润滑着紧张的神经，使它不至于过于紧张而绷断。

1949 年，朱敏在莫斯科列宁教育学院。

或许重压之下，必出勇夫！我决定留在莫斯科，再拼搏一次，以我的成绩证明自己是有能力走进大学校门的！

这时，爹爹顽强乐观的性格又在我的身上显现了——病可以迟几年再治，学业，一天也不能耽搁！

我决心一定，马上提笔给爹爹写了封长信，信全部是用中文写的，估计这信中有不少错别字，但词能达意，我想爹爹是一定能看懂的。

我把我的想法都告诉了爹爹，并提出我打算在莫斯科报考列宁教育学院，攻读教育专业。我希望爹爹能同意我的想法，让我继续留在这里把学业完成。

没有想到爹爹如此地体谅和理解他的女儿！我选择教育专科得到了爹爹的支持。

其实我知道他老人家当时何尝不希望我能学理科，回国做一名科学家，但他还是非常高兴地接受了我的选择。他说，他年轻的时候就立志搞教育，希望教育兴国，提高全民素质，但是那时他的愿望无法实现。可现在不同了，现在是社会主义国家，重视教育工作，更加重视培养年轻一代人。一个国家是否有前途，就看这个国家的教育事业是否有前途。

他怕我因为何去何从的问题分心，耽误了考大学，就先拍来电报，上面只有两个字——同意。紧接着又来了封信，他不仅同意我留在莫斯科求学，也非常赞成我以后当教师的选择。信的结尾，爹爹写下这么一段话：如果今年放暑假有时间，希望能回家看看。

爹爹这个小小的要求让我这个做女儿的心里格外内疚。看望父母是每一个儿女起码应该做到的事情，可因为战争，因为学业，我无法实现爹爹这个非常简单的愿望。

我从 1941 年离开爹爹，已经八九年没有看见爹爹了。今年如果考完大学，我是可以回家度暑假的。可是等我考上列宁师范学院后，心里又矛盾起来，我虽说很想念父母，但又怕自己的底子薄，进大学后跟不上进度。当时爹爹已经 60 多岁了，尽管爹爹一再来信说，他的身

朱敏就读莫斯科列宁教育学院与同学合影。

体很好，从不生病，但毕竟是年过花甲的老人了。康克清妈妈年纪轻一些，但她担任全国妇联的领导工作，又要照顾爹爹，也很操劳。想来想去，最后我狠狠心，放弃了回国和父母团聚的机会。

殊不知，我这个年轻人的做法，却让老人的思念化为一串无止境的省略号在离别中继续期待下去……

在考完大学后的两个月暑假里，我就来了个"笨鸟先飞"。我一头扎进学校的图书馆，把所有时间都奉献给教育专业的课本。

Part.2 我第一次坐上回国的火车，心里格外喜悦，因为铁路的尽头将是我日夜思念的祖国。

1949年，我和我的祖国都在飞跃！

10月1日，中华人民共和国在北京宣布成立。这时，我已经是莫斯科列宁教育学院的一名新生。

中华人民共和国成立的消息，我们是通过莫斯科电台知道的。我们中国留学生那天晚上和苏联学生一道，在学校的校园里点燃篝火，大家载歌载舞，一直欢乐到天亮。

这是我们的父辈出生入死、浴血奋战，无数烈士献出了宝贵的生命才换取来今天的开国大典。我们此时对新中国的向往和热爱比任何一个中国孩子都更加强烈而深刻！

1950年夏天，我迎来了大学的第一个暑假，这次我一定要回国度假了，无论如何不能再让爹爹的愿望落空。

1950年，成为大学生的朱敏。

我第一次坐上回国的火车，心里格外喜悦，因为铁路的尽头将是我日夜思念的祖国。

不过，这条回国的路途好漫长好辛苦啊！我怎么会有这样的感觉？我奇怪。

其实回国远比当年出国的路途好走多了，至少不需要躲躲藏藏的。可是相隔十年，已很难让我感受当时遭受的磨难。我甚至惊讶，惊讶当初14岁的我居然能从容走过艰难险阻的长途，抵达万里之外的莫斯科！原来记忆这个东西会超越尘世艰辛，有着不老的生命力，再现时，它会让人品尝一种独特的味道，就好像枯黄的草原上长出了一层绿草。许多年以后，特别是进入老年以后，我饱经屈辱的集中营岁月也使我有了回味无穷的感觉。以前我最不愿意谈论的话题就是集中营，以致和我共事数十年的同事们，许多都不知道我有这段经历。那时我伤痕累累的心灵拒绝这段历史占据记忆的席地。50多年过去了，这段岁月开始重新回到我的记忆中，除去血腥场面外，我还能回忆起许多难友之间的有趣细节。这大概就是时间能改变一切的神奇魔力吧！

我从秘密出国到今天以一个大学生身份回国，中间相隔了整整十年,我不再是以前的我了,我长大了十岁,由一个天真活泼的少女变为一个成熟深沉的姑娘。这期间我经历了战争,经历了死亡,经历了地狱般的生活。我不仅是千难万险中活下来的幸存者,也是敢于用自己生命完成自己一生的勇敢者。这一点让我自豪,虽然现在还不能给爹爹交上一份圆满的学业答卷,但我相信人生的答卷会让爹爹满意的。

我时常思考,当我们降生的时候,我们只是一个单纯的生命,父母并不负责完成我们的一生,他们让我们自己填充自己的一生,自己完成自己的一生。今天,我完成了我追求的第一个目标,考入了大学,进入了人生的第一个驿站,也就是说,我完全有能力实现自己的追求。

火车在苏联境内走了七天七夜才到中国黑龙江边界(现在是内蒙古边界),我们在火车上经过中国海关人员查验护照后,列车换上了有中华人民共和国国徽的蒸汽机车头,这标志着它驶入了中国的领土。记得火车进入祖国的第一站正是半夜,从检查护照到火车开车,我就一直没有离开窗口,注意倾听每一个站台播音员的声音。

火车从西伯利亚的东部进入了中国,进入中国第一站是东北的满洲里。这个熟悉的地名,让我回想起姨妈常说的往事。她当年就是从这条路线进入苏联境内,从我母亲手里接过只有一岁的我,然后抱着我,万里迢迢回到成都。抗日战争中,满洲里和整个东北最先进入耻辱的历史,溥仪的傀儡政权在东北盘踞了十多年。

历史的链环往往是圆形的。历史上的满族,是八旗大军进军京都最终建立清王朝的辉煌民族,二百年后,这种辉煌历史被他们的子孙演变为任洋人宰割、以割地赔款求和来维系其统治的清王朝,此时的皇帝早已失去了祖先的威风。直到末代皇帝跑回祖先的故乡上演了一幕仰人鼻息,画地为牢,以卖国求得皇帝宝座的悲剧,历史完成一个圆形路线,又回到了起点。

我正在胡思乱想,突然被站台广播里的语音吸引了。我纳闷:为什么祖国语言让我感到陌生?莫非,是我忘记了祖国的语言?

我被脑海里涌上的想法吓了一大跳,但我不相信这是真的,就起身问旁边的旅客:站台上的播音员说的是不是中国普通话?

我得到的答复是肯定的!

我一面用新奇而激动的目光注视着月光下的祖国，一面为自己听不懂母语而沮丧。

天亮时，火车抵达了哈尔滨，这是东北的一个大城市，站台上传来的声音依然让我听着吃力。离开祖国时间长了，那些亲切的母语竟然变得这样生疏，我不由得有点紧张，如果看见爹爹也说不出中国话，可怎么办？学到了专业知识却丢掉了自己的母语，这同样是一件让爹爹失望的事情。

我在莫斯科学习的时候，没有语言障碍，也没有考虑以后回中国怎么办，总是想我天生就是中国人，又在中国生长了 14 年，总不至于会把汉语忘光吧。看来，我对自己的汉语水平估计得过高了。从东北到北京，路程短，再有一天两夜就可以到了。现在着急也没有用，就是临时抱佛脚也来不及了。

Part.3 "妈妈，我回来了，回家⋯⋯"说到"家"字时，喉咙里漫上酸涩的滋味。

我没有到过北京，从爹爹的来信中知道，爹爹和中央机关在北京郊区一个叫香山的地方。回国的朋友也来信说，香山是北京一处最美的风景地，特别是秋天，满山红叶把山林装扮得格外红艳。所以我到北京之前就已经将香山这个地名牢牢记住了。

到北京前门火车站后，爹爹派人来接我，我上了汽车后，一路上东问西问的，什么景色都觉得新鲜。

汽车在北京低矮狭窄的街道上行驶，我感觉很吃惊——北京古城怎么这样简陋？街道两旁都是灰色房屋，很少看见高层建筑。不过经过天安门时情形就不一样了，清朝王宫的紫色高墙气势非凡，里面金碧辉煌，雕梁画柱，占尽人间繁华，连巨型朱色宫门上鼓起的一排排疙瘩都是用金镀的，据说这是财富和身份的象征。

街上行走的人，穿着打扮也很单调，女人几乎清一色都穿布旗袍，男人白色短袖衫，蓝色长裤。不说和莫斯科相比，连哈尔滨也比北京有色彩，首都一点没有中国政治文化中心、聚集莘莘学子的现代味道。

我看着看着，汽车驶进一条一边是紫红色围墙的街道。我正想问这是什么地方，汽车一转弯，进入了一个古色古香的大园林里。我好奇怪，我们到这里干什么？接我的人告诉我，中央机关已经搬到了中南海，就是我们汽车现在进入的这个红墙围绕的大园子。

"那香山呢？"我还念念不忘那块美丽的地方。

"只是留了些中央机关在那里看守。不过，中央五大领袖在香山都有别墅，朱老总也有，到时他会带你去的。"

我不知道五大领袖指的是谁，但我能估计出几个，有毛泽东、周恩来、刘少奇还有爹爹，最后一个是谁我说不准，后来才知道是任弼时。

中南海原来是清朝皇帝的行宫，里面的建筑都是清朝四合院式的，园中有院，有山，有楼阁亭台，最有特色的是七百亩湖面，形成一个钩子形，钩子头称为"南海"，钩子把为"中海"，合称就是"中南海"。

我们进中南海时，看见湖面有许多小舟，中央领导人和家人休息的时候常在湖上泛舟。夏天里的中南海，格外宁静，泱泱湖面，微波荡漾，凝聚了古老而淳厚的悠久历史，展示着庄重而多彩的丰姿。

别看这处由中海和南海组成的中南海，那可是新中国政治中心之"海"，也是中国最大的"海"！

现在中央委员会和国务院都在里面办公，同时中央领导人都居住在里面。爹爹就住在靠近中南海西门一个叫永福堂的建筑里。

来到一座有三间古式房屋的清代建筑面前，别人告诉我：到了！

这就是我的家？思念了十年的家？毕竟思家的感觉太沉重，一下子无法相信真的到了家。

我怯生生地迈步走进静悄悄的院子，房屋门窗在树荫下静静地闭着，树上的蝉发出震耳的鸣叫声……我轻轻推开虚掩的门，门里是客厅，里面有一圈沙发，因为天热，沙发上铺了凉席。房梁上有雕刻的图案，不过年代久远，已看不清是什么了。大红色的柱子也油漆斑驳，色调很陈旧，隐隐约约还能闻到一股霉味从房间角落里飘出……

我站在客厅里，正在四下打量这陌生的环境，康克清妈妈从里屋走了出来。她一见我，三步并作两步，过来紧紧拉住我的手，叫了声

全家合影。

"朱敏",声音就哽咽了,随即眼眶发红,泪光闪闪的。

我看见眼前亲切的妈妈,心头一热,第一个感觉——我到家了。

"妈妈,我回来了,回家……"说到"家"字时,喉咙里漫上酸涩的滋味,眼泪涌出了眼眶,我再说不下去了。

"妈妈,我回家了。"妈妈这词是世界通用的语言,可后面的一句又变成了俄语。妈妈听懂了我的话,她张开双臂拥抱着我,说:"是的,孩子,回家了。"

我说不出中国话,就不断用俄语重复"妈妈,我回家了"。

妈妈给我倒了杯凉开水,让我先休息一下,说爹爹一会儿就会回来,他这几天会议很多。

我便起身观看我的家。东头一间是父母的卧室,房间里只有一张旧棕绷床,一个旧床头柜,一个旧衣柜和一个接腿垫高的旧沙发,那

1950年，父女俩在北戴河合影。

床上的被褥都是用过多年，已经摞满了补丁。雪白的墙上挂着爹爹手书的箴言：从俭入奢易，从奢入俭难，勤俭建国家，永久是真言。

爹爹还是以前的爹爹，他一点没有变！

西头一间是爹爹的办公室、书房兼客厅。中间一间隔成两间，前半间作过道兼会客厅，就是我一进门的地方。后半间作储藏室，我回来后这里就成了我的卧室。

不一会儿，爹爹开会回来了。

那时中南海里没有冷气设备，爹爹进屋时一头汗，背脊丝绸短衫上也印了一块深色汗迹。他一看见我，没有像康克清妈妈那样上前握我的手，而是站在我的跟前，嘿嘿地笑。

爹爹没变，还是那样朴实、健康。他看我时的目光，和10年前的一样，充满了怜爱和喜悦。细细看，爹爹比10年前多出了许多皱纹，但身体胖一些了，脸色也比以前红润，大胡子刮得干干净净，显得很精神。

这次回来，我是个大人了，不再像十年前，一看见爹爹，委屈得跟啥似的一头扎在爹爹怀里直流眼泪。

我从警卫员手里接过热毛巾，递给爹爹："爹爹，你先擦擦汗。"

"真快，一转眼十年了，你也长成大人了。"爹爹边擦汗边说。

"爹爹，妈妈，你们也多老了。"我说这么简单的汉语也很吃力，老是出现错句子，把"老多了"说成了"多老了"。

爹爹笑了，"啊呀，我的孩子，你的汉语可是不怎么样啊。你这次回来，两个任务，一是治病，下决心把病治好。第二个就是学习汉语。你看看，我的女儿把老祖宗的话都忘了，怎么行！以后爹爹每天教你，给你当汉语老师,好不好?"

我也笑了,点点头。我还是少说为妙,不然,又让爹爹笑话了。

过了一天,爹爹请来了老中医,开始为我治疗淋巴结核。我吃了几副中药后,肿块明显缩小了。爹爹说,这是好兆头,只要坚持吃中药,这病一定会根治好的。因为病情见好,我的心情也格外地爽朗。每天晚上,爹爹都一字一句地教我说汉语,课本是毛泽东著作。

我到底是中国人,很快,我就能用四川话和爹爹、妈妈对话了。

我每天的生活安排得有条不紊。早晨和爹爹、妈妈去湖边散步,在散步的时候,我遇见许多在延安就见过的伯伯和阿姨,他们也在清晨里散步。邓颖超妈妈见到我,还清楚地忆起她第一次秘密到成都,没有从外婆手里把我接走的事情,她那幽默的讲述,让我忍不住笑弯了腰。有时晚上陪爹爹、妈妈去参加中南海的舞会,看来爹爹的舞步长进不大,和以前相比,身体还要迟缓一些。毛泽东伯伯还是喜欢一边跳舞一边和舞伴聊天,脚步底下的舞点比较随便。江青比以前穿得洋气,好像神情也比以前多了些傲气,但是见我也和我打招呼,问了许多我们在苏联的情况。

我回来后不久,爹爹搬到中南海西楼居住,这是一座狭窄的三层楼,工作人员都在楼里办公,生活用房显得依然紧张。因为没有房间作饭厅,爹爹经常去食堂吃饭。记得有一位爹爹的老朋友从苏联回来看爹爹,看见爹爹居住的环境,不由感慨地说:"总司令,我以为你住的房子是好气派的房子,原来你住的不怎么样嘛,苏联集体农庄主席的房子比你的还要漂亮。"

Part.4 国际儿童院的朋友相聚中南海,"赤英"成了毛岸英哥哥称呼我的专利。

爹爹家和刘少奇家、杨尚昆家相隔很近,三家人在一个餐厅里用餐。刘少奇的女儿刘爱琴原来和我都在儿童院,她在我之前回国参加了工作。刘爱琴被分配在北京师院附中当俄语老师。我一回来,她马上来父亲家住,我们又能经常见面了。毛泽东的女儿娇娇也从莫斯科国际儿童院回到国内,和父亲毛泽东住在中南海湖畔"丰泽园"里。回国后,她父亲给她起了大名——李敏,她那时正在北京上中学。

1946年我从德国回莫斯科时,娇娇还在莫斯科儿童院,但她的母亲贺子珍关在莫斯科郊区的一家精神病医院里。1948年她们母女回国,在东北则被分开了,娇娇来到父亲身边,贺子珍被安排在上海疗养。

因我和娇娇是一同离开延安到莫斯科的,我们又各自经受过死亡的考验,所以彼此有一份天然的亲切感。我一回来,她就来看我,好像遇见了"知音"。我们一见面就讲上了俄语,全然忘记了我们是在中国,在中国最核心的地方。

有一次,正好爹爹在家里,他看见我和李敏用俄语谈得十分开心,便走过来,好像有话想和我说,但又没有说,摇摇头,出去了。

有一天中午,我正在家里看书,听见门外有人大声用俄语问:"赤英在家吗?"冷不丁听见有人叫我赤英,我条件反射地站起身,顿时紧张起来,会是谁呢?

"啊呀,是岸英哥哥!你吓我一跳……"我出去将躲在门外和我捉迷藏的毛岸英拉进屋里。

毛岸英还是老样子,高大、英俊,对人和气,甚至和在莫斯科一样,见面还是用苏联人的礼节。他见我还是叫我化名,因为有在德国寻找父亲的特殊经历,"赤英"成了毛岸英哥哥称呼我的专利,这使我们之间有了许多话题。

他这次是特意来看望爹爹妈妈和我的。

当时毛岸英已经结婚了,是个地地道道的大人了,可他依然是无忧无虑,又说又笑的老样子。可是几个月后,他在朝鲜战争中牺牲,和我们永别了。至今他的坟墓还在朝鲜的土地上,我连为他扫墓的机会都没有。回想他在国际儿童院中是第一个参加苏联红军的中国孩子,使得好多男孩羡慕得要死,恨不得和他共穿那一身军装,而他也没有在战争中遇到危险。毛岸英哥哥年纪不大,却历尽磨难,饱尝人间冷暖。在失去母亲杨开慧后,他们兄弟四处流浪,一次次从国民党警察的棍棒下死里逃生,顽强地活了下来。在第二次世界大战时期,他没有倒在第二故乡的土地上,回国后也没有在解放战争中遇难,可刚刚和新中国分享喜悦,成为新郎的他,于1950年11月,即朝鲜战争爆发后的第二个月,却永远长眠在生活战斗才几天的朝鲜战场上,献出了他年仅28岁的生命。

我一想起和毛岸英短暂却令人难忘的几次相遇,心里就隐隐作痛。他离开这个世界太早了,命运对他太残忍、太不公平。

Part.5 爹爹曾经在多山的中国指挥千军万马,爬山几乎就是他生活的一部分。

1950年7月4日,朱敏、朱德、刘爱琴、李讷(从右至左)在香山。

暑假的日子过得真快,我每天的生活安排得有条不紊,或是散步,或是外出参观,或是约见我原来在莫斯科的老同学们,或是温习功课,或是晚上听爹爹"讲课"……转眼一个月要过去了。

一天,我对爹爹说:"我想去香山看看,爹爹你带我去,好吗?"

"好啊,我好久不爬山了,腿都硬了。人老先腿老,多爬山对身体有好处,过几天我带你去。这些年,你吃了不少苦,身体不好,有机会也应该锻炼锻炼。"

朱敏带着表妹、表弟与父亲一
同外出。

　　爬山是爹爹的爱好之一。无论在北京，还是在外地，他总要在星
期天、节假日或利用工作之余去爬山。在桂林市叠采山明月峰下的石
崖上，镌记着爹爹和徐特立二老在 1963 年 1 月 29 日爬叠采山后，彼
此唱和的两首诗。爹爹赠徐老诗为："徐老老英雄，同上明月峰，登高
不用杖，脱帽喜东风。"徐老步韵和诗一首为："朱总更英雄，同行先
登峰。拿云亭上望，漓水来春风。"那一年爹爹 77 岁，徐老 87 岁。两首
诗不仅记载了两位老人登山的情景和壮志豪情，也留下了一段传颂千
古的佳话。

　　我回来以后，爹爹很少问我在集中营的生活情况，我也尽量避开
不谈。四年囚禁生活，使我变得坚强、有承受力。其实，爹爹不需要多
问，他能不知道法西斯铁蹄下的集中营意味着什么？死亡、地狱、黑

1951 年夏，朱德在青岛第二
浴场。

暗……用什么样的词汇形容都不过分。女儿能生还，已经是奇迹了，
他还能企盼什么？

　　这次我和爹爹、妈妈去香山时，也叫上了在苏联时的伙伴们，一
来人多热闹，二来有说话的伙伴。这一天，我和刘爱琴，还有我从四川
老家来的小堂弟、小堂妹，李敏也带来了比她小 3 岁的妹妹李讷。李
讷已经快 10 岁了，不再是原来如年画上那个白白胖胖的模样了，长得
瘦高瘦高的。除警卫员外，我们小字辈就有 6 个人，搞得爹爹和康克
清妈妈像维持秩序的家长，左右召唤。特别是年纪小的李讷，妈妈主
要负责关照她，怕她走得太累。

　　我们随爹爹爬山，哪里是领略大自然风光，整个前呼后拥，叽叽
喳喳，全讲的是俄语，活像一个外国旅游团，爹爹和妈妈反而插不进

话来。爹爹虽在莫斯科住过一段时间,但俄语已经忘得差不多了,只
有单词还能听懂一点。他用半生不熟的单词提醒我们要用汉语交谈。
汉语比较好的是刘爱琴,她已经在北京大学担任俄语老师一年多了,
有许多时间和学生在一起练习汉语。她不断用汉语和俄语同我们讲
话,以训练我们的听力。

看见爹爹步伐沉稳,一步一步往山上爬,我觉得奇怪:他这一辈
子爬山还没爬够啊? 以前我知道爹爹年轻时爱打篮球。把爬山当做运
动,是爹爹进入 60 岁后才逐渐确立的体育项目。

其实爹爹这辈子没有离开过爬山,无论是军阀混战时期,还是红
军长征,或者抗日战争、解放战争,爹爹在一个多山的国家指挥千军
万马,爬山几乎就是他生活的一部分。或许爹爹对爬山的喜爱,在早
期作战的需要中便落了根,经过长期的潜移默化,欣赏和陶冶情趣的
意义在一次次急行军中得到了升华。

中国文人最喜爱的活动之一便是"五岳寻山不辞远",晚年的爹
爹虽不能五岳寻山,但他不会放过在近处爬山的机会。

我们这次爬香山就是爹爹无数次游山中的一次。山越爬越难,越
爬越累,渐渐地,我们和爹爹拉开了距离。每到山道拐弯处,一马当先
的爹爹便坐下来,边喝水,边等我们这些体力不支的晚辈们,然后他
再一手拉着一个往上走,最后小李讷走不动了,爹爹就拉着她走,直
到山顶。

到山顶时,我们一个个已经汗流浃背、气喘吁吁,不再像刚出发
时那么高谈阔论、神气活现了。不过到达山顶,人会有一种征服的快
感,因为那么高的山已经成为我们脚下的风景了。难怪爹爹爱爬山,
可能他在爬山中得到了回味,得到了艰苦卓绝、克服万难的勇气和力
量,因为这些感受在和平年代是无法随时得到的。

我们从山上回来后,爹爹一点事也没有,我却累得两条腿酸痛了
好几天。

后来我才知道,爹爹这次是专门陪我爬山的。如果在平时,他去
爬山总会约上几个老战友,而且这些老战友和他除了都有爬山的爱好
外,还共同爱好下象棋。

朱德和彭德怀对弈，邓小平在一旁观战。

他们经常是爬一路下一路，而且是不服输地争论一路。如果爬山者中间有彭德怀，有邓小平，那山可就爬出特色了。

他们爬山前，警卫们会不约而同地准备好行军床和象棋。爬山爬到半腰，大家渐渐放慢脚步，心照不宣地坐了下来。警卫们也不需要问，知道他们要"摆战场"了，就支起行军床，拿出马扎凳，放好棋盘。爹爹和彭德怀这对老棋友，经常把棋盘摆上香山。后来彭德怀到朝鲜战场，连有限的几次回京，都忘不了和爹爹对弈一把。

如果他们下棋争执不下时，站在一边观战的邓小平就会出来当裁判主持公道。对于邓小平的裁定，爹爹一般比较服气，不过彭老总却要剜"裁判"一眼，给自己找个台阶："小平同志，看你面上让他。"他们在这特殊战场上，常常是从上午鏖战到黄昏日落，才收摊下山。

爹爹爱好相当广泛，他另一大爱好就是体育锻炼。他把体育锻炼视为革命工作不可缺少的内容，他常说："要革命，就要锻炼身体，身体不好，是不能为革命作更大贡献的。"他锻炼时并不奢求条件，而是以最简朴的方式求得最好的效果。

爹爹的晚年生活很有规律，他每天早晚一定散步，有时工间休息也要散步。他散步一般走得较快，70多岁时，还是大步流星，两臂大幅度摆动。我有时见他那雄赳赳的模样，禁不住联想到他当时在战场上驰骋的身影，一定是很威风也很威严的！

爹爹在中南海居住时，住在二楼，每顿饭都要走出家门到另一座楼的餐厅就餐。他每年夏天到北戴河也是住在二楼，到另一幢房子去用餐。在他70岁以后，工作人员为照顾他，准备把卧室、办公室布置在一楼，这样他出入会方便些。当工作人员向他报告这一考虑时，他没有同意，风趣地说："住在楼上，楼下吃饭，上上下下，强迫锻炼。"

爹爹从事体育锻炼，表现出强大的意志。他每年到北戴河海滨，都坚持每天下海两次。他不只在晴空万里、风平浪静时坚持，白浪翻

1962年4月在广州，朱德做
自己编的健身操。

滚、凉风夹雨时也坚持游泳。有时，因下雨气温下降，水温低到摄氏十八度以下，大家劝他这样的天气就不要下海了。他却戴上草帽，撑起雨伞，然后，以热烈的口气对大家说："谁愿意去，走呵！"随即大步向海滨奔去。爹爹坚持游泳锻炼一直到去世前的1975年。

爹爹还十分喜欢书法。进入晚年，这一喜好更加明显，他每天午饭后，站立悬肘写大字半个多小时，坚持多年而不辍。顾大夫在爹爹身边工作的十年中，爹爹曾赠他三幅墨宝。顾大夫把这几幅字画当做

1964 年 11 月 28 日，朱德在
练习书法。

1953 年 8 月 27 日，朱德、李
富春和著名科学家李四光（右）
在北戴河。

宝贝,一直珍藏着。

总之,爹爹爱好广泛,兴趣高雅,这也就使他的生活丰富多彩。兴趣与爱好不是他的生活目的,而是用其锻炼身体,陶冶性情,以便更好地为革命工作;同时,他那种藐视一切困难的决心,钢铁般的意志,高龄而葆青春的气势,激励着自己,也激励着我们前进。

直到今天,我回想起这段岁月,仍感到特别温馨。这是我和父亲相处最亲密的一段时光,这种时光在我的一生中并不多。

Part.6 阳光灿烂的日子彻底驱走了苦难岁月留下的阴影。

很快,两个月的暑假结束了,我又要离开家人,回莫斯科继续读书。

这次回家,我看见了爹爹、康克清妈妈,后来又和外婆、姨妈、表妹团聚。

整整离别了十年,让拉扯我长大的外婆、姨妈想念得好苦,也让我想她们想得够呛。听说她们要来,我激动了好几天,一肚子话要说给她们听。可一见面,我什么也说不出来,只知道流泪傻笑。人就是这样奇怪,想的和说的好像不受一个大脑指挥,明明一肚子话,可一到嘴边就消化了,真让人生气。

离开北京时,我想外婆年纪大了,不知以后能不能再见到她,老是有点依依不舍。外婆却很理智,说原来离开外婆是为了逃命,现在离开外婆是为了学习,放心去吧,外婆这把老骨头结实着呢,还等着抱重孙呢!

外婆把我闹了个大红脸,还不收嘴,反而越说越带劲,差点没羞得让我逃出门外。

"飞飞啊,你年纪不小了,应该找对象了,有合适的就赶快定下来,只要人忠厚,对你好,就行。不要挑三拣四花了眼,耽误了女儿身! 你爹爹妈妈都是忙国家大事情的人,离你又远,顾不上你的终身大事。你就自己拿主意,不要不好意思,现在都解放了,婚姻更应该由自己做主了。外婆这话对不对?"

1954 年，朱敏与父母在北戴河。

我不知道外婆当初是不是也这样鼓励她的女儿们争取婚姻自主的？反正她在鼓励我正视个人问题，大胆去追求幸福。外婆真是个不同凡响的前辈，她那时已经 70 多岁了，能这样开通，实属罕见。

这次暑假我觉得收获特别大，第一是看见了离别了十年的亲人，而且他们现在身体都硬朗，生活很好，让我放心；第二把集中营落下的痼症彻底治愈了，不再遭受疾病的折磨；第三我得到亲人们真正的关怀和指点，特别是外婆的一席话，好像为我心灵的情感空间打开了一扇窗子，让爱情的春风吹进我缺乏思想准备的心田。

再回到莫斯科时，我整个像换了个人，无论是精神还是身体，都进入了最佳状态。我的脸色如化妆般迅速鲜亮起来，我在女孩子最美妙的年龄散发出青春的气息。同学们见我，无不惊讶，你们中国是不是有神仙药？两个月，就能把一个病快快的"灰姑娘"变成一个可爱美丽的"红苹果"。

生活第一次向我发出热情似火的"请帖",在我眼前展示了多姿多彩的画面。

我再也不会因为身体而自卑,不会因为学习掉队而烦恼。我课余时间参加了许多文娱活动,好像对什么都有兴趣,浑身有着无穷的活力。

阳光灿烂的日子彻底驱走了苦难岁月留下的阴影。我由一个忧郁沉默的孩子,变成了活泼开朗的姑娘!

这时,爱神开始光临我荒芜多年的情怀,男同学们有的约我出去跳舞,有的请我郊游。出于礼貌,我有时也去赴约。或许缘分不够,或许时机不到,一接触"爱情"的实质问题,我就举棋不定,强烈的祖国观念束缚了我的感情,始终不能在苏联青年中作出抉择。我看过许多爱情故事,享受过书中主人浪漫情感的冲击和感召,也相信真正的爱情是没有国界的。可事情一落到自己头上,说什么也潇洒不起来了。祖国,这个抽象的概念,这时变得非常具体,好像是我感情世界中一道无法跨越的栅栏。

不是我不需要男友,不向往爱情,但这绣球应该抛向谁?这让我困惑和苦恼。那些苏联男同学都很可爱,也有作为,相信会成为一个好丈夫。但让我一辈子生活在异国他乡,我会受不了的。我的根在中国,是祖国花费了大笔经费培养我上大学,我怎能不报效祖国呢?即使男方随我回中国定居,那么,我们中间总有一个人要背井离乡,品尝苦涩的思乡之苦,这滋味同样不好受。

我决定我的"绣球"不抛向异国求爱者!

Part.7 我认定了刘铮,任何力量都不能阻拦我们相爱的脚步。

1952 年,康克清妈妈参加世界妇女大会后,率一个多国妇女参加的访问团来到了莫斯科,我随她一道参加了访问活动。妈妈也很关心我的个人问题,问我是不是有对象?如果有合适的人,可以考虑,只要我经过慎重考虑，爹爹和妈妈会尊重我的选择。我也不小了，应该考虑啦……妈妈这番话让我感动，这是一个长辈对我最大的信任和理解。

原来妈妈询问我的个人问题，是爹爹交给她的"任务"。

当时，我同中国驻苏联大使馆一个河北籍名叫刘铮的年轻翻译相爱的消息传进了爹爹的耳朵里，他和天下的所有家长一样，怀有既高兴又不太放心的担忧，趁康克清妈妈到莫斯科访问的机会，爹爹让妈妈问一问情况。

我一听妈妈问我个人问题，既感动又有点担心。因为我知道，我的恋爱已经在大使馆掀起了不大不小的风波。问题核心是我的男友出身于普通人家，而我是国家领导人朱德的女儿，门当户对的封建婚姻观念，在中国人聚集的大使馆里竟然有深厚的土壤。从我们一开始有接触，就遭到各方的劝阻。

我想，这件事是不能瞒父母的，我向康克清妈妈讲述了我们从相识到相爱的过程。

刘铮，1951 年摄于莫斯科。

我和刘铮相识，也不知这是缘分，还是天意。我和他相遇在一次联欢活动会上，第一眼他就给我留下了深刻的印象。他那瘦高的个头和英俊的面容，特别是他那双明亮而敏锐的眼睛，透出他内在的秀气和聪慧，让人怦然心动。

他比我小一岁，25 岁。他是我们解放区外语学校培养的第一代大学生，因为俄语专业比较好，新中国成立后，便跟随王稼祥大使赴莫斯科，参加筹建大使馆的工作。从我的了解和感觉中，刘铮工作认真积极，为人随和，在大使馆里特有人缘，大家都一致赞扬他的为人和品格。后来我们经常来往，刘铮汉语好，他帮助我复习汉语，而我教他练习俄语口语。从此，我给爹爹写信，连他都说我的中文有进步，字也写得漂亮多了。那时，虽说我们的交往都没有超越学习的范围，从没有涉及恋爱，但彼此已产生了爱慕之情。

不知怎地，过了一段时间，我再去大使馆看见他时，就感觉我们之间发生了微妙的变化。他以前对我很热情、大方，可现在变得拘谨、不自然起来。以后我才知道，他和我认识后，对我也产生了爱慕。可有一些人觉得我们的身份有差距，就劝他不要找我，怕朱老总不会同意这门亲事，免得大家都尴尬。刘铮想想也是，一个是普通的干部，一个是总司令的女儿，双方悬殊太大，就打消了和我进一步相处的念头。

可我却蒙在鼓里，碍于女孩子的面子，又不好去打听，直到一次参加大使馆的活动，无意听见不认识我的人在我跟前议论我和刘铮的事情，才恍然大悟。从他们的话中，我知道问题出在大使馆领导怕我们门第悬殊，爹爹怪罪下来，他们担当不起，而不是刘铮本身的问题。我这才松了一口气。

朱敏与刘铮。

年轻男女之间，有时中间只隔一层窗户纸，一捅就破。我们了解了对方的心，彼此就再无顾忌，和所有天下有情人一样，热烈地相爱了。

这经过曲折河道的爱情小舟终于驶进宽阔的河面。从我们登上爱情的航船，就意味着我们要风雨同舟，厮守一辈子！不管前面的航程是暗礁是急流还是旋涡，我们必须用生命用岁月驾驶它，直到生命的最后时刻。

我们谈恋爱的消息，让大使馆的同志感到有些为难，说要请示朱老总，才能批准我们结婚。我知道后很上火：我是朱德的女儿没错，可我从来就是普通的孩子；爹爹是总司令也没错，可他从来没有特殊的要求，他和平常父亲一样，关心女儿的幸福，而不是关心对方人家的门第和职位。我历来都相信爹爹会尊重我的选择，特别是婚姻问题，他会给我最大的自由度，让我自己做主，主宰自己的命运。

我平时遇人遇事都很和善，从不和人争执。但这件事情，谁也别想让我回头！我认定了刘铮，任何力量都不能阻拦我们相爱的脚步！

"妈妈，我了解他！我们在学习上相互帮助，生活上相互照顾，在事业上有共同的奋斗目标。妈妈，我们的爱情来之不易，您能理解我们吗？"

康克清妈妈听了我的叙述后，就和大使馆领导商量，能不能见见未来的女婿？妈妈怕明里相见让刘铮难为情，就让大使以送文件给她的名义，让刘铮来一趟。妈妈和刘铮相见后，他们又交谈了一会儿，看来妈妈对刘铮比较满意。刘铮走后，妈妈对我说："刘铮是个不错的小伙子，我替你爹爹表态，同意你们的婚事！"

"乌拉——！"我差点没把妈妈抱起来旋个圈……

后来我将我们的结婚日期告诉了父母，爹爹和康克清妈妈来信表

▲ 1951 年刘铮和朱敏在莫斯科。
▶ 1952 年, 朱敏和刘铮在莫斯科中国大使馆举行婚礼。

示同意,并祝贺我们新婚快乐,白头偕老!

苏联,这片充满激情和灿烂文化的土地,给我们的爱情涂抹上了罗曼蒂克的浪漫色彩。我们一同郊游,一同学习。我们双方都有许多苏联朋友,经常一起聚会。

1952 年底,我们在中国驻苏联大使馆举行了简单而隆重的婚礼。

我们的婚礼虽然没有亲人参加,但没有一点冷清的感觉。我们在苏联的朋友、同学和同事都来喝我们的喜酒,为我们带来了热烈的祝福,婚礼上我们唱了中国的歌曲……这一刻,我觉得自己是世界上最幸福的人。

以前听别人用神秘的口吻议论新嫁娘时,我总是觉得这个名称对我来说是那样的遥远和渺茫。转眼我自己也做了新嫁娘,而且是在国外,父母不在场的情况下做了新嫁娘,这种感受更加特别,有一种自由而轻松,又有水到渠成般的自然。

婚礼后,我们又按照苏联人的习惯,外出度蜜月。

Part.8 爹爹把外孙留下, 却要把他的女儿"赶走"。

1953 年,我要毕业了,我们的第一个孩子也要出生了。

爹爹知道我有了身孕,就来信要我一毕业就回国,让孩子在北京出生,说我的单位也落实了,在北京师范大学任教。这我很高兴,当老

1953 年，即将当妈妈的朱敏
离开莫斯科前，在郊外的树林
中留下了难忘的镜头。

师一直是我的志愿。我听从了爹爹的意见，毕业典礼一结束，我们就
匆匆返回祖国，让我们的孩子一出世就呼吸着祖国的空气。

　　一到北京，我们的儿子就迫不及待地来到了世上。这可把我们吓
坏了，小家伙性情再急躁一点，差点就生在莫斯科了。

　　我产假刚满，爹爹对我说："你的哥哥也生了个男娃娃，我准备将
你们的娃娃留在我身边，我和你们妈妈照顾。你们现在都年轻，正是好
好为党工作的时候，不能因为娃娃影响工作。产假一满就去单位报到，
大学里缺老师，你不要因为孩子请假，把心全放在教育上，听到了吗？"

　　我以为爹爹把孩子留下，肯定会让我们继续在中南海住下去的，
可等到我报到上了班，爹爹把孩子抱到他和妈妈的房间，然后让我搬
到学校集体宿舍里去住。

　　爹爹把外孙留下，却要把他的女儿"赶走"！

　　我简直不相信爹爹会这样做。然而，爹爹毫无商量的余地，执意
让我搬出去住。

从我出生到 14 岁，一直没有见过父亲，脑海里关于父亲的记忆几乎等于零。直到 1940 年底在延安第一次看见父亲，对父亲的记忆才变得真切起来。但是，因为我和父亲离别的时间远远多于团聚的日子，所谓记忆也只是淡淡的印象而已。我真正了解自己的父亲，是 1953 年从莫斯科完成学业回国以后。

以前我和爹爹都是短暂的团聚，爹爹对我也没有过多过高的要求，我也从没有觉得爹爹是个严厉的父亲。我想，是不是因为我是女孩子，又最小，爹爹可能对我娇惯一些。后来我才知道，那是我对爹爹还缺乏深刻了解才会产生的想法。其实爹爹对我们子女都一样严格，只是原来我不经常在身边，无从知道爹爹的内心。如果真正了解爹爹的内心和他做人的原则，那么对他的严厉、严格甚至是苛刻，我们就能够深深地理解了。

所以，爹爹有些做法是不能用人间常情来作简单比较和解释的！

记得在我回国后，第一次看见爹爹对我发火时，因为我不了解他当时的想法，结果让我委屈了好久。如果这事放在现在，我说什么也不会向爹爹提出那样不懂事的难题，更不会觉得委屈了。

爹爹那次发火是 1954 年的秋天，新中国成立五周年的国庆节。按照惯例，党和国家领导人这一天都要登上天安门城楼和首都人民一道庆祝节日。我上次暑假回北京，和爹爹去过天安门城楼，这次一听说爹爹要去城楼，又想和爹爹一起去。

没有想到，我刚一说出这个想法，爹爹就生气了，说我不懂事，庆祝活动是中央的集体活动，怎能带子女？见爹爹没答应，我不死心，觉得庆祝节日是轻松的活动，以前能带我去，现在为什么不行？我将刘爱琴叫来，她也想去天安门城楼，我们就一起走到我爹爹跟前，还把眼泪硬挤了出来。

看，我们都哭了，你还不带我们去啊！我以为这一招，爹爹是会心软的。

一向和气的爹爹这时不仅没有心软，反而板下脸，严厉地对我说："朱敏，难道你真这么不懂事？"

爹爹这话伤了我的自尊心，让我在朋友面前没了面子，一下子由假哭变成了真哭，委屈的泪水直流，我不服气地说："我们在莫斯科时，每年苏联建国的国庆，斯大林都邀请我们几个中国留学生到红场观礼台，我在中国倒不能参加自己的国庆节？还不如斯大林……"

爹爹一听更加生气！"你住口，你怎么能这样比较？斯大林请你，因为你是我的女儿，是苏联的客人，那是出于外交礼节，出于一个国家对另一个国家的尊重。可现在你是在中国，不是客人。如果要参加国庆活动，你可以去天安门广场，和那里的群众一起联欢。天安门城楼是党和国家领导人活动的地方，不是你们去的地方！以前你是孩子，我能带你去，可你现在是大人，是学生的老师，必须严格要求自己才对。"爹爹说完起身就走了。

看见爹爹脸色铁青，我想爹爹是真生气了，也不敢再说什么。可是我心里老觉得很委屈，不上就不上嘛，干吗还上纲上线，把外交礼节都拉扯出来，好像我们是故意无理取闹。

中午，爹爹从天安门城楼回来，我一见，故意扭头不理他。爹爹好像忘记了早晨那件不愉快的摩擦，他微笑着走到我跟前，问："上午在家干什么了？没有去天安门广场？"

这不是哪壶不开提哪壶嘛！我眼前又泛潮了，真想大哭一场。

"朱敏，我知道你还在生爹爹的气。爹爹也想了，上午对你的态度是严厉了些，你可能觉得委屈。不过，你想了没有，其他普通人家的孩子能去天安门城楼吗？因为爹爹的关系你可以和其他普通人不一样，结果会怎样呢？只会增添你的特权思想。我们是共产党人，是为人民服务的政党，不是封建王朝一人当道鸡犬升天的时代。你要记住一点，你是一个普通的人，和所有普通人一样，要自食其力。爹爹讲的道理，你能明白吗？"

爹爹这番话让我从另外一个角度接受了一个新问题，一个以前没有思考过的问题：我们这些中国领导人的子女在社会中应该拥有什么样的位置？是特殊阶层还是普通阶层？

当然，我会毫不犹豫地选择社会普通一员的位置。那么，选择这个生活位置又带来一个实际问题，你是普通人就必须接受普通人的生活。这一点，我以前没有想过，更没有将"普通"两字放进生活中去体验。

朱德与外孙子刘建。

　　爹爹见我不再嘟噜着嘴了，就告诉我，他已经吩咐厨房里的师傅多做一道西餐，是我喜欢吃的沙拉，这次爹爹请客！我到底是年轻人，阴云被风一吹，顿时心情又明朗起来，高兴地拉着爹爹的手往餐厅里走。

　　这件事情虽说很快过去了，但我却从中掂出了很重的分量——爹爹的生活原则和做人准则是何等的泾渭分明，不容半点私情！以后，我再没有提出过这类要求。爹爹有生之年，我再没有陪他上过天安门城楼。

　　这一回，爹爹看样子也动真格的了，一定要赶我去师范大学单身宿舍住。

　　我在学校的房间，是一间只有12平方米的集体宿舍，房间里没有厨房，没有卫生间。刘铮在外交部工作，一年有大半年在国外，家里家外都靠我一人。这时的爹爹也快70岁了，身边也需要有孩子照顾，我多么希望爹爹能留我在他的身边啊！

　　我对爹爹说："爹爹，你年纪也大了，就我一个女儿，让我留在你身边,既可以照顾你的生活,也可以尽尽孝心。"

"我们国家现在非常需要建设人才,你是祖国和人民供养出来的大学生,你回来的主要任务是为国家建设作贡献,而不是回来做孝子贤孙。只要你好好工作,就是对爹爹最大的孝顺。"

面对一个祖国利益高于一切的爹爹,我还能说什么呢?

我一个人住师范大学宿舍,难免有些冷清,心里老是想着孩子,就常常回家看望儿子。爹爹见我常回去,又批评我:"你长大了,要学会独立生活。我们留下你的孩子在身边,就是为了不让你工作分心,可你老是回来,时间都消耗在公共汽车上了,哪有更多的时间钻研教学嘛。以后不到星期天,你不能回来!"

爹爹这个做法让我无法接受,他的住房很大,有许多工作人员,难道家里就多我一个?我想不通,就赌气不回家了。爹爹见我星期天也不回去,知道我又有思想情绪了,就让警卫员找我回去。我一进门,看见爹爹正抱着我的孩子玩"扎胡子"。爹爹把他的大胡子下巴往外孙子脸前一凑,"扎扎扎……扎",小家伙一听见这声音就开始一倒一歪地左右躲闪,咯咯笑得口水直流……听妈妈说,他们这一老一小经常玩这个扎胡子游戏。

此时,我一肚子的怨气被他们祖孙之乐的场面融化了。我应该理解爹爹对我的一番苦心,他无非是想让我快点适应工作环境,多为祖国做工作。

爹爹问我为什么有情绪?我说原来有怨言,现在没有了。因为我的思想已经通了,一通就百通。后来我按照爹爹的要求,星期天才回家和家人团聚,其他时间都放在工作上。

我慢慢地习惯了独自生活,也不想孩子了,而是全身心地投入到教学工作中。我刚到师范大学工作时,教的是俄语新生班,学生水平参差不齐,我又是新教员,没有教学经验,教学中遇到了许多困难。因为我平时没有高干子女的架子,大家都愿意和我相处,热情地关心我、帮助我,很快我就能胜任教学工作,并且将这个俄语班教到毕业。看到我的学生带着知识走上建设祖国的工作岗位,我是多么的欣慰!

从事业中得到的快乐是最大的快乐!这份快乐也是爹爹给予我的。

朱敏参加北师大 60 届毕业班
的论文答辩。

随着时间的推移，我越来越感受到爹爹对我严格要求的宝贵意
义，甚至到最后，这宝贵意义已经化为我生活中最宝贵的财富。正因
为当初爹爹没让我享受特殊的生活，让我和普通人一样生活和工作，
才使我今天能拥有普通人幸福的生活和那金子般的平常心。

我在学校单身宿舍住了好几年才搬进单元房，后来一住又是 40
年。现在，这 50 年代修建的宿舍楼已经很陈旧了，许多人都劝我找学
校领导安排好一点的房子，可我想，学校里还有老师至今都没有成套
的住房，面积狭小，三代同堂，和他们相比，我应该满足了。

祖孙三代合影。

Part.9 爹爹帮我制订开支计划，要养成良好的用钱习惯。

　　走进我们儿女生活中的父亲，不再留给我淡淡的印象和抽象而陌生的称呼概念。爹爹变得真实和亲切，好似慈母一样关怀着我们，甚至帮助我们照顾孩子，将他迟到的父爱赋予了孙辈们。然而，爹爹也是一位严父，各方面对我们的要求都很严格，这些严厉的要求在别人看来似乎有些不近人情，但是爹爹对我们细心的关怀也是常人家庭中难以见到的。到现在我还记得爹爹帮助我制订开支计划的事情。

　　我在大学里过了教学关，可是生活关总是过不去。

　　因为我在莫斯科上学，常年是供给制，从不知道该怎样花钱。现在要自己管理生活，结果每月工资发下来，不会计划着用，老是一个月工资，半个月就花光了。没有办法，我只好又去找爹爹。爹爹见我衣兜里只剩几个硬币，不由得笑了起来："怎么？老师同志，成了穷光蛋了，工资一个人花还不够？别人一大家子的日子怎么过呀？照你这个花法，不是要把家人的脖子都扎起来了。你的毛病是没有计划性，以后爹爹帮你制订开支计划，要养成良好的用钱习惯。"

　　爹爹还真的给我搞了个详细的开支表，比如每月伙食费多少，水电费多少，书报费多少，衣物费多少，杂支多少，零花多少等等，一项项非常仔细。后来我就按照爹爹这个开支计划用钱，再没有出现经济危机的情况。渐渐地，我也养成了节省的习惯。

　　我们有了6个孩子后，也没有向爹爹伸手，就靠我们两口的工资，把生活安排得有条不紊，孩子们个个都很结实、健康。

　　现在生活水平提高了，工资收入也多了，我家里的陈设还是很简单，这个让孩子们都有意见的节省习惯大概是一辈子也改不了了。

09 Chapter

1955 年国庆节，朱德在天安门城楼上。

Part.1 顾大夫第一次去见爹爹，但出现在他眼前的却是一位慈祥的长者。

1954 年 12 月 25 日，是顾英奇大夫终生难忘的日子。这一天，翁永庆大夫带他去见朱德委员长。当时，顾大夫从哈尔滨医科大学调到北京才一个多月，这是他第一次见爹爹。行前，他不免有些忐忑之感，因为朱德在他心中可是全国人民敬仰的朱总司令啊。但出现在他眼前的却是一位慈祥的长者。他回忆道：总司令敦厚的性格，朴实的谈吐，给我留下了十分深刻的印象。后来，当我读到续范亭先生赠总司令的诗句"时人未识将军面，朴素浑如田舍翁"时，深感其真实地描绘了人民总司令的风貌。

1955 年 7 月 12 日，顾大夫被正式调到爹爹身边工作，成了爹爹的保健医生。

身为元帅的爹爹，一生中过的都是普普通通的百姓生活。顾大夫向爹爹报到时，只见爹爹贴身穿的是一套浅丝绸面的丝棉袄裤，袄裤面已完全破烂，补丁挨着补丁，不知穿了多少年，一直舍不得丢弃。外边罩一套制服，照样年年穿它过冬。一直到 1960 年以后，这套棉衣实在无法再补了，才换了一套新的。爹爹还有一双穿了多年的老式棕色皮凉鞋，颜色已褪落得斑驳不匀失去光泽，但他也总不肯换新的。爹爹每年夏天叫卫士给拿这双鞋时，总喜欢风趣地说，"拿草鞋来"，这时大家就知道爹爹要的是这双凉鞋。直到 1965 年顾大夫离开时，这双鞋还在伴随着爹爹度夏。

1956 年的一天，爹爹向卫士郭盛魁要一套灰色哔叽料中山装。小郭说："那套衣服两只袖子已经磨得破烂不堪，不能再穿了。"爹爹坚持说："补一补，还可以再穿嘛！"衣服补好后，他很满意，高兴地说："衣服不怕它破，破了可以补上。只要洗得干净，这样穿起来有什么不好？中国人、外国人看了都好嘛！我们共产党员就是要带头艰苦朴素，做出榜样。"

爹爹在中央领导人中年纪比较大，已经快 70 岁了。为了保护爹

1955 年秋, 朱德在北京昌平县调查秋收和分配情况。左一为康克清。

爹的健康, 厨师邓林和顾大夫想了不少办法, 总想给爹爹改善一下伙食, 以保证营养, 而爹爹却不同意这样做。有一次, 爹爹笑着问: "邓师傅是不是资本家呀？" 邓师傅红着脸紧张地说: "首长莫开玩笑, 我哪里是什么资本家呵！" 爹爹依然和蔼地说: "不是资本家, 怎么那样阔气呀？不要天天都成席嘛, 要吃家常便饭, 我们这些人过去都是农民, 是吃粗粮、小青菜长大的, 身体也很健康。我不让你每天做大鱼大肉, 不是怕花钱, 主要是要养成俭朴的习惯, 一切从六亿人民出发, 生活上不要太超乎人民生活水平之上。" 这以后, 邓师傅和顾大夫再也没有刻意为爹爹改善生活。

三年经济困难时期, 爹爹对自己的生活要求更严了, 减少了粮食定量, 一般不吃肉食, 并反复对大家讲: 现在国家经济困难, 人民生活艰苦, 我们要想到全国人民, 要同他们同甘共苦, 节约一点是一点, 绝对不能铺张浪费。他真正做到了同全国人民一样节衣缩食, 共渡难关。

顾大夫到爹爹身边工作的时候年仅 24 岁, 阅历浅, 经验少, 政治上、业务上也不成熟。爹爹那时已经是快 70 岁的人了。从任何方面考虑, 他们之间相差都极为悬殊, 但爹爹却一直亲昵地称呼他为 "顾医生"、"顾大夫"。这倒使顾大夫有些惶恐不安，他曾说：一些老首长和同志们都喜欢称呼我为"小顾医生"、"小顾大夫"。总司令这样郑重地对待我，我觉得那可是对知识分子的一种尊重啊！

在医疗保健方面，爹爹对顾大夫的意见也很尊重，一有事总是说："请顾大夫来。"听了他的意见之后，爹爹总是说"可以"，接着就照办，从来没有在保健医疗问题上乱发表议论，自作主张。同时，爹爹也不盲目听从，而总是在医生讲明道理之后，再接受检查和治疗。一旦接受建议，他又能以惊人的毅力坚持到底。

在近十年的工作接触中，顾大夫深深地体会到爹爹既没有官气，也不摆老资格，对同志充满深厚的感情。顾大夫曾在文章中说过这么一件事：

> 三年困难时期，我因血清转氨酶偏高住进北京医院。住院前我和康大姐、秘书、警卫商量好，请他们一定劝首长不要来医院看我，我出院之后，一个时期之内也不会接触首长。但是，我住院不久，朱老总和康大姐突然一同来北京医院看望我。我住的病房一半在地上，一半在地下，从病房门进入室内要下十多级台阶，行走很不方便。总司令身为党和国家领导人，以74岁高龄，不避疫病，亲临探望，垂询病情，慈祥亲切，使我很受感动。病房的医生、护士和病友，也感到十分惊讶！他们完全没有想到朱总司令这样一位高职领导同志，竟能如此关心一位青年医生。当我目送他老人家的身影离去后，不禁想到，在这位老革命的心中，有着多么淳厚的感情和多么深沉的友爱啊！
>
> 朱德同志对我的关怀一直持续到我离开他身边以后。特别是"文革"那些年，他经常向周围的人打听我，怕我遭遇不测。为了使这位老人放心，我曾几次去看望他。

爹爹为国为民奋斗了半个多世纪，建立了丰功伟绩，全党、全军、全国人民都十分敬重他。而他自己一贯以普通老百姓的形象出现在全国人民面前，从不居功自傲。他宽厚质朴，和蔼可亲，平等待人。

1958 年 4 月，朱德在安徽合肥市郊区和农民一起车水。

　　爹爹的谦虚、淳朴、平等待人和严格要求自己的作风，表现在生活和工作的各个方面。他每次外出视察回来，都要征求随行工作人员的意见："你们谈谈，我这次外出与人接触当中，有没有摆架子的地方？"出差在外地，凡离开一个地方，他都要向厨师、服务员、警卫道谢、告别。

　　建国以后，爹爹已进入老年，但他始终保持着旺盛的革命斗志，高尚的情操。

　　爹爹有一个最大的爱好，那就是读书。他不仅孜孜不倦地学习，而且经常用"革命到老，学习到老"激励自己。

　　50 年代，爹爹常在工作之余阅读马恩列斯著作和毛主席著作。他有时外出散步还带着书，中间坐下来休息时，就读一段。出差到外地也带着书，只要时间和精力允许，他就读书。爹爹读书时很细致用心，每读必圈点，作眉批。每当中央向全党干部提出读书计划、读书目录，他就身体力行，带头按中央指示办，并要求他所在的党支部的同志都来学习。有时他还自己制订选读计划，坚持不懈。

　　60 年代以后，爹爹年事日高，自己读书越来越困难，就请身边工作人员和他一起学习，两人读一段，讨论一段，循序渐进。身边工作人

员都轮流为他读过报纸和书籍。即使进入晚年，爹爹还是读了大量的
马恩列斯著作。那些年帮他读书最多的是护士小郭。爹爹读过许多马
列经典著作，还有毛泽东选集一至四卷，一般都是小郭给他读的，爹
爹喜欢在小郭读书时，讲解当时的历史背景，文章形成的过程，对当
时革命进程所起的指导作用，以及对现阶段的重要意义等。小郭为爹
爹读书的同时也真正搞懂了文章的内容。

除学习马列著作、毛泽东著作外，爹爹还非常注意政策、时事的
学习。60 年代前后，他曾多次组织身边工作人员讨论当时中央的一
些政策。在讨论中，他鼓励大家畅所欲言。他自己则常发表一些精辟、
实在、符合客观实际的意见。如 1958 年 11 月间，他就组织过《十五年
共产主义建设纲要（草案）》讨论。他发表了不少与《纲要（草案）》不
同的意见，特别强调要根据条件办事，要有小自由，有自愿，有纪律，
不要命令主义，不要强求一致，要提高而不是降低人民生活水平等
等。其后，还组织讨论过斯大林的《苏联社会主义经济问题》。

爹爹病重住院，经常让我们家里人或身边工作人员把报刊上的重
要消息和文章念给他听。直到生命最后一刻，他还在关心国家大事，
密切注视国际、国内的风云变幻。

Part.2 爹爹庄重地行了个军礼，接过这沉甸甸的三枚勋章。

1955 年 9 月 27 日，北京进入金色的秋季。位于中南海西面的怀仁
堂在宁静中迎来了一个特殊的日子，这一天，新中国第一次授衔、授
勋典礼将在这里举行。

这天，爹爹和以往一样在外面散了一会儿步，回来后又伏案看了
一会儿文件。中午过后，中南海的理发师来到家中，仔细给爹爹刮净
胡须，然后他站立在镜子前，穿试后勤部刚刚送来的毛料面料的海蓝
色元帅服。

元帅服是比照爹爹身板做的，非常合体。爹爹虽说个子不是很高，
但他的背脊宽阔，加上两片金色的元帅肩章，爹爹一下子变了模样，

显得异常威武, 眉宇间充满了帅气。难怪国外影片中的元帅将军形象那样令人叹服, 原来笔挺的制服为他们增添了丰富饱满的生命力和宽宏的气质。

授衔授勋仪式在下午4点举行。爹爹从西楼到怀仁堂很近, 坐车只需几分钟。他准时抵达怀仁堂时, 已经有彭德怀、贺龙、陈毅、罗荣桓、聂荣臻、徐向前、叶剑英七位元帅先他到达了。今天授衔的十位元帅只有八人在中南海授军衔, 林彪和刘伯承因为有病, 正在青岛疗养, 由摄影师去那里拍摄他们身穿元帅服的镜头。所以爹爹一到怀仁堂, 也就意味着今天参加授勋授衔的元帅全部到齐了。

大家一见爹爹, 依然按照战争年代的习惯称呼他"总司令", 并立正向爹爹敬军礼。爹爹也和以往一样, 一一还礼。

我后来在杂志上看到一段授衔当天的场面描述:

朱老总健步走来, 第一个看见朱老总进来的是陈毅, 他用四川口音向大家通报了一声:"我们的总司令来喽!"随即其他几位正在谈话的老总们停下话题, 站立直身躯, 五指合拢, 举起, 压在帽檐边, 向朱老总致军礼。朱老总微笑着, 嘴里说: 免礼了, 免礼了。边走边向大家还礼。

陈毅是十位元帅中最活跃的一位, 他走到朱老总跟前, 好像不认识一样, 上下打量。

"老总哎, 穿上这行头好漂亮。比南昌起义还要显年轻, 那个时候, 你的大胡子有这么长……"陈毅在下巴处比画着……

大家都笑了起来。

朱老总被陈毅的幽默感染了, 笑着转身寻找贺龙。"贺老总, 你当初在南昌打响第一枪的时候, 有没有想过今天会当元帅?"

贺龙听见朱老总问他, 那两撇最有特色的小胡子, 在嘴唇上跳动着, 不由得想了想, 神情严肃, 回答说:"报告总司令, 那天我连自己打的是第一枪都不知道, 哪里知道今天会当元帅!"

大家又是一阵大笑。

是啊! 从南昌起义到今天, 整整过去了28年, 从贺龙举枪射出第一颗子弹起, 共和国的缔造者们戎马倥偬, 征战疆场, 流汗、

朱德和彭德怀在授衔授勋典
礼上。

流血、负伤、牺牲，多少战死疆场的英烈们未能看见军人站立在
最神圣的荣誉台上的情景……

书中描述的细节是否真实，我无从考证。但爹爹如此情绪激昂、
心情振奋，除了开国大典，就只有这次了。

授衔典礼上，中华人民共和国军衔命令书由全国人民代表大会常
务委员会副委员长兼秘书长彭真在典礼仪式上宣读。《中华人民共和
国国歌》在大厅上空余音未尽，彭真敞开他高昂的声音，宣读授予中
华人民共和国元帅军衔的命令。

爹爹的名字列在元帅名单第一位，爹爹听见宣读他的名字，从座
位上起身，大步走上主席台。随后，其他七位元帅也陆续走上台子。八
位元帅气宇轩昂站成一排，站立在毛泽东面前。

毛泽东一身灰色中山装，他平时和蔼幽默的神情消失了，整个授
勋过程，他紧闭双唇，面色严肃。他将一级八一勋章、一级独立自由勋
章和一级解放勋章郑重地递给了共和国第一位元帅——朱德。

爹爹庄重地行了个军礼，接过这沉甸甸的三枚勋章。

　　毛泽东和爹爹握手的刹那间，他们的眼睛相互对视着……从爹爹
和毛泽东在第一次国内革命战争时期，从井冈山胜利会师那天起，他
们紧握在一起的手就再没有松开过，视线里永远镶嵌着对方的身影。
如今握在一起的手，比任何一次都有分量！都有热度！

　　20多年的风雨沧桑、岁月坎坷的征战之路，以及荣辱得失、苦心
探索的漫长心灵历程，此刻浓缩为金光闪亮的金质奖章和授予与接受
的庄严时刻。

　　元帅授衔授勋仪式结束后，台下就座的几百位将军们也一同接受
了八一勋章、独立自由勋章和解放勋章。

朱德接受毛泽东主席授予的
勋章。

　　举行这次隆重的授衔授勋仪式是一个礼拜前由全国人民代表大
会常务委员会第二十二次会议作出的决定，会议通过了《关于授予中
华人民共和国元帅军衔的决议》和《关于授予在中国人民革命战争
时期有功人员一级八一勋章、一级独立自由勋章、一级解放勋章的决
议》。后来我听说，原来要给毛泽东授大元帅军衔，像苏联授予斯大林
大元帅军衔那样，毛泽东没有同意。他说，苏联有的东西，我们不一定
也要有。我们有十个元帅足够了。

　　荣誉面前,毛泽东显示出一个伟人的风范,授衔的元帅们谁不为之感慨和敬仰?

　　授衔授勋仪式在下午6点半结束。

　　身着元帅服和将军服的功臣们,带着红润的面色从怀仁堂走了出来。晚霞淡淡地抹在这片中国政治中心的上空,眼前的天地化为一片橙红,和他们的脸色一样,也和他们的心情一样。

　　怀仁堂外的草地上排列着长形木桌,上面摆放着冷餐食品和各类酒水。大家一见,灿烂的笑容油然而生,又是一个热闹的庆祝场面!

　　周恩来在碟盆碰撞声和开启香槟的"砰砰"声中,用欢快的语调,

1955年9月,朱德和刘少奇、周恩来在庆祝中国人民解放军授衔、授勋酒会上。

简练地来了个祝酒辞。在热烈的掌声中,毛泽东、周恩来、刘少奇、邓小平等中央领导人和元帅、将军们一道举起酒杯……

　　曾经穿越死亡,如今远离战场的将军们集聚一堂,高举酒杯,相互祝贺。随后,威武的将军们和前来伴舞的文工团姑娘们,双双对对旋入施特劳斯舞曲的漩涡里……

　　我虽说没有亲眼看见那个快乐无比且激动人心的场景,但我相信那是横刀立马,出生入死,从战争硝烟中活下来的将士们终身难以忘

身穿元帅服的朱德与夫人。

怀的日子。

　　晚上很晚,爹爹他们才从华尔兹的旋律中抽出身来,回到了家。爹爹一身元帅服从汽车里出来,那个精神模样,至今让我难以忘记。爹爹许久没有这样精神过了,那神情好比是从打胜仗的战场上归来,眉眼间全是笑意,腰板也直立了许多,步伐好像带着弹力,富有音乐的美感,发出"蹬蹬"的节奏声。

　　爹爹将元帅服脱下,小心地挂进衣橱里,然后用手捋了捋头发,坐在藤椅上,重重地吐出了一口气。

　　"爹爹,你是不是累了,早点休息吧。"我在一旁对爹爹说。

　　"这时他哪里睡得着?"康克清妈妈发出知夫莫如妻的微笑。

Part.3 庐山会议上,爹爹弯曲着胳膊,手举一半高。

　　很快,爹爹那种愉快而振奋的神情消失了。纯真而充实的岁月渐渐变得复杂而沉重起来。

　　众所周知,1956 年我国开始进入全面建设社会主义时期,我们党在指导思想上出现了"左"的失误。在那个令人头脑发热的"大跃进"年代，小麦等粮食亩产不断"刷新"，美好的愿望取代了客观现实，喊出了"人有多大胆，地有多大产"的口号，好像我们已经由一个农业大国转变为工业国家似的。中央又提出了在钢铁产量上超英赶美，号召全国人民积极地运用人民公社形式，探索一条过渡到共产主义的具体途径。

1958 年 8 月，北戴河会议通过了《关于在农村建立人民公社问题的决议》，决定在全国成立"一大二公"的人民公社。会后，全国范围内出现了大炼钢铁、人民公社化运动的高潮，以高指标、瞎指挥、浮夸风和"共产风"为主要标志的"左"倾错误严重地在全国城乡泛滥开来。

三个月的"左"倾台风在中国大地上席卷了一遍后，问题如同遍地的砂石，随处可见。到 11 月底，中央不得不在武汉召开"降温"的会议。然而，三个月燃烧的烈火，仅仅靠轻描淡写的"降温"，无疑是杯水车薪。"左"倾错误的势头依然有增无减。

爹爹从 3 岁就步入农民的生产行列，上山拾柴，到地里拾麦穗和放羊，对于农村和农田他太熟悉了。他不相信从农村报上来的数字，什么亩产超万斤，什么棉花超千斤，什么水稻密植竟然密到禾苗上能放住鸡蛋！爹爹和妈妈一起下乡，想把"卫星"现象弄个水落石出。

他们先去了南方广州。到农村后，爹爹不是光听汇报，他执意要亲自到农村去，一直走进农民的家中，和农民直接对话。他从农民那里知道了农民对公社大食堂的真实反映。

下去后，爹爹不像其他领导被假景象蒙蔽双眼，他一针见血地提出的问题总是让当地领导感到难堪。他听见农民对办大食堂不满意，就对基层干部直言，食堂不好就解散嘛！

要知道，说这话是要丢乌纱帽的！可是爹爹好像不懂这些官场的关门过节。回到北京后，他在中央会议上提出公共食堂可以因地制宜和对家庭制度要巩固等想法。后来，爹爹将这些想法和建议带上了庐山，原本作为纠"左"的重点发言，随着会议风向的转变，爹爹批判"左倾"的发言也成了"右"的根源。康克清妈妈因为对大食堂有看法，也被视为"右倾"，受到批评。爹爹当时并不认为自己的发言是错的，他

1958 年夏．朱德在河北抚宁
县农村视察。

列举了在全国许多地方的考察资料，说明大食堂的种种弊端，以致爹
爹最后变为同情彭德怀反党分子的重要人物之一，遭受了大家的冷落。

爹爹在庐山时，住在 359 号别墅里，几乎每天都有部下来拜望他。
爹爹曾经统帅过千军万马，部属们分布在全国各地。这次大家从四面
八方相聚庐山，都想来看看当年的总司令，和老总叙叙旧。

有一天午饭，卫士向爹爹报告："董老夫人何莲芝同志上午曾来
看望康大姐，大姐不在。她曾问到您，我告诉她您在楼上办公。她就回
去了。"爹爹听完后不高兴了，对卫士说："你这个同志呵，怎么能这

样子待客呢？周公离现在已经几千年了，他是周成王的叔父，又是宰相，很谦虚。周公有时在洗头当中，三次握着头发接见来访的人。有时在吃一顿饭中，三次吐掉口里的食物来接见来访的人；这叫作'一沐三握发，一饭三吐哺'。古人都讲谦虚，不搞官僚主义。你不让客人见我，就已经打发走了。这样做，多不好呵！"爹爹那种心平气和、循循善诱的态度和对来访者的谦虚诚恳、平等待人的精神，使卫兵深受教育，深为感动。

从那以后，卫兵热情接待每一位来访者。可是爹爹无心和来者叙旧寒暄，他一张口就是"大跃进"问题。不管谁来，爹爹总是用他慢条斯理的四川口音谈论大炼钢铁和大食堂。

有一天，中共广东省委书记陶铸来看爹爹，爹爹头一年在广东视察时，对他在广东搞"大跃进"的过火行为大为不满。果然，现在广东人开始跑到湖南寻食填肚子了。陶铸在庐山会议上主动地承担了领导责任，作检查前他想来听听爹爹的意见。

爹爹的意见很清楚。"去年两件事，一是大炼钢铁，二是人民公社化，使国家和个人都受到很大损失啊。吃大锅饭，我一向就担心。那么多人的国家，不好当的。如果去年不刮那么一股风，不晓得能出口多少东西！我这个人就是想搞点对外贸易，因为这样才能促使我们的建设事业搞得更快，有些人以为光人多就能把国家搞起来，实际是不行的。"

爹爹一向奉行"只有民族的才是世界的"真谛。他在北京时经常到刺绣、玉器、漆器等民族工业的工厂，几乎成为那里的常客。他想利用世界市场喜欢中国民间传统工艺这一优势，用中国民族工业产品换取外汇，然后再从先进发达的国家进口国家急需的技术、机器和生产资料。直到庐山会议上，爹爹还是不放弃他的贸易观点，竟然将浪费和出口连在了一起思考。

庐山会议并没有因为大家一致反冒进而改变毛泽东的态度。爹爹依然没有注意会场上明显的情绪变化，还是按照自己想的说。等他发现会议大势所趋的气氛，才闷闷不再吭气。

说什么呢？有什么好说！中央高级领导中，有几个没有种过地？没有看见粮食是怎么长出来的？竟然现在连地里能长多少斤粮食也

1961 年 2 月 7 日，朱德在福
建视察福州市工艺石雕厂。

搞不清了！爹爹心里能平静吗？情绪能不受压抑吗？

　　他们中间讲话最耿直，脾气最大，唯一敢直闯毛泽东床前，把毛
泽东从梦乡中叫醒的彭德怀，在这次会议上遭受了严厉的批判。爹爹
心里更加不安。爹爹不是那种见风使舵，会用艺术语言开脱自己的
人。唯一的办法，只要是他发言，他只谈自己的问题，尽量把问题往自
己身上拉，这和会上一些人形成了鲜明对比。有些一直反冒进的委员
一见会议气氛不对头了，马上改变自己的发言，甚至将自己所说的话
都推卸到彭德怀等人身上。

　　爹爹知道他无法改变毛泽东的决定，但他可以不改变自己为人的
原则。他在会议后期基本保持缄默，用无言表达他的满腹意见。

　　在会议最紧张的时候，爹爹和毛泽东谈过一次话，这是后来康克清
妈妈告诉我的，可见爹爹那时无私无畏、正直的品格。他对毛泽东直接

1959 年 8 月，朱德在庐山。

指出了会议的不足之处："我觉得这次会议发言民主风气不够。"毛泽东听爹爹这么一说，先是一愣，后想了一会儿说："你对一半，我对一半。"

爹爹听懂了毛泽东的话意，不再说什么了。可是我不明白，毛泽东伯伯为什么这么说呢？后来我想了很久，估计各对一半是指会议前期还是发扬了民主，大家的发言都很充分，这是毛泽东对的一半；会议后期，大家都开始沉默，没有什么民主风气了，这指爹爹对的一半。

会议期间据说还出现了一个小插曲。在表决投票时，按照惯例，大家都要高举臂膀，便于统计。而爹爹虽说也举手了，但他弯曲着胳膊，手只举到别人一半高的位置。那动作，一看就知道他是在极不情

1952 年 5 月 1 日，朱德和毛泽东在天安门城楼上。

愿的情况下举的手。散会以后，毛泽东在庐山散步时遇见爹爹，他对爹爹说："你啊老总，举手举了半票？"爹爹不以为然，笑答道："反正我举了手，至于手是怎么举的，我就不知道了。"

爹爹那时心情极其不好，他看见庐山有人往阴沟里丢弃粮食，气得够呛，把管伙食的人叫来狠狠地批评了一顿，规定大家不能吃超标准。这样一通宣泄，他心里似乎才好受一点。

庐山会议后，只有爹爹在彭德怀倒霉的时候去看望了他。尽管他们在一起并肩战斗的时间最长，但他们两人都是沉默寡言的人，即使坐在一起，也不多话。或许是多年情同手足的缘故，他们的交流往往来自心灵的沟通。此时满腹委屈也有点莫名其妙的彭德怀，看见爹爹走进他的别墅，多少得到些安慰，只有和自己同生死共患难的战友才能如此理解他的心境啊！

Part.4 战场上的正副司令，一尺见方的棋盘成了他们的用武之地。

从庐山回来，爹爹常去玉泉山居住，其中有一个重要原因，被贬的

1952 年，朱德和彭德怀在北京香山。

彭德怀居住在附近一处叫吴家花园的农庄里。1959 年彭德怀在庐山倒霉后，正好爹爹也闲居在家，就经常去郊区的吴家花园和彭德怀下棋。

爹爹只要在玉泉山，就经常去彭德怀的院子里，没有别的事情，就是下棋。他们几乎不谈政治话题，一个政治倒霉的元帅，一个政治外围的元帅，一个软禁，一个赋闲，刚好，棋盘能为他们增添一点生活色彩。他们坐到棋盘前，顿时有了两军对垒的厮杀快感，被压抑的情绪通过咫尺的棋盘猛烈地宣泄出来。这对战场上的正副司令，一尺见方的棋盘成了两人继续施展军事才能的用武之地。只要一开战，他们和善的表情全没了，拼命要将对方的军。

"砰"，爹爹是红子，先走。

爹爹不仅和彭德怀性格不一样，连他们吃对方棋子的作风都不一样。爹爹吃子是先用自己的棋子将对方的棋子扫开，然后用手把棋子捡出棋盘，像展览战利品一样把缴获的棋子排开一溜。彭德怀则不然，他吃子和他的大脾气一样吓人，"砰"把自己的棋子砸在对方的棋子上面，然后从下面把棋子抠出来，丢在一边，"俘虏"的棋子狼藉一片，好像毫不在意他的战绩。如果碰到彭德怀悔棋，爹爹会非常敏感地抓住对方的手腕，眼睛瞪得滚圆，声音洪亮："不能赖棋，放下！"彭老总脖子都直了，干脆赖到底："你是偷吃，不算！""吃你的子，还要发表声明吗？战术不行就不行嘛，悔棋算啥子？"爹爹寸步不让。

在他们的特殊战场上，常常是从上午鏖战到黄昏日落，才收摊回家。

临了，爹爹上汽车告别时，脸上虽笑容荡漾，嘴上却硬得邦邦响："下次决不手软，杀你三百盘，有你好果果吃！"

1974年，彭德怀去世时想见爹爹，一次一次地向看押的看守请求，可谁也不告诉爹爹。直到彭德怀死后，爹爹才知道彭德怀临终的心愿，他顿时老泪纵横，泣不成声，对着空荡荡的房间大声叫嚷："你们为啥子不让我去看彭老总？要死的人，还能做啥子？还有啥子可怕的！……"

可以说，在那段特殊时期，看望彭德怀次数最多的人要数爹爹了。

Part.5 爹爹和兰花为伴，或许是一种心灵的释放。

以前爹爹爱养兰花，打从庐山回来后，养兰花变成了一大嗜好。他经常到中南海的花圃里，一蹲就是半天。四川的夏蕙、广东的墨兰、银边大贡、贵州的野生种类和无锡的各种春兰，大约有千余种兰花在温暖的花房里争奇斗艳。这时爹爹沉浸在万花丛中，或许是他最为舒心的时刻。

我当时不知道庐山会议的内情，更不知道爹爹的内心活动。我只觉得奇怪，怎么从庐山回来，爹爹的情绪始终处于低落状态，再也没有出现授衔时的那种激情。有时见他一个人独自孤坐在办公室，什么事情也不做。妈妈在旁边话多了，他还嫌烦，会用拐杖头拼命跺地。我们后来忍不住悄悄问妈妈，才知道庐山会议上，爹爹作为受批评的领导人之一，处境变得微妙起来。所以爹爹心情不好，变得更加沉默，更加痴迷养花，只有和兰花为伴，才能获得心灵的释放。

1961年5月，朱德闲暇时修剪兰花。

唉，爹爹这是在变着法打发寂寞的日子！我常心酸地想。

现在想想就理解了：爹爹是用兰花寄托他的心志！兰花除去品种名贵外，还被用以象征我们民族高洁、坚贞的性格。

兰花是我国的传统名花，不仅花朵端庄秀丽，气味清香，而且枝

1964 年朱德向日本著名政治活动家松村谦三赠送兰花。

叶肥阔，四季青绿。爹爹喜好兰花可有些历史了！他 20 岁左右从军云南时，非常喜爱一种开着白色花朵的野兰花。每到春夏交际，这种野兰花漫山遍野，清风过来，阵阵芳香袭人，特别招人喜爱。因为经常作战，流动大，不能种花，爹爹就用瓶子养着采来的野花。再后来，他被提升当官了，就一边行军作战，一边在山里采集野兰花，移植到他各种简易可携带的"花盘"中。时间一长，爹爹认识了许多兰花，能准确地辨别它们的品种。一直到他出国留学，才不得不暂时告别兰花。但是在他留学德国的宿舍里，见到最多的还是鲜花。

1928 年，爹爹率南昌起义部队上井冈山和毛泽东率领的秋收起义

1956 年，朱德在北京中山公园观赏牡丹花。

部队胜利会师，他又一次在井冈山上看见了久违的野兰花，并且记住了井冈山生长兰花的主要地点。相隔 30 年，爹爹到井冈山地区视察工作，仍然记得当年井冈山的野兰花。他利用空闲时间，爬山找到野兰花的生长地，将花移植到瓦盆里带下山，带进了中南海的花圃。

50 年代后期，北京的中山公园开始养育兰花，培植兰花新品种。爹爹知道这事情后，一天他突然坐车来到中山公园的花圃，一边参观兰花，一边和栽培兰花的园丁们聊天。爹爹已经进入古稀之年，依然对兰花抱有浓厚的兴趣，并将自己多年养花的经验介绍给大家："养兰入门易，精通难。须窥天时，测气候，勤于护侍，做到栽养有法，兰花才能生根发芽。"爹爹的一席话对大家启发很大。"兰花是中国花卉

1961 年 4 月，朱德在四川观赏花卉。

中的名贵品种，因为栽培技术要求比较高，以前只有有钱的人家才养得起，只有少数人能观赏到。现在是新中国了，你们要养好兰花，多养兰花，让老百姓都能看见兰花的芳姿……以后还要总结栽培经验，逐步普及，让兰花进入寻常百姓家中。"

大家看见元帅也如此酷爱兰花，以后中山公园遇到有什么新品种或有什么花展，总是第一个告诉爹爹，让他和大家一起分享养育兰花的欢乐。爹爹有什么新品种的兰花也经常带去给中山公园养植。大家见朱老总常送名贵的兰花来，就想进爹爹的花圃看看。可一想，中南海是党和国家领导人居住的地方，普通人怎能随便进去呢？更别说他们这些普通的花匠了。

没想到有一天, 爹爹亲自用他的苏联"大吉斯"接大家去他的花圃参观! 没等大家反应过来, 爹爹已经为大家打开了车门, 然后又放下汽车里的加座……这是共和国第一元帅的专车啊!

大家激动的心情还没有平息, 汽车已经进了中南海, 环绕着碧波荡漾的中海畔行驶, 不一会儿, 车子在一个大温室前停了下来。爹爹下车说, 这就是中南海的花圃。大家走进棚子, 又是一阵激动和惊讶, 这里简直就是兰花的海洋……

爹爹如数家珍地向大家一一介绍兰花的品种和习性, 他那微笑的面容和缓慢的语音, 无不让人感受到一种特别的意境, 一种只有在大自然中才能得到的宁静和超脱。

谁要是来爹爹家里, 一进门首先被他满屋水灵鲜亮的大小兰花吸引住。这些赏心悦目的兰花盆景, 令所有来客大为喜悦! 只要一提兰花, 爹爹犹如打开了话匣子, 总有说不完的话。他兴致勃勃地给来客介绍他的得意品种, 其间还不忘用特别严肃认真的口气赞赏兰花的品质。

1961 年爹爹到广州视察, 在越秀公园看见百花盛开, 其中有许多兰花, 便即兴作诗一首:

> 越秀公园花木林, 百花齐放各争春。
> 唯有兰花香正好, 一时名贵五羊城。

爹爹如此倾心兰花, 对兰花充满特有的喜爱和感情, 可有谁能想象此时爹爹的内心正承受着困惑和失意。爹爹养兰花养到 1966 年, 一把"文革"的大火, 彻底烧毁了他的兰花梦。

Part.6 家乡只能拿出最好的东西 —— 大头菜, 招待共和国的第一元帅。

1960 年 3 月, 爹爹告诉我们, 说要和康克清妈妈一起去四川老家看看。爹爹从 1909 年离开家到云南昆明报考云南陆军讲武堂, 至今

1960 年 3 月，朱德回到了阔别 51 年的故乡——四川仪陇县，这是朱德访问调查社员的家庭情况。

51 年没有回家了。

爹爹一到四川仪陇老家，不是忙于回家为父母扫墓，而是先和当地政府谈当前的生产情况，了解家乡群众的生活。

爹爹归乡的心情无法轻松，他的家乡和其他地方一样，大跃进和大炼钢铁造成的恶果显露，加上自然灾害的袭击，农民只有忍饥挨饿。

爹爹知道，素有"天府之国"美名的四川都开始挨饿了，那么全国农村的情景也不容乐观。

爹爹回到生他养他的家乡，别的话没有，就是再三强调要乡亲们种好地，想方设法增产，"民以食为天"嘛。他要求干部事事为群众着想，关心群众生活。在家乡的那几天，爹爹坚持和父老乡亲们吃一个食堂里的饭，亲身体验公共食堂的"优越性"。

一天中午，爹爹突然到食堂吃午饭，做饭师傅看见爹爹进来要和乡亲们在一个桌子上吃饭，慌乱中也来不及掩盖乡亲们面前的饭碗了。食堂中午供应的午餐是清薄的稀饭。

看见爹爹执意要和群众一起喝稀饭，食堂只能拿出他们最好的东西——大头菜招待共和国的第一元帅。

爹爹看着眼前清清的稀饭，眼睛红了，难过得许久说不出话来。最后爹爹用军人的豪迈和乐观对乡亲们说："我们一定能够克服眼前的困难，我们中央政府一定想法帮助人民过上好日子。我在这里向父老乡亲们保证！"

爹爹的老家原来租用地主家的房子，解放后已经破落不堪，无法住人了。爹爹带着妈妈在旧址上绕了一个圈，告诉妈妈这就是他住过的房屋。后来又去看望了爹爹读书的私塾，私塾也早已成为家用的民房。人们带领爹爹到一处青砖瓦房前，说是爹爹小时候居住过的旧址。爹爹想了半天，也不记得自己住过这样好的房屋，可是年轻的晚辈们说得有鼻子有眼的。好半天，爹爹才想起来，这房子确实是他家的地产，不过那是他当了旅长后，寄钱给家人重新盖的房子，他一天也没有居住过。

"难怪我不认识呢！"爹爹笑着说。后来，爹爹嘱咐乡里的领导，将这所房屋改做学校，让村子里的孩子到这座瓦房里学习。原来乡领导准备将这处房屋留做"朱德故居"用。爹爹一听直摇大手，坚决不同意。

乡里听从了爹爹的意见。爹爹回到北京后，怕乡里变卦，又写信去问。直到接到家乡的来信，说是青砖瓦房故居已经改建成小学校，爹爹这才放下心来。

Part.7 爹爹面对郭沫若诚恳地说："我要拜您为师！"

爹爹一生勤俭，也一生好学。爹爹一直比较喜爱写诗，在中南海里经常和陈毅、郭沫若等写诗的人交谈创作的体会。他外出视察工作时也不忘找当地的老诗人一起谈诗、作诗。爹爹为我们后代留下了数百首诗词作品，其中有不少上乘佳作。可是爹爹生前始终对自己写的诗不甚满意，说自己写诗不像诗，只是完成了表达的愿望，没有诗词的韵味。

1962 年 4 月，在陈毅的倡议下，《诗刊》杂志社在人民大会堂举办了一次座谈会。这次谈诗座谈会到了五十几位著名诗人，济济一

1964年1月1日，朱德和郭沫若交谈。

堂，堪称盛会。

爹爹到的很早，带着笑容走进"福建厅"，和大家亲切握手，随意叙谈。从他温和的态度、快乐的表情中，透露出心怀的舒畅。与会的同志们心情都很激动。接着，陈毅、郭沫若接踵而至。

爹爹首先讲话。一阵热烈的掌声过后，厅堂里静静地、静静地。爹爹话音并不高，但声声入耳，深入人心。

他首先谈到，在毛主席领导下，我们国家在社会主义革命和社会主义建设方面得到了重大的发展。诗歌要热情地歌颂社会主义事业前进中涌现出来的动人的真实事件，要真情实感地说出心里的话，这样写出来的东西就很好了。谈到个人，爹爹说：自己时有所感，写上四句八句的，说诗不像诗，只是完成表达的欲望。愿意和各位写诗的同志们常见见面，多多交换意见。

爹爹还谈到毛主席《在延安文艺座谈会上的讲话》的伟大意义。谈到现在写诗要注意从民族传统中吸取营养。他深刻地阐发了毛主席的文艺思想和去糟粕、存精华，对民族遗产批判继承的问题。

1962 年 4 月 19 日，朱德在诗歌座谈会上和臧克家（右）、刘白羽（中）交谈。

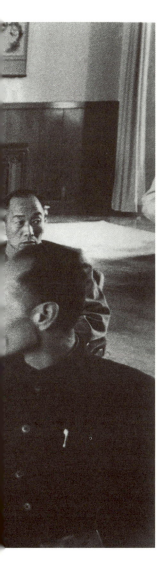

爹爹从国内外形势的发展联系到历史情况,从社会主义事业的前进联系到诗歌的创作。他肯定了最近几年诗歌和整个文化运动的成就,鼓励大家好好学习,领会毛主席的思想,继续向前迈进。

最后,爹爹面向郭沫若诚恳地说:"我要拜您为师!"郭沫若一听,连忙起身,抱拳说:"元帅在上,不敢言师。"

在座的人一见他们幽默的对话,忍不住都笑了起来,这笑声就像一池春水荡漾,充满了愉悦和温馨。

爹爹已经八十多岁了,他对诗词的爱好依然像一个初学者那样虔诚谦逊,那样孜孜以求。

著名诗人臧克家曾写文章回忆他和爹爹的交往:

1963年夏季的早晨,电话叮铃铃地响起来了。当我拿起听筒清楚了电话的来处时,快乐又紧张,平静的心胸像一池春水,被一阵东风吹得波浪叠起。

"朱委员长约您来谈谈,好吗?"

"什么时间?"我问那秘书同志。

"明早9点好吗?"

"准时到!"我激动地挂上电话。

这一天,我思潮翻腾,想得很多,很远,整个的心在快乐的兴奋中动荡。想到1926年在武汉,就震于朱总的大名,那时,他是北伐革命军中有名的将领。后来,南昌起义,井冈山会师……关于朱总的革命伟绩和革命故事,我听到很多,令人钦敬,衷心向往。解放以后,在大会的会场上,在群众的集会中,我有幸多次见到朱总,距离虽然远远的,但心里觉得很贴近。明天,就在明天,我就要去会见崇敬、仰慕了几十年的伟大的无产阶级战士,威名赫赫的朱总,心里怎能平平静静呢?

第二天早上9点,我坐车到了中南海。

在门口招呼我的,大约就是昨天打电话的那位秘书同志吧。四十左右的年纪,穿一身褪色的灰色军装,口袋上插一支最普通的自来水笔,一看样子,就是朴实的八路军风格。当他上楼通报的时候，我一个人坐在客厅的沙发上，心情十分激动。客厅很宽敞，但极简朴，没有什么陈设，沙发上的凉席，也像用过多年了，洁白而素净。当我看到那个久已熟悉了的高大形象走下最后一级楼梯的时候，我自然而又肃然地站了起来，望着朱总满带笑容、略略放快了一点步子走了过来。

朱总慈祥的神情，平易近人的态度，使我紧张的心情松弛了下来。

话题是从诗开始的。

朱总说，在空余之暇，也喜欢读一点诗，自己偶尔也写一点。接着又谦逊地说：总写得不很满意。接下去，朱总对诗的问题作了指示。大意是说，诗要表现战斗生活，为革命服务。不要写得太深奥，叫一般人看不懂，那样，就会失掉它的作用。诗应该通俗化、群众化，意思、语言要朴素、明朗，叫人人看得懂，念出来，听得懂，这样，群众自然会喜爱它，不仅仅限于少数知识分子的范围……

当时，我一面倾听一面想，这和毛主席对文艺和诗歌的教导是完全一致的。毛主席和中央许多领导同志都关心诗歌问题，而且以自己的创作实践，为我们树立了榜样，成为典范。现在有机会亲聆朱总的教导，我心怀极大的钦敬又感到很亲切。口里说的是伟大真理，但态度却那么平易，那么随便，好像并不是在作指示，而是在提出个人的看法，听取对方的意见似的……

"辛亥革命五十周年了，"朱总把话题一转，"他们将出纪念集子，要我写点诗。"一谈起辛亥革命，朱总从平静中激动了起来，眼睛向上凝视，好似纷纭的往事，一齐涌现在心头。朱总心情愉快地畅谈当年辛亥革命的情况：云南起义，生擒总督。靳云鹏怎样逃走，钟麟如何被击毙。朱总带领队伍，打着红旗，戴着红边帽援助四川，到达自流井……朱总谈起这些历史上的伟大革命事件，像谈家常一样，满含热情，生动感人。谈到一些反动顽固军阀被俘、被杀时，发出鄙视的嗤笑声，谈到自己在内的革命起义队伍，自然流露出亲切欣慰的情感。我听朱总生动的讲述，想到吴玉章同志写的《辛亥革命》一书中描绘的情况，真是心情激动，深受教育，使我对老一辈无产阶级革命家更加崇敬与热爱了。这些领导同志，远在清末就参加旧民主主义革命，意气风发，斗志凌云，推倒清朝，建立了民主；在新民主主义时代，又领导亿万革命人民，推倒三座大山，缔造了无产阶级专政的中华人民共和国，勋业比山高，却平易谦和，不自居功。我和这样一位历史上的伟人对坐，听他讲述革命故事，也是在接受最生动的革命教育。

最后，朱总笑着把他为辛亥革命纪念册写的几首诗拿给我看，我严肃认真地拜读了。诗，朴素真挚，反映了革命历史，也表现出一个老革命家的真情实感（这些诗篇已选入《朱德诗选》）。这时候，我深深地以亲身经验印证：朱总的人，朱总的诗，关于朱总的种种赞美的传说，甚至关于跟随朱总工作的同志以及室内的布置，统一在崇高、朴素、平易、亲切这一总的印象之中。

谈话虽然只有一小时略多一点，然而印象之深却是无法比拟的。

爹爹对诗词认真的态度和平易近人的作风，让每一个和他接触的人深为感动。大家都愿意和爹爹谈诗，有的还将自己的习作拿来让爹爹审读指点。每逢这个时候，爹爹的心情总是格外畅快。那爽朗的笑声和陶醉的神情，让人觉得爹爹在诗词的天地里年轻了许多。

10 Chapter

1962 年 4 月，朱德和康克清在北京。

Part.1 爹爹在中南海挖野菜时，有一笔巨款早就存放在德国，等候他去领取。

中国违背经济规律的大跃进，最终招致现实的惩罚。天灾人祸外加苏联逼债，从 1961 到 1963 年，自然灾害在中国上空整整徘徊了三年之久。

三年自然灾害时期，我记得家里发生了两件事：一是粮食吃超了，爹爹、妈妈想办法用野菜和红薯代替细粮，把粮食的漏洞补上；二是爹爹不吃肉，吃一点营养餐，孙子眼馋，爷爷最后连营养餐也分给孙子吃了。

我们家在中南海是出了名的孩子多的家庭，这个大家庭的成员有爹爹抚养的十个侄子、侄孙，他们都是爹爹兄弟姐妹的孩子。爹爹在四川老家是位知恩图报的厚道兄长。当年他能上学读书，并且完成私塾教育考取秀才，全靠兄弟姐妹们整日辛苦劳动、节衣缩食，从不多的收入中挤出供他读书的费用。解放后，爹爹的生活条件好了，他不忘当年兄弟姐妹的手足之情和慷慨相助，就把他们每家的一个孩子接到北京来读书，所有费用全由爹爹负担。虽说爹爹当时工资不低，由秘书负责保管，但因为抚养这么多的孩子，学费、生活费、交通费，还有每周回家的伙食费……一月下来就所剩无几了，所以爹爹和康克清妈妈一直过着非常简朴的生活。

爹爹自 1956 年授元帅军衔以后，却从没拿过一次元帅军衔的工资，直到他去世。爹爹拿的工资是行政级别的一级工资，有 400 多元，这已是中国行政工作人员最高的薪水标准了。如果按照当时的生活水平，这笔不算少的钱光爹爹自己用是足够的，而且可以生活得很好。可是爹爹从来没有宽裕过，他要用这些钱抚养一大群孩子。

十个半大不大正在长身体的孩子，每个礼拜从各自的学校回到中南海的家中，人最多的时候要开三桌饭，床铺上睡不下这么多人，就在客厅的地毯打地铺。从建国初期到"文革"初期，我们家几乎每个星期天都是这样度过的。

1959 年 5 月，朱德在北京玉泉山翻地种菜。

三年自然灾害期间，最紧缺的不是钱而是粮。

人口一多，吃粮就多。一天，秘书告诉康克清妈妈，这个季度粮食超了 50 多斤。爹爹和妈妈的粮油都有定量，特别在困难时期，粮吃超了，连买议价粮的地方都没有。工作人员和爹爹商量，是不是从有关单位把粮食补上。爹爹一听坚决不同意，说自己想办法补上这个漏洞。

后来爹爹亲自外出挖野菜，指导厨师做了一顿"菜糊糊"让大家品尝，康克清妈妈又买回了红薯。他们就用红薯和"菜糊糊"代替主粮，硬是一斤一斤地补回了亏空的 50 多斤粮食。

有一段时间，在中南海的晨雾中，常常能看见爹爹挖野菜的身影。有时他利用清晨散步的时间，带上孙子在树林草丛中挖一些可以食用的野菜带回家，让厨师做成菜，中餐时端上来让大家一起吃。一开始，吃惯了精细蔬菜的孩子都不肯吃这种苦涩的野菜，爹爹就带头吃。他边吃边讲野菜如何有营养，长征路上能有这样的野菜充饥，好比吃上了山珍海味……现在过上了好日子，不能忘记过去的苦日子，并且规定饭桌上的人都要吃。慢慢地，孩子们适应了野菜的味道，如果几天不见野菜，还嚷着要爷爷带他们去挖野菜。

三年自然灾害时期，毛泽东带头，中央领导人都不吃猪肉，和全

1962 年 6 月 29 日，朱德和康克清陪同越南劳动党主席胡志明参观自家的菜园。

国人民一道度过困难时期。爹爹他们饭桌上没有了猪肉，但因为爹爹年纪大了，厨师就做一道油多一点的营养菜单独给爹爹吃。那时我的大孩子在爹爹身边抚养，每次营养菜一上，他就闹着要吃，无论奶奶怎样分散小家伙的注意力，小家伙的眼睛就是不离开爷爷的菜盘。爹爹不忍心，将菜分给了几个孙子。后来在旁边桌上用餐的杨尚昆因为他家人少，主动将营养菜分给爹爹这边桌上的孩子吃，才使得爹爹能保证吃上有限的营养菜。

就在工作人员精打细算帮助爹爹计划开支以抚养 10 多个孩子时，有一笔巨款早就存放在德国，等候爹爹去领取。这是史沫特莱写爹爹的传记《伟大的道路——朱德的生平和时代》的稿费。史沫特莱 1950 年逝世前曾经留下遗嘱，要将稿费交给书中的主人公——朱德将军。国外有关机构按照死者的遗嘱办理了稿费转交事宜，并将这笔稿费交给了中国驻德国大使馆。爹爹知道这件事情后，没有关心那笔稿费的下落，而是怀着对史沫特莱深深的敬意，亲自将她的一半骨灰安葬在北京，并且在墓碑上题了字。以后爹爹对稿费只字不提，好像这笔巨款从来没有存在过一样。多年后，即 1958 年 2 月，爹爹接到中国驻德国使馆的请示："朱德副主席在我馆存稿费 95008.30 马克，已有两年

1937 年夏, 朱德、毛泽东和美国进步作家史沫特莱在延安。

之久, 此款如何处理? "

　　爹爹接到大使馆的请示, 二话没说, 提笔批示道: "买自然冶金科学新书、化学新书寄回! "

　　大使馆的同志遵照爹爹的指示, 购买了大量国外最新的科技书籍, 书籍全部分给国内各大图书馆和有关科研单位。这批科技书籍对于建设中的中国无疑是雪中送炭, 是一笔巨额投资。

Part.2 爹爹用克扣自己的方式一分一分地积攒了近 2 万元"财富", 作为最后一次党费。

　　爹爹生活俭朴, 无论是生活方式还是生活态度, 始终保持着劳动人民的本色, 从不乱花一分钱, 爱护身边使用过的每一件物品。

　　爹爹不仅不让我们有高干后代的优越感, 连普通人向往舒适生活的思想都不让有。记得我刚回国时, 对阔别多年的祖国还没有完全适应, 爹爹就让我搬到工作的学校里居住, 规定我每个星期日才能回

1958 年 5 月，朱德参加十三陵水库工地的义务劳动。

家，而且只能坐公共汽车回去。父母他们为了让我一心一意地投入工作，将我的第一个孩子带在身边亲自照料，我想孩子时，也不能随时去爹爹那里看，必须在星期日才能看见孩子。

爹爹当时有句常挂在嘴边的话，至今还让我感到余音萦绕耳际："老百姓怎样生活，你就怎样生活。记住你是一名普通的人民教师，人民没有赋予你特殊的权利！"

爹爹不仅要求我们生活要朴素，他自己更是自奉节省，自供清淡，节衣缩食地生活。他在抚养许多孩子并经常帮助解决身边工作人员困难的同时，从所剩不多的工资中又一点一点地积攒了近 2 万元的存款。这是爹爹一生中最多的一笔积蓄。对于生活俭朴的爹爹无疑是积累了一个近似天文数字的巨款啊！

要知道，这来之不易的积蓄是爹爹用近似"虐待"自己的方式才换取而来的。

我以前在爹爹那里经常看他的影集。早年的爹爹非常神气，一身制服军装，骑着高头大马，脚蹬大马靴；到德国留学时，他也是一身西装，头戴礼帽。绝不像现在这样穿着简单、朴素。我有时和爹爹开玩笑："爹爹，你是一个真正的土八路。""是啊，军阀再洋再神气，也不能建立新中国，只有土八路才有这个本事。"爹爹掸掸身上的布衣，一脸自豪的笑容。

爹爹的转变是从里到外的转变，更准确地讲，这么大反差的人生之路，只有精神境界腾升超越之后，才能具有非凡的人格魅力，也才能心甘情愿将自己置于人民大众之中，置于为之奋斗的理想和实践理想的满足之中。

在我的记忆中，爹爹进入中南海的 20 多年里，除了出访时必要的两套好一点的服装外，其他衣服都是旧的，包括睡衣、衬衣、毛衣等一些里面穿的衣服，甚至连家里的床单、被褥都是补丁摞补丁，洗得快看不见原来的底色了。有时为了给爹爹做件新衣服，不知要费多少口舌。那时冬天刚过去，天气逐渐转暖，到了要脱棉衣换呢制服的时候了。工作人员帮助爹爹找了半天，竟然没有找到一件合体的呢制服可以让爹爹换上，那些已经有年头的毛料衣服不是破旧得厉害，就是太小不能再穿了。于是大家想说服爹爹做一件新衣服，但爹爹死活不答应，硬让康克清妈妈将两件小的改为一件大的。可是衣料的年头太久，已经无法再缝制了。妈妈见说服不起作用，就让裁缝师傅来家里给爹爹量体裁衣，可爹爹当着老师傅的面还是不肯做新衣服。后来大家一起劝说，爹爹才一脸不高兴地勉强同意了，但是不让做面料太贵的服装。就这样，已经 80 多岁的爹爹才添置了一件新衣，直到他老人家去世，再没有做过新衣服。

爹爹就是用这样克扣自己的方式一分一分地积攒了近 2 万元"财富"。不过这笔积蓄不是给我们后代准备的。早在积攒过程中，爹爹就明确了这笔积蓄的用途，他将用它交最后一次党费！

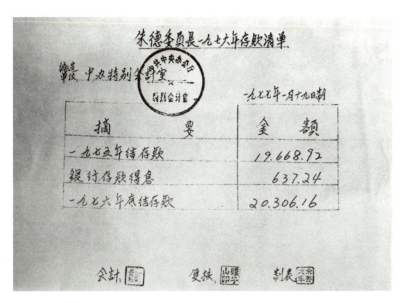

朱德逝世前嘱咐康克清,将他的2万元存款全部上缴党组织,作为最后一次党费。

爹爹去世后,康克清妈妈又补上了一点钱,凑成2万整数,替爹爹交了最后一次党费。

爹爹生前多次对我说:"我是无产者,我所用的东西都是公家的,我死后一律上缴。我没有什么遗产,只有读过的马列和毛主席著作,你们可以拿去学习。"

康克清妈妈将爹爹遗留下来的钱全部交了党费,我一点也不惋惜,因为这是爹爹生前的愿望,也是他唯一的愿望。我这时已经了解爹爹非凡的胸怀和朴实的品格,怎能不理解"无产者"意味着什么!

像爹爹这种身份的元帅,在外国人眼里不说是家有万贯,至少也是生活优越、经济富有的人。可谁能想到,爹爹是以常人难以相信的简朴和平凡度过了他共和国第一元帅的后半生。如果从金钱的角度衡量爹爹,他没有留下任何财产给后人;如果以他所作的贡献和近似完美的品格来衡量,爹爹应该是世界上最富有的人,他留给人类的财富是任何富人无法做到的,也是金钱无法衡量的。

爹爹的财富是由他非凡的品格创造的!

爹爹留给我的"财富"也是世界上最丰厚的,它让我生活充实,让我心地纯净。这难道不是世界上最好的财富吗?

Part.3 爷爷大，坐四个轮子的车；建建小，坐三个轮子的车。

我的老大刘建和老二刘康是由爹爹和康克清妈妈抚养的，他们兄弟俩在中南海里时间长，和爷爷相处的时间多，特别是从小在爷爷身边长大，对爷爷有一种天然的亲近。这一点上他们比我幸福得多，享受的爱比我多得多。

他们一出世就和爷爷在一起，爷爷在他们幼小的心灵中是最亲的亲人，最慈祥、最可爱的"伙伴"。至于爷爷是不是开国元勋，是不是国家领导人，那是红墙以外的事情，丝毫不影响他们在爷爷面前调皮打闹哭鼻子。我的爹爹像一个和善的调解员，经常对他们的"战斗"进行调解，直到两个小家伙破涕为笑，握手言和。

爹爹教育孩子从不摆大道理，也不命令式地强制他们做这个或是不能做那个。爹爹总是在和风细雨中将做人的道理灌输给孩子，"润物细无声"的启蒙作用往往是巨大的，乃至影响终身。

1960年，我的老大和老二相继上了小学，学校虽然离中南海不远，但从爹爹住的地方走到中南海西门却有好长的一段距离。

刚上学的孩子要走那么远的路，我有点心疼，在爹爹面前流露出舍不得的情绪。孩子大概受了我影响，也在爷爷面前嚷嚷走得太累了，走不动了，还说别的同学是坐小汽车去上学的。

一开始爹爹没有理我，也没有理会孩子的嚷嚷。可是开车的师傅听见我向爹爹唠叨孩子上学走路的事，他就想：朱老总大早晨也不出去，不用汽车，我就开车送送孩子吧。

哪知才送了一次，就让爹爹、妈妈知道了。这次他们生气了，不是对孩子，而是对我。爹爹严厉地对我说："小汽车是党和国家派给我的工作用车，不是我的私有财产，除了我外出使用外，家里任何人都不能使用，连你妈妈上班都不能用我的汽车，更不要说才六七岁的孩子。上学就用轿车送轿车接，你知道这是培养他们什么思想？享乐思想！特权思想！"爹爹有个特点，情绪一激动，就喜欢用拐杖戳地。这时他边说边咚咚地捣着地："你说，人家老百姓的孩子有小汽车坐

朱德一手一个孙儿, 笑得多
开心。

吗？人家孩子不小吗？人家孩子走路就不远吗？……"

"我怕孩子路上不安全……"我小声辩解，其实心里也委屈。爹爹的
严格家规我何尝不清楚，感受也很深，但我毕竟是当母亲的，多少有点
疼孩子，他们才那么小，每天要走几里路，路上汽车又多，怕出什么事。

"这个不用你操心！"爹爹气哼哼白了我一眼。我不敢再多说什
么，赶快从爹爹跟前溜开。爹爹眼不见我，就不会烦心了。

爹爹就是这种人，他发完脾气，一会儿就过去了，从不赌气，更
不记仇。我们家里人都知道爹爹这个特点，所以看见爹爹生气就赶
快走开，他不会跟出来和你生气的。我记得，爹爹和康克清妈妈他
们之间一直都很好，几乎没有看见他们吵过嘴，总是和和气气的。
但是"文革"以后，情况就有点变化，爹爹可能被外界的风风雨雨、
是是非非搞得心情不好，他开始苦闷，变得爱发脾气。后来身边的

孙子陆续离开他，到农村"广阔天地大有作为"去了。家静了，爹爹的心也空了，可是外面的世界却在"天翻地覆"地闹腾着，日夜撞击着爹爹困惑迷惘的心。这时，妈妈的处境也不好，她被全国妇联揪斗多次。有时候妈妈在爹爹身边念叨的话多了，爹爹会生出无名之火，温和的性情变得暴躁起来，他也不和妈妈争辩什么，只是用拐杖咚咚地捣地，或者扬起拐杖在妈妈面前舞动……

"咳！还想打我呢！"尽管妈妈知道爹爹是做样子吓唬吓唬她，但她心里还是有点难受，她不想惹爹爹生气，就闪身躲开，在自己房间里独自委屈。过不一会儿，爹爹把自己刚才挥舞拐杖的举动忘了，又高声唤道："克清，克清，你在哪里？怎么不过来？"妈妈一肚子的闷气随着爹爹变得和颜悦色而烟消云散，他们又在一起读书看报，心平气和地谈论事情。

所以我一看见爹爹用拐杖戳地，就赶紧闭嘴，还是少说为妙，"走为上"是最好的办法。可我人是走开了，心里还在嘀咕，爹爹说不用我操心，是不是他已经想办法解决了孩子的上学问题？

第二天，孩子以为还是小轿车送他们上学，又欢天喜地到车库去等车。可是爹爹给他们推来了一辆三轮自行车，后面有一个车斗。我的老大建建一看，扭动着身子，不愿意坐，说是难看，同学们看见了会笑话他的。

爹爹也不生气，笑着问："建建，爷爷大还是建建大？"

"爷爷大！"

"对啦，爷爷大，坐四个轮子的车；建建小，坐三个轮子的车，对不对？"

"对！"孩子一听，乐了，高兴地坐在后斗里。爹爹让开车的师傅骑三轮车送孩子过马路，过了马路就让孩子下来，自己走进学校。

我在一边看见爹爹和孩子那么容易沟通，心里真是好感动，也很愧疚。这些本来应该是我们做父母操心的事情，却让已经年过70的父亲操心。

Part.4 奶奶打你的手心，她的手心也疼啊!

爹爹和康克清妈妈对孩子的教育都很严格,但各有千秋,各有侧重。从孩子开始上小学起,爹爹就让他们自己学习洗衣服,先从手帕、袜子开始洗。每次到了星期天,院子里有一个水龙头,康克清妈妈就让孩子端着脸盆,自己洗自己的东西,然后她负责监督孩子洗得是否干净。他们祖孙事先商量好,来个洗袜子比赛,看谁洗得最干净,如果谁输了,就让奶奶打三下手心。

刘建的袜子是白色的,怎么洗也不干净。等奶奶检查时,自然得不到表扬,而且要打三下手心。可是奶奶才打了他两下手心,他就哭叫起来,好像受了天大的委屈。当时我在旁边,我心里有数,不是奶奶打疼了他,而是他想用哭叫声把爷爷叫过去,让爷爷同情同情他。

爷爷在不远的地方弄他的花花草草,听见建建的哭声,果然快步走了过来。建建见爷爷来了,哭声更大了。爷爷非常疼爱我的老大,从小看着他长大,他的一举一动都让爷爷牵挂。当然,爷爷也是了解这个在膝盖头上攀大的孙子,也知道他不是为疼痛而哭,而是输不起,心里不服。

爷爷先拿过几个孙子洗的袜子看,然后拉过建建的手,又将奶奶的手心翻过来,放在一起比较。这时,建建看见奶奶的手心和他一样,也红了,不由得奇怪:奶奶打我,她的手心怎么也红了? 爷爷笑了,用他那大手掌抚摸了一下孙子的手心,说:"建建莫哭,你的手心红了,奶奶的手心也红了,奶奶打你的手心,她的手心也疼啊! "

建建心一软,连忙问奶奶疼不疼。奶奶也笑了起来:"奶奶打你手心是让你知道,做事情就要做最好,要做就要争第一。奶奶手疼是惩罚你的代价。做什么事情都是有代价的,教育你们也一样。"

他们祖孙的对话,至今都让我感慨,这简单的话语中包含了多么深刻的人生哲理。这以后,建建做什么事情都要争第一,连学习成绩也有了很大进步,因为爷爷、奶奶告诉他,做事情要做好,要争第一!

孩子们长大以后,爷爷奶奶对他们的要求丝毫没有放松。特别是奶奶,要求不仅严格而且落在实处。她从不让孙子跟在爷爷后面沾

光，比如搭个车，参加什么宴会，或是去观看演出什么的。可是爷爷总
是希望孙子们能多长见识，多开眼界。孩子们十七八岁的时候，正是
求知欲旺盛的时期，而那个时期却是文化枯竭的时期，除了八个样板
戏以外，再没有其他什么文化娱乐生活。有时候，爹爹还会接到去参
加对外活动的通知，毕竟爹爹那时对外的头衔还是人大委员长，所以
爹爹参加的活动以文化交流为多，如果碰到有外国文艺团体来华演
出，爹爹总是想带个孙子去看看。

　　一般工作上的事情爹爹说什么，康克清妈妈也不会反对，以爹爹

1965 年夏天，朱敏全家。

为主。但是在家里面，爹爹这个人大委员长就没有妈妈中国妇联副主
席的权力大了。爹爹决定的事情，妈妈往往有权否定，而且妈妈的意
见总是起决定性作用。

　　有一次，爹爹接到通知，晚上去首都体育馆看文艺演出。他见我
的老大正好在家，就对他说，晚上带他去看演出。

　　看演出！建建当然高兴啦，一跳老高。

　　到吃晚饭的时候，奶奶却对建建说："爷爷晚上去看演出，你不要
跟着去。爷爷是工作，我们亲属不能沾光……听到没有？"奶奶看见

孙子不吭气,又加重了语气叮咛了一声。

建建用求援的目光望着坐在饭桌对面正在吃饭的爷爷,希望他能说句话,让奶奶同意他去看演出。可是爷爷一声不吭,好像没有听见奶奶刚才说的话。

我在一边也奇怪,爹爹不是已经答应了孩子,怎么现在不说话了呢?我转念一想,可能爹爹不愿意在孩子面前表现出他们大人的分歧。可是建建以为爷爷变卦了,饭没有吃完就沮丧地离开了饭桌。他刚一回房间,爹爹的警卫员悄悄跟了进去,神秘地对建建说,你现在出去玩,7点半再进爷爷的车,不要和爷爷坐一个车,不然会被奶奶发现的。

建建一听,就知道是爷爷的安排。刚才爷爷不吭气,原来是迂回战术!他又来了精神,连蹦带跳跑了出来,出门时,他高声放了个"烟雾弹":"我出去玩了!"不过他如此欢快的声音让我们都生疑,不让去看演出还这么高兴?

建建一出门就钻进了爷爷的随车里。那时中央领导人外出都有两部车,一部主车,一部随车,以防路上主车出现故障,耽误领导人办理国家公务大事。

到7点半,爹爹准时坐进自己的主车,而建建早已躲在后面的随车里。果然,爹爹一上车,康克清妈妈就跟出来对主车进行了一番"检查",看见里面没有孩子,才放心地帮助爹爹关好车门。

汽车驶出大院后,建建抬起头,忍不住笑了起来。

到了体育馆,爹爹走到孙子跟前,用手拍拍他的肩头,会意地一笑。爷孙俩联合把奶奶给"骗"了,好像打了胜仗。

爹爹那次看演出正好和叶剑英坐在一起,叶剑英对建建说:"你爷爷年纪大了,可要照顾好爷爷呀。"建建更加得意,认为他是应该跟爷爷来的。

可是演出结束后,建建和爷爷同坐一个车回家,他开始担忧起来,如果奶奶知道他是跟爷爷看演出怎么办?然而,爹爹的情绪还沉浸在刚才的精彩演出中,不停地问孙子对演出有什么看法,有什么感受。这时建建才明白爷爷为什么"包庇"他违反奶奶的"指示",爷爷是想让后代们多学习一点东西,而爷爷也愿意和年轻人沟通,听听年轻人的意见。

家越来越近了,建建的心思也越来越重了,他躲过奶奶的"检查"平安溜出家门,现在该如何溜进家门而不被奶奶发现?在建建担忧的时候,最心宽的是身边的爷爷。因为爹爹非常了解自己相濡以沫几十年的妻子,从来都是"刀子嘴,豆腐心",别看她批评孩子厉害,疼爱孩子也厉害。

其实建建过了9点都没有回家,奶奶已经发现了他的"行骗"行为,她对我说,建建这孩子肯定跟爷爷去看演出了,回来要好好批评他。我忍不住说出了爹爹下午就同意建建去看演出的内情。妈妈好像有所感悟:"我说呢,建建还是听我的话的……这老总也是……真拿他没有办法!"

平时我回家,看见父母教育孩子,我从来不掺和什么意见,因为我知道他们对孩子严格是为孩子好。

我一看过了10点,就回自己房间睡觉了,让妈妈自己"处理"刘建违反家规的事情。我虽然不常住家里,但是爹爹他们始终为我留了一个房间,我回来就住自己的房间。妈妈见我去睡觉了,她却不走,仍坐在客厅里等他们爷孙俩回来。

建建到底"做贼心虚",没有到大门口就独自下了车,他故意装着和爷爷不是一起出去的样子。他在外头看见爷爷进门以后,才蹑手蹑脚走进家门。他自以为自己做得天衣无缝,哪知,一进门厅就看见奶奶端坐在客厅的沙发上,正用严肃的神情等待着他……不用申辩,建建从奶奶的表情看出,奶奶她什么都知道了。知道就知道吧,反正已经享受过艺术熏陶。怎么罚都值!

奶奶对建建一顿批评,然后指着厨房方向说,今天晚上你去厨房把那堆土豆的皮削了,犯错误是要受罚的。

建建一听这话如同听到特赦令,高兴地跑去削土豆皮,因为这活他经常干,根本算不上是惩罚。

Part.5 爹爹和廖承志相互沾光，在严格的夫人面前开了戒。

爹爹在孩子的眼里还有一个特殊的外号——大肚子爷爷。

"大肚子"有两层含义，一层是爷爷待人宽厚，肚量大，还有一层是爷爷胃口大（爹爹患糖尿病多年，老是觉得吃不饱）。直到临终前爹爹住在医院，他还对康克清妈妈调侃："我这一生没有什么可遗憾了，就是没有吃饱过⋯⋯"

爹爹进入晚年以后，医生对他的饮食控制得更加严格，每顿饭菜都定时定量，那些过瘾的大鱼大肉都不让他吃。可是爹爹生来就爱吃肉，而且爱吃肥肉，因为医生有规定，妈妈就一丝不苟地管着爹爹，不让他吃肉。

有一次，廖承志夫妇来家里看望爹爹和妈妈。

廖公天性豪爽，走到哪里，哪里就有笑声。加上他和爹爹交情非浅，当年爹爹在四方面军时，张国焘要杀廖承志，是爹爹想办法救了他。按理，爹爹和廖承志的父亲廖仲恺是一辈人，但因为有了这段生死之交，廖承志和爹爹也成了忘年朋友。他们只要一见面，总是非常热闹。

那时，廖承志和爹爹一样患有没有口福的糖尿病，他也是被医生管着，在家又被夫人监督着，和最爱吃的猪肉无缘。

康克清妈妈见时间不早了，就挽留他们夫妇一同吃午饭。廖公一听，胖胖的脸庞上洋溢出开心的笑容。他借机提出一个在家不能提的要求：我一要一吃一回一锅一肉！

他夫人一听这个"无理要求"，当即表示反对，吃什么都可以，就是不能吃猪肉，而且是回锅肉。

一直没有表态的爹爹，这时开口说话了："克清，你就满足廖公这个小小要求吧！"

廖公一脸得意，朝夫人挤了一眼，那神情好像在说：这不是在家里，你说了不算！

妈妈叫厨房的师傅炒了一盘香喷喷的回锅肉。刚端上桌，妈妈就指着建建说："我们家也有一个吃肉的。"弦外之音是爹爹不能加入吃肉的行列，先给爹爹打个招呼。建建在家能吃肉是出了名的，"吃肉的"竟然成了建建的代指。"吃肉的回来了"，建建一进门，保准会得到这句欢迎词。有时逢我们带回去一只鸡，妈妈就会打趣："你们带一只鸡，我要准备一头猪。"

爹爹自然明白妈妈的意思，他咂咂嘴没有答话，把视线从回锅肉上移开。可是身边的廖公看见回锅肉像看见了稀世之宝，高兴地手舞足蹈，一边吃一边快乐地叫："今天开戒，好吃好吃真好吃！"他那香甜的吃样惹得大家都抬头看他。他夫人在一边悄悄推他："嗳，不能多吃，你不能多吃。"

可是有爹爹在身边，廖公胆子壮了许多，他不仅不理睬夫人的劝阻，还故意吃得咂咂响，连意志坚定的爹爹也不由得停下了筷子……爹爹可以不看盘中肉，却无法阻止诱人的香味飘过来，更无法对廖公响亮的咀嚼声充耳不闻。

爹爹一边观看盘中情况，一边用求援般的目光看着身边的孙子。对于爷爷这个眼神，建建马上心领神会，可是奶奶的眼睛还不住地望着这边，他不敢给爷爷夹肉吃。一会儿趁奶奶转身招呼客人时，建建快速地夹起一块肉往爷爷嘴里一塞，爷爷配合得非常合拍，也快速地吃下了肚。等妈妈转身发现，爹爹已经品尝了回锅肉的美味，心满意足地继续埋头吃他的饭。

全桌人被爹爹滑稽的举动逗得乐不可支。

妈妈苦笑说："你今天沾了廖公的光了。"

"不对不对，我是沾了老总的光了。在家我哪有吃肉的资格。"廖公连连摆手。

就这样，爹爹和廖公相互掩护，相互沾光，在严格的夫人面前开了戒。

Part.6　他毕竟是父亲啊，怎能忍心见女儿生命垂危而不救呢？

1965 年底，我所在的北京师范大学组织部分师生去农村参加"四清"运动。

"四清"运动始于 1964 年，是在农村进行的一场社会主义教育运动。一开始是针对农村的经济问题进行清工、清账、清财、清库。后来运动中出现了"左"的倾向，运动矛头逐步指向农村的基层干部，由单纯的经济"四清"变为清政治、清经济、清组织、清思想的全民政治运动，范围也由农村社会主义教育运动扩大到全国城乡。这场运动持续了两年，直到"文革"初期的 1966 年才告结束。

我听说学校要组织去的农村是爹爹当年战斗过的山西东南地区，属于太行山老区。当时我身体不好，血压比较高，但还是向学校打了要求下乡参加运动的报告。可是学校没有批准，说我身体不好，不适宜下乡。

我们生活的那个年代正是讲精神的年代。这种精神在今天的年轻人看来，一定嗤之以鼻。可我们那时饭可以不吃，觉可以不睡，但运动不可以不参加。我这个人大概遭受的磨难多了，对自己的身体从来不当回事，身体也特别皮实。我见学校不同意，就去中南海搬援兵。我找到爹爹，让他支持我一把，这样学校肯定会同意的。

爹爹听我说明情况，果然和我预料的一样，支持我参加"四清"运动。

学校领导又找到康克清妈妈，征求她的意见。妈妈见爹爹同意放行，她也不好反对，但是她还是比较担心我的身体，就同意先让我下去看看，如果身体不适应，再回来。"毛主席要求知识分子走和工农相结合的道路，她爹爹也赞成孩子去，你们就同意吧，如果朱敏身体有什么问题，再让她回来。"

这次下乡，我是第一次走进农村，而且是贫穷的老区，对我来说是一次难得的锻炼机会。许多天，我都沉浸在兴奋之中。

临行前，我去爹爹那里告别，叮嘱老大和老二在爷爷跟前不要调

1966年1月，朱敏来到父亲战斗过的山西参加四清运动。

皮。自从我当妈妈以后，父母就承担起照顾两个孙子的任务，一是好让我安心工作，二是减轻我一部分的经济负担，因为那时我已经有六个孩子（五个男孩，一个女孩）。我特别盼望生个女儿，可是一连生了四个都是"公鸡头"，直到第五胎来了对双胞胎，一男一女，我才得了一个女儿。

爹爹给我打开山西的地图，用手指给我看他过去住过的地方，嘱咐我替他去看望那里的乡亲们。

爹爹告诉我说："我们八路军总部曾经在晋东南的武乡县落过脚，是那里的人民用小米养育了我们好几年。你去以后，抽时间去看看王家裕、砖壁村，见到当地乡亲代我问个好，说我很想念他们。"

我到晋东南后，按照爹爹的嘱托，到王家裕和砖壁村看望了乡亲们，还看望了当地的老八路。他们听说朱德的女儿来了，还带来了总司令的问候，就像迎接自己的孩子一样，把我接到家里住。后来我将拍的照片带给爹爹看，没有想到近80岁的爹爹记忆力惊人的好，居然能叫出照片上每一个认识的人的名字，而且还记得他们的年龄。我惊讶地问爹爹，记性这么好，20年前认识的人的名字还能记住？爹爹深情地说："我一辈子不能忘记啊，是他们养育了我们八路军，他们是人民的功臣。忘记他们就是犯罪呀。"

我在农村工作组工作了两年的时间，高血压倒是没有出现意外，可是眼睛出现了可怕的失明现象。我在北京时右眼被诊断为青光眼，因为那时对青光眼认识不足,没有想到后果会如此严重。眼睛开始出现短暂失明现象时,我还想拖到工作组结束工作回北京再看病呢。

万万没有料到,拖延治疗却给我带来了更大的灾祸!

我们下乡的点位于深山之中,外出一次非常不容易。我因为一只眼睛不好使,走路看不清道,结果一次夜间走山道,我在一个山崖边失足,落入十多米深的山谷里。同我一道的同志打着手电筒找到我时,我满脸是血,已经昏迷不醒,腰和腿也摔坏了,特别是头部,激烈撞击导致眼底出血,原来处于半失明状态的右眼,这次彻底看不见了。

工作组的随队大夫看见我的伤情十分危急,如不及时抢救,可能连命都保不住了。可是山区没有快捷的交通工具,如果县里来汽车接也要七八个小时。见我昏迷不醒的样子,工作组领导果断决定,连夜打电话给我爹爹。电话终于通过县总机接通了,爹爹一听我发生了意外,十分着急,问:"你们看怎么办?"

"我们的意见是立即送朱敏到北京抢救,越快越好!可是我们这里汽车最快也要六七个小时才能送到县医院,从朱敏的伤势看,怕是难以坚持。最快的办法是用直升飞机……否则,无法保证朱敏的生命……"大夫讲到这里,也犯难了,因为他知道朱德对子女要求非常严格,他提出这个抢救方案,爹爹未必能同意。但是这又是唯一抢救我生命的方案。"首长,我是大夫,我要为病人的生命负责任,这是唯一的抢救方案,希望您能答应我的请求。"

爹爹在电话那头沉默了……

"首长,朱敏身体原本就不好,这您是知道的。不能再拖延了……"

"好!立即派直升飞机,接她回来!"爹爹回答说。

或许大夫的最后一句话打动了爹爹,我在集中营落下了许多病根,身体长期不好,这一直让爹爹内疚。他毕竟是父亲啊,以前他是救不了女儿,而现在他怎能忍心见女儿生命垂危而不救呢?

爹爹派来的直升飞机只用了3个小时就将昏迷不醒的我送进了北京医院。爹爹已经等候在医院的大门前……

经过抢救,我脱险了,但是更加严重的情况摆在我的面前:第一,我的腰不能彻底复原,落下"腰椎间盘突出症";第二,我的右眼将彻底失明,而且必须摘除,否则左眼也难保。

爹爹是最先知道这个结果的,但他无法相信女儿的眼睛就这么瞎了。这个残酷的事实让爹爹心痛,从小他就喜欢看我那双黝黑的眸子,如今却要失去一只………爹爹不甘心,他找来最好的眼科大夫为我治病,可是医生尽了最大的努力,也无回天之力了。

不幸的是,"文革"运动已经是山雨欲来风满楼。专家一夜间变成了"文革"打击的对象,被打入清洁工的行列中。给我治病的医生

1962 年,朱敏与父母在青岛。

原来就被错化为右派,"文革"一来,他的命运更加悲惨,失去了为病人治病的权利。我的眼睛也从此失去了复明的最后一线希望,只好同意"摘除右眼保左眼"的方案。

我的右眼要瞎了!

听见这个可怕的消息,我只觉得脑袋"轰"的一声,眼前一片茫然,思维陷入了停顿,什么都不知道了。从开始给我消毒到推进手术室,我几乎处于麻木状态。等我恢复了知觉,右眼已经永远从我的脸

上消失了。我还不到 40 岁就失去了一只眼睛,以后我还要走上讲台,还要生活,还要抚养孩子,一只眼睛如何支撑我走完我的后半生?

我失去了一只眼睛,爹爹何尝不痛惜,可是他以父亲的坚强和承受力面对着残酷的现实。爹爹多次到医院看我,鼓励我战胜疾病,要学习《钢铁是怎样炼成的》一书的作者。爹爹说:"奥斯特洛夫斯基双目失明,还顽强地生活,写出了巨著。你只是失去了一只眼睛,还能看见东西,完全能和健全人一样工作和生活,不必难过!"

慢慢地,我从痛苦中走了出来,我没有理由自卑,我的眼前依然充满了阳光。

后来爹爹又找来眼科专家为我安装了假眼,因为技术高超,我的假眼特别逼真,至今许多熟悉我的人都不知道我有一只眼睛是假眼。

一只眼睛失去了,史无前例的"文化大革命"却夹裹着黑浪滚滚而来……

1966 年,天安门广场变成了红色的"海洋",毛泽东健步登上天安门城楼达八次之多。全国范围的"文革"大火终于猛烈地燃烧了起来。大火渐渐逼近中南海的高层人士……爹爹他们的命运将会如何?

1975 年 1 月，朱德主持第四届全国人大第一次会议。

Part.1 车到了家门口，爹爹才发现脚下已是大标语铺路，大字报夹道。

1967 年，羊年。

可这只羊不温顺，大有来者不善，善者不来的气势。才开年，就发起了"羊角疯"，把中国推进了更加疯癫迷乱的运动中！

上到国家主席、开国元勋，下到基层干部、平民百姓，谁都没有逃脱史无前例的运动冲击！大批领导干部被揪斗、被游街、被拳打脚踢，被剥夺了人的权利。造反派们则头脑发热，以为天老大地老二他就是老三，人的天良在颠倒黑白中渐渐泯灭。然而这个飓风的发源地——"中央文革小组"，还在不断地兴风作浪……

一张张黑名单从陈伯达、康生、江青等人的手里诞生，直到将黑名单里的人打倒在地，踏上亿万只脚为止！那可怕的名单上几乎囊括了所有的老帅、老将和中央高层领导人的大名，就连爹爹这样早期的同盟会会员，参加过辛亥革命，讨过袁、护过国，北上浴血征伐，曾经被国际友人比喻为"红军之父"，人们亲切呼唤的"总司令"，毛泽东高度评价为"人民的光荣"的元帅，也在劫难逃。

"文革"这场冲天大浪没有向已经 81 岁高龄的爹爹网开一面，而是无情地将他推进了历史的旋涡中。

1967 年 2 月，北京的气温似乎还在西伯利亚寒流的统治之下，没有丁点春季到来的温馨气息。如果谁能停下脚步，细细观看树头枝桠，就会发现春天和以往一样，不受政治气候的影响，已经孕育在枯黄之中。

如果说生命离不开空气和阳光，那么生活中的生命却无法离开社会环境和政治空间。

这年春天，是备受冷落的春天，谁也不理会它是到来还是离去。而人们生存的大地上正在剧烈地升温。

在"文革小组"的导演下，演出了一幕幕中国历史为之恸哭的悲剧。

国家主席刘少奇和中央书记处总书记邓小平被拉下马，他们背上

奇在天安门城楼上。

　　了中国头号、二号"走资派"的沉重十字架。随后，荣升不久的中央书
记处常务书记陶铸也突然被打倒，戴上了"中国最大保皇派"的帽子。
"文革小组"手里的"帽子"越来越多，型号也越来越齐全。给现任中
央领导人和军队领导人配备了相应的帽子后，他们似乎还不能合眼睡
安稳觉，还觉得硌眼。

　　怀疑一切，否定一切，打倒一切，在共和国的大地上愈演愈烈。打
天下的将帅们，除林彪是革命派外，其余全是混进革命队伍的"异己
分子"。

　　这时，早已不掌握党和国家实权的爹爹也被拉了出来，成了他们
又一个射击的靶子。因为这个靶子是第一元帅，他一倒，上挂下连，其

1953 年 10 月 18 日, 朱德和邓小平在北京明十三陵。

余将帅还不顺理成章一起跟着倒? 这叫连环靶, 厉害的一招。

刚解放时, 干部年纪普遍比较轻, 爹爹就算大年纪的人。中央考虑到爹爹的年纪大了, 为减轻爹爹的工作强度, 毛泽东伯伯也找爹爹谈过几次话: 和平年代的总司令, 要适应新环境, 党决定安排新的岗位。其实, 如果用现在的年龄标准衡量, 爹爹不过才 60 多岁, 正当年的年纪。

爹爹这人非常敦厚, 他心目中的毛泽东是最尊敬的人, 也是合作时间最长的人。他二话没说, 服从中央安排, 听从毛泽东指挥, 除担任党和国家副职工作外, 在 1959 年第二届全国人民代表大会上, 他当选为人大委员长, 直到 1976 年逝世。

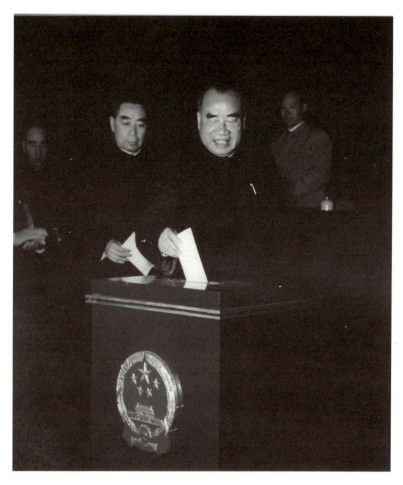

1959 年 4 月，朱德在第二届
全国人大第一次会议上当选
为全国人民代表大会常务委
员会委员长。这是朱德、周恩
来等在投票。

以前爹爹比较喜欢住离山较近的玉泉山，对中南海里的事情不太
过问，特别是会议桌以外的事情更不过问了。尽管他每年要数十次下
到基层，倾听群众的声音，但对中央内部的事情却知道得甚少，他也
不打听。

1966 年"文革小组"成立后，他似乎更加沉默寡言，也更加孤陋寡
闻了。然而，爹爹的心一天也没有沉默过，面对纷乱的世界，他陷入了
深深的困惑之中……

他不理解，不理解党内斗争为什么要用"打倒"这个偏激的词？
他多次向上反映过自己的不理解。当然，这些不理解在特殊的政治环
境里无疑是不和谐的音符，对于熊熊烈火也是杯水车薪！

一次在中央召开的会议上，爹爹忧心忡忡地说："在文革中，我觉得不能放松生产，要保证工农业生产大幅度增长……现在群众起来了，我怕——怕出乱子，特别是生产上的乱子。"瞧瞧，都什么时候了，老总还讲这话？会上倒是有人为他担心。

爹爹也不管"文革小组"的人爱听不爱听，一味按自己的思路往下顺："现在有一个问题，你也是反革命，他也是反革命，帽子一戴，人家还怎么改正错误，没有余地啦！一打成反革命，人家就没有路可走了。不行！这个问题要解决，一定要解决！"这不等于在和"文革小组"唱对台戏，把自己往虎口里送吗？

没过多久，在林彪、陈伯达等人的授意下，由"文革小组"成员戚本禹挂帅，贴出了第一张打倒朱德的大字报。几乎一夜之间，五花八门的诬陷字眼毫无遮掩地爬上了大街的墙壁："大军阀、大野心家、黑司令、轰出中南海、批倒、批臭……

爹爹在玉泉山听到康克清妈妈打来的电话，他不能再"孤陋寡闻"、按兵不动了，连忙赶回中南海的家中。汽车才进中南海西门，他就远远地看见白花花的大字报刷得到处都是。红墙白纸黑色大字体，在冰冷的阳光下格外扎眼，像张牙舞爪的手臂，把爹爹的心都揪了起来……

这是中国政权的所在地啊！哪乱都不能乱到中南海里面啊！

等车到了家门口，爹爹才发现脚下已是大标语铺路，两边是大字报夹道。他心痛难忍，有口难言！爹爹慢慢走近那些白纸，细看上面究竟写了些什么字。看着看着，他差点没笑出声，其中一张勒令书竟然写着"朱德向革命群众交代反对毛主席的罪行"！

这不是天大的笑话嘛！爹爹心里又好气又好笑，又悲又叹。

"大字报里只有两个字'朱德'是真的，其他都是造出来的。"当我问爹爹大字报之事时，爹爹用拐杖点点地面，愤然道。

Part.2 成立"揪朱联络站"，准备在首都体育馆搞一个揪斗爹爹的万人大会。

第一次国内革命战争时期，国民党就忌恨朱德和毛泽东的亲密关系，咬牙切齿地骂为"猪毛"，甚至在街头漫画上都恶毒地画上一头猪，身上竖立着粗粗的毛。可以说，那时提起"朱毛"，无论在红区（革命根据地）还是白区（国民党统治区），谁人不知晓？自从毛泽东和爹爹1928年在井冈山胜利会师后，中国革命步入了一个崭新的阶段。这不仅仅是起义部队的会合，也是伟大人格的会合！

俗话说：皮无存，毛焉附？他们相互扶持、相互配合，承受了第一次大革命的失败，走出了第二次革命的低谷，带领新创建的革命队伍实行战略转移……长征路上，爹爹同张国焘分裂党中央的行为进行殊死的抗争，毫无保留地支持毛泽东的正确路线，直到将红四方面军带上北上抗日的长征路途，从而保证了红军部队的有生力量。抗战中，爹爹担任八路军总司令，而毛泽东是中央军委主席……

如果用"优秀的搭档"来比喻他们的关系，虽然这个比喻不够严肃，但十分准确。

爹爹的名字和毛泽东一起写在了共和国最显著的史页上！有一点历史常识的人都知道这点。只有在"文革"中，历史成了可以根据需要任意断章取义、胡乱拼凑的文本。

爹爹回到中南海后，他没有找毛泽东，也没有找周恩来，更没有为自己说半句辩解的话。他一个人默默孤坐在宽大的办公室里，一坐就是半晌。

康克清妈妈用担忧的眼神瞧着他。

爹爹苦苦一笑，好像对外界的诽谤很冷静，反过来安慰妈妈："只要主席在、总理在，就没有关系嘛。他们最了解我啦。你不要害怕，个个都是走资派，就都不是走资派了……形势会一时很紧张，总不会一直这样紧张的，社会最终还是要安定的！"

爹爹这话没错，但是正确的理论往往要经过时间和实践的检验，

1954 年 9 月 21 日，朱德、毛泽东、刘少奇、宋庆龄与出席第一届全国人民代表大会
第一次会议的代表合影。就在这次大会上朱德当选为中华人民共和国副主席。

检验往往又是需要付出代价的。

人民大学的造反组织被戚本禹煽动起来了，成立了"揪朱联络站"，准备在首都体育馆搞一个揪斗朱德的万人大会。眼见81岁的老人要成为手臂如林的批判对象，周恩来及时向毛泽东作了汇报。

如果说"文革"无情，那么毛泽东在爹爹的问题上是有情的。他不允许"文革小组"这种无法无天的做法，他颇有感情地说："过去国民党要杀朱拔毛，现在你们说他是黑司令，朱毛朱毛，司令黑了我这个政委还红得了吗？朱德不能批斗，他是红司令！"

毛泽东的话救了爹爹一驾，造反派灰溜溜地草草收了场，"揪朱联络站"也没有了下文。但批斗没有搞成，并不意味着爹爹以后的日子就太平无事了，"文革小组"换了一种手法，由公开批斗变为打入"冷宫"，由激烈言辞改为含沙射影，由身心折磨变为触及灵魂的精神折磨……反正目的只有一个：让总司令红不起来！

1976年爹爹离开人世后，极"左"思潮的狂热者也是受害者——戚本禹，在批斗朱德的事件上，备受良心的谴责，多次想向爹爹说声对不起，但监狱的高墙将他深深的自责封闭在了内心世界里。等他刑满释放，恢复自由时，爹爹已经了却人世间的恩恩怨怨、沉沉浮浮。遗憾中的戚本禹还是鼓足勇气给康克清妈妈写了一封道歉信，请朱老总的家人原谅他当时对待朱老总的错误做法……

爹爹没有看见这封迟到的悔悟信，如果九泉有知，他会宽厚而笑的。

正如他生前所说的："历史从来都是公正的。"

Part.3 离开兰花的爹爹开始整日悄然无声地孤坐在书房。

"文革"一开始，爹爹就得了一个"大帽子"——养兰花是小资产阶级情调！

爹爹沉默地走进花圃，用手抚摩一朵朵怒放的兰花。这些来自祖国各地的兰花，和他相伴度过了多少朝夕？给他紧张的工作日程抹

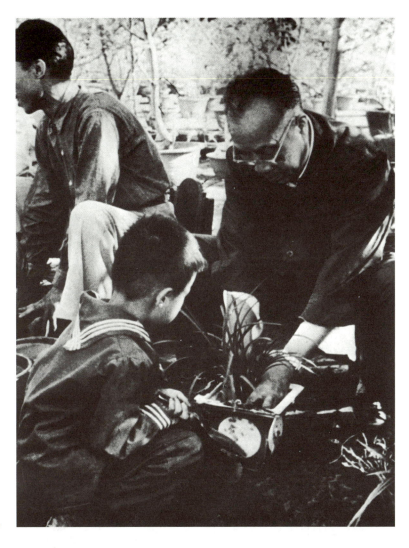

朱德在家中栽种兰花。

去多少疲惫？它们身上留着他多少汗水？为养活它们，他在灯下查资料，眼睛看花了多少次？他已记不清了，也根本没有在意过，可是突然一天要离开这些兰花，记忆又变得清晰起来。几乎每一株兰花都有一段不平凡的来历。严于克己的爹爹，最后不得不忍痛把自己十多年收集来的6000多盆兰花，包括住宅里的兰花全部送给了中山公园。

中山公园的兰花多了，可爹爹的心空了！

离开兰花的爹爹开始整日悄然无声地孤坐书房，打发寂寞的日子。如果问这些经历过艰苦岁月，度过生生死死的将帅们最怕什么？答案不是艰苦，不是批斗，也不是被人误解，最怕的是寂寞。

赋闲的爹爹眼前突然没有了绿色，没有了争奇斗艳的兰花，面对的是空寂无声的房间,好像旺盛的枝叶被抽去筋一样,失去了生命活力。在爹爹眼里,连阳光灿烂的日头都变得如此暗淡无光,他整天心烦意乱,度日如度年似的。

爹爹毕竟是横刀立马走杀疆场的元帅,决不会因为失去兰花而自暴自弃,意志消沉的。度过一段好似软禁的生活后,爹爹又走出家门,在门前的空地来回打量起来,心想:不能养花,我就种菜!

爹爹像当年在延安参加大生产运动那样,挥动锄头,在自己门前开了一块菜地。每天傍晚,也是以前去花圃的时间,他都要下地劳动,在地里莳弄一阵子才回家。到了家门口,他先站在门前,不断跺着布鞋上沾的黄土,怕把泥土带进客厅,给工作人员增添打扫的麻烦。

"文革"中朱德在遭受林彪、"四人帮"诬陷、打击的情况下,仍以大局为重,心胸坦荡。他常要家人或身边的工作人员为他朗读报刊杂志。

我们每次看见爹爹额头上滴淌着亮晶晶的汗珠子,手里捏着锄头把子,呼哧呼哧地喘气,都担心地问他累不累?爹爹却笑呵呵地直摇头。他那黝黑如农民的脸庞上带着收获的愉悦。

也不知是爹爹和绿色有缘分,还是有多年养花的经验,他种的菜总是比别人的长得好,绿油油的一片,特别引人注目。不多久,门前的菜地开始有了收成,先是青菜,后是莴笋,再后来西红柿、茄子、豆角,纷纷搬上了家中的餐桌。每次收获,爹爹总是让警卫员送些给他身边的工作人员。

有了菜地多少分担了爹爹对兰花的思念，但兰花和爹爹结下了终身不解之缘，他是无法割舍下这段情缘的。1971年9月粉碎林彪反党集团后，老帅们的日子好过了一些，能自由行动的爹爹，第一件事情就是去中山公园看望他的兰花。一进花圃，看见熟悉的兰花，爹爹好像看见了久别的老朋友，眼眶都湿了。

爹爹离开花圃时，大家让他再搬一些兰花回去。他想想，还是拒绝了。他觉得兰花养在中山公园是他的心愿，也是兰花最好的归宿！

直到爹爹离开人世，他再没有养过兰花。他生前所养的兰花，有的至今还成活着，在中山公园里经常和游客见面。

Part.4 我必须亲手将保存了20年的信毁掉吗？我问自己。

自从爹爹开始被红卫兵揪斗，我们一家在大学的日子也开始不好过了。几乎每天都有红卫兵组织的人上家里来，要我们夫妻交代爹爹反毛主席的罪行。开始我们一听都觉得好笑，爹爹整天只是教育我们如何听毛主席的话，读毛主席的书，哪里会反对毛主席呢？我们就如实讲述了爹爹教育我们的事例，可是红卫兵对我们的"交代"特别不满意，说我们是地地道道的保皇派，同有严重历史问题的爹爹划不清界限，这样的态度是得不到革命群众谅解的。

我们的不配合行为，令造反派们气恼，他们的态度越加恶劣，凶狠狠地说，如果继续给你爹爹脸上贴金，我们就要采取革命行动——抄家！

抄家？我心里一震。第一个想到的是爹爹写给我的信。

我爱人刘铮倒是挺硬气的，你们抄家好了，人正不怕影子歪！

我不这么简单地想，那个人妖颠倒的年代，"人正"有什么用？造反派们专门揪不怕影子歪的人。他们什么事情都做得出来！我必须抢在造反派动手前将爹爹的信毁掉。

爹爹给我的信有十多封，大部分是我重返莫斯科后写来的。"家书抵万金"呀！这叠信我整整保存了20年，经常拿出来看看，静静地重温那些逝去的往事是件十分愉快的事情。爹爹在信中几乎都是教育我如何努力学习，如何学好本领回来报效祖国，字里行间无不表现出一个革命家崇高的胸怀和无私的品格。可就是这样革命的信件，我们也不敢让它们落入那些居心叵测的人的手里，他们会断章取义，歪曲事实，当做炸弹投向危难中的爹爹。

一天半夜，趁孩子们都熟睡了，我瞒着丈夫，一个人偷偷起来，取出爹爹的信。许久，我坐在皎洁的月光下，用手一遍又一遍地抚摩这一封封爹爹的亲笔信件，粗糙的牛皮信封在手掌下发出沙沙的声响，好像在和我说再见。从此，信件将变成物质不灭的另一种形式，永远离开我的视线，永远不能再见……顿时，我的泪水一下子涌出了眼眶。难道今天，在这样明亮且充满柔情的月夜里，我必须亲手将保存了 20 年的信毁掉吗？我问自己。

可是，我无法忘记白天造反派在我面前扬言要抄家的神情，惧怕和疼痛像巨大的手掌来回绞杀着我的神经，那份苦恼和无奈，至今也无言名状。我终于狠了狠心，点燃煤气炉，将信的一角对准蓝色的火苗。信纸哗地点燃了，红色的火焰飞快地吞噬了整张信纸，顷刻间，20 年的岁月化作一片片轻飘飞扬的黑色灰烬……

我不知道是在为我脆弱的收藏而难过，还是在为我无力抗衡这个天翻地覆的时代而悲伤？我一边烧信，一边落泪，但我的眼泪无从弥补永远的失去。直到今天，我手里没有爹爹一封亲笔信，仅有的一封，还是复印件，那是中央文献研究室保存下来的。

信件烧了，我的心病依然没有减轻，处境也没有因此好转。因为我们写的交代总是不能合造反派的口味，所以我和刘铮整日在各自的单位里写交代。刘铮原本是我们解放区自己培养的知识分子，按理他应该是历史清白、根正苗红的革命干部，但却因为我爹爹的缘故，他在外交部也遭受了批斗。

我们经受了车轮战般的精神折磨和人身攻击，开始在暗无天日的日子里为自己寻找天窗，寻找紧急出口。最后我们渐渐明白，尽管我们不知道应该交代什么，但我们必须写，如果不写交代材料，我们就会长期遭受这样的折磨，永世不得翻身！

我只好变着法给爹爹编造"罪行"。比如爹爹爱看川剧，这是喜欢封建帝王将相的表现；比如爹爹爱爬山，这是资产阶级的享受主义；再比如爹爹爱养兰花是小资产阶级情调，等等。

我们在绞尽脑汁写交代材料时，我的孩子从外面回来告诉我，说外面大街上打倒爹爹的大字报铺天盖地，连中南海里面也有打倒爹爹的大字报。

外人进不去中南海，我估计是爹爹身边的人写的大字报……我只觉得急火攻心。爹爹已经是80高龄的老人，万一忍受不了这些史无前例的侮辱性攻击，多病的身体万一顶不住发生意外，我们做儿女的如何面对这幕悲剧？

我越想越着急，越想越放心不下……那时可不像现在，有什么事情可以打个电话，那时的私人住宅几乎都没有电话。办公室里的电话也不敢使用，让别人知道我还在和漫天大字报、历史问题成堆的父亲通话，我的罪名又要升级，"交代"更无出头之日了。

我住的北京师范大学和爹爹不过相隔五六里路，此时却如同相隔千山万水，去一趟是那么的不容易！

万万没有想到，更让我觉得不容易的事还在后头呢！

Part.5 元帅府骨肉分离愈演愈烈，最后连妈妈也有家难归了。

我利用一次写完材料的机会，借口出学校买东西。我根本不敢讲是去中南海看爹爹。否则，那些年轻我若干岁的学生头头们知道了，一定会瞪圆他们没有学会爱就先懂得敌视的眼睛，怒斥我为什么不和大军阀父亲划清界限？我看不成爹爹不说，还要招一顿训斥。我这一辈子只有在德国集中营靠假身世才活下来的人，此时不得不违心地靠假理由获得短暂的自由。

我的心在哭泣，在愤怒。哭泣我的无奈，愤怒时代不让人讲真话。

我一出校门，就骑着自行车飞快地往中南海赶，不一会儿就到了中南海西门。我和以往一样掏出进入中南海西门的证件，递给站岗的卫兵。

卫兵看了一眼说,证件已经失效,不能进去。

我一听急了,我说我是来看父亲的,我父亲是朱德……

卫兵不管我的父亲是谁,也不听我的解释,像木桩一样,笔直站立,目不斜视,望着前方,好像身边根本不存在一个正用期待甚至是乞求的目光仰视着他并指望他开恩放行的人。

我知道,这怪不得卫兵,他不过是在执行上头的指示。我像一个被拒之门外、身份不明的上访者,伫立在空旷的门外,仿佛这红墙这中南海这经常进出的西门从来都和我没有关系。

我第一次用真切的目光独自打量这处原本熟悉,现在却感到异常陌生的地方。我第一次发现这紫色的红墙那么的刺目;第一次觉得习以为常的院墙可以让人感觉是一座高入云霄的雪山,可以让人品尝世界上最残酷的剥夺——自由、亲情和空间。

如果说以前我流落异国他乡是无家可归,那么,如今我是有家难归,而且是站立在亲人的家门口,却不能进去……

中南海里上演这幕红墙内外亲人不能相见的悲剧,恐怕属于"文革"时期的独幕剧了。"文革"以后,我再没有听说哪位领导人的孩子不能进红墙和父母团聚的怪事。

我不能总是站立在门外,即使站成了雕像,我还是进不了家门。从卫兵的神态看,这已是定局。我走到旁边的传达室给爹爹打了个电话。爹爹听说我不能进中南海,在电话那头一阵沉默,可能他也感到意外。过了一会儿,爹爹声音低沉地说:"不让进来,就不要进来了。爹爹没有什么,你们不要担心。要相信党,相信毛主席。我让你妈妈去门口……过一段时间,你再进来看我。"可是爹爹他不知道,这次不能进中南海,就意味着家人以后再也不能进中南海看他了。他所说的过一段时间,竟然是四年!直到 1971 年林彪摔死,被"疏散"到遥远南国的父母亲才重返北京。为了以后能同我和孙儿们见面,爹爹没有再进中南海居住,而是搬到偏远的万寿路。这以后,我们才能回家和爹爹一起度周末。

过了一会儿,妈妈急匆匆地来到传达室,和我谈了爹爹的近况。

听说爹爹除了心情不好外,其他都说得过去,我这才放下心来。但是不能和爹爹见面,我心里觉得堵得慌,有一种自己被隔离或者是爹爹被软禁的感觉。

妈妈正在为爹爹遭受批斗心急如焚,她一见我,如同看见可以诉说心里话的人。她的着急、她的忧虑强烈地表现在她的言语中,我无法分担妈妈的忧愁,只能在传达室里小声地劝解妈妈,让她负重的心灵得到一些释放。

不多久,元帅府的骨肉分离闹剧愈演愈烈,最后连妈妈也有家难归了,不能再在家陪伴爹爹。她被妇联造反派组织拉去批斗游街,吃住都在中国妇联的大院里。我和丈夫再去中南海传达室时,看见爹爹挂着拐杖,带着我的大儿子刘建,步履蹒跚,远远朝我们走来。我一惊,妈妈呢?怎么让爹爹一个人来?

多日不见爹爹,他明显地苍老了,白发增添了许多,神色忧郁,心情沉重,和我们见面,也不像以前那么乐呵呵地高兴。他没有多说什么,只是一一询问了我们另外几个孩子的情况。他教育我们要积极参加学习,正确理解"文化大革命"运动,把孩子教育好,要让他们读书,不要散在社会上。

我问他,妈妈呢?他只是说,在妇联参加运动,暂时不能回来。

已经13岁的儿子,在一旁悄悄告诉我们,奶奶被抓去游街了,他昨天还在西单看见奶奶被押在汽车上,脖子上挂了好大的牌子,上面还有红叉叉呢!

爹爹不做声。我不想再问他什么,在这个谁都进来的传达室里,爹爹他又能和我们说些什么呢?

我只好关照和爷爷一起生活的儿子,要听爷爷的话,不要出去乱跑,多和爷爷做做伴。我知道妈妈不在的这段时间,只有孙子是爷爷的感情寄托了。

爹爹起身离开了传达室,望见他渐渐弯驼的背影,我想,爹爹嘴上不说什么,不等于心里不想事,他比妈妈更难,妈妈有什么苦恼还能和我们说说,可是爹爹这样的身份和在高层领导的位置上,他的内心话只能自己闷着,精神上的重压只能自己独自承受,否则爹爹这样

乐观的人不会那么快地苍老，情绪也不会那么低沉。

1976 年 3 月，朱德在人民大会堂办公。

　　大概过了一段时间，到了 1968 年底，全国实现了"山河一片红"，各省建立了新形式的政权——革命委员会。混乱的局势逐步得到控制，康克清妈妈也可以一个星期回家一次。

　　记得妈妈第一次被允许回家是 1968 年的夏天，她从沙滩的妇联坐 103 路公共汽车到府右街，在景山公园门前的一站，她在汽车上看见我的儿子在站台上，因为车子太挤，孩子准备再等一辆，没有看见奶奶在车上。结果奶奶一边高喊着要下车，一边奋力往外挤。刘建在车下还觉着奇怪，人都在拼命往上挤，怎么还有人拼命往下挤？再仔细一看，是奶奶。他连忙帮着把奶奶从人群中拉了出来，扶下了车。身体肥胖的奶奶哪里经得起这番剧烈奋战，她下车后，浑身已是大汗淋漓，衬衣都湿透了。但她还是高兴坏了，她好久没有看见家里的人了，没有想到第一次回家就在路上遇见了孙子。他们又等了一辆车，一块回了中南海。

　　这一天，是爹爹最高兴的一天，他发出许久没有发出的笑声。

　　我们那时还是不能进中南海，每星期在传达室和父母见一面，不过外界已经不再提批斗爹爹的口号,我们多少松了口气。

刚刚觉得形势好了一点,爹爹又一次面临居心叵测的"战备"……

Part.6 爹爹心里对什么都清楚, 似乎知道林彪迟早会有恶有恶报的一天。

爹爹和林彪在南昌起义时就认识,林彪当时是连长,因为是黄埔军校毕业生,打仗有一套,提升很快,到抗日战争时他已经是一一五师的师长,直属爹爹领导。八路军第一个胜仗——平型关大捷,就是林彪按照爹爹的部署指挥一一五师打的,不久他就因伤去苏联治疗,爹爹还亲自送了他。爹爹念他是名战将,时常跟别人提起他。直到抗战快结束,林彪才从苏联回来,很快又参加了解放战争中的第一个大战役——辽沈战役。在长久的相处中,爹爹和林彪也没有发生矛盾,林彪对爹爹也一直比较尊重。可是 1959 年庐山会议后,他取代彭德怀担任国防部长,人明显地产生了变化。1959 年 9 月,林彪第一次主持军委工作召开师以上干部会议。他利用批判彭德怀的机会,攻击爹爹。他在主席台上,拉扯着他略带女音的嗓子,指着爹爹说:"你这个总司令从来没有当过一天总司令。不要看你没有本事,一天到晚笑嘻嘻的,实际上你很不老实,有野心,总想当领袖……"到会的同志大为震惊:新上任的国防部长怎么这样指责第一元帅?可爹爹一点也不吃惊,或许他早已从庐山会议上体察了许多,预感到有一天林彪会撕下毕恭毕敬的面纱。爹爹似乎早就准备好了答词:"那就请你批评好了,大家都在,你可以继续批评!"言外之意非常清楚,与会者都是走过这段历史的见证人,你林彪能说什么就是什么?

如果林彪真的不怕爹爹还算他有种,可是从他当国防部长到"文革"期间,直到他叛逃的前一个星期,还常常登门拜访爹爹。他一面攻击爹爹,一面又畏怕爹爹,这种里外不一致的矛盾做法究竟为了什么?许久我都不能解释。现在想想,还是爹爹在长期的革命战争中所树立起的永不倒塌的威信,令林彪这样目空一切的人也不得不惧怕几

1937 年春,朱德、毛泽东等和抗大部分成员合影,前排右四为林彪。

分,不敢做事太绝。

　　刚一开始林彪在对毛泽东个人的宣传上,他那些热度极高的语言,让人觉得过于肉麻,明显有吹捧的味道。但善良的元帅们谁也没有表示异议,更没有看透这些热捧的词语,体察热烈宣传后面的含义。毕竟毛泽东是大家最崇敬的领袖,对主席表达崇拜也是能够理解和接受的事情。

　　"文革"给林彪提供了膨胀权欲和发泄野心的机会!

　　林彪对所有活着的元帅都加以不同程度地陷害。贺龙和彭德怀被迫害致死,陈毅、徐向前、聂荣臻、叶剑英被打成"二月逆流黑干将",统统打入冷宫。原来大家认为是最不幸而去世太早的罗荣桓,却有幸免除了一场惨剧。连爹爹这位既没有参加所谓"二月逆流",又不会对林彪的权力构成威胁的长者,林彪也不轻易放过,在精神上大肆折磨。

　　众所周知,爹爹在南昌起义之后,于逆境中崛起,为党作出了巨大贡献,这原本是党史和军史的常识,白纸黑字教育了两代人。可在

"文革"中，一夜之间就颠倒了是非，说什么南昌起义失败后，是林彪把保存下来的部队带上了井冈山，同毛泽东会师。原来课本上有一篇课文《朱德的扁担》也改名换姓，变成了《林彪的扁担》。当时，爹爹那根红军时代使用过的扁担还完好地躺在军事博物馆的橱窗里，林彪却不顾铁证史实和诸多见证人还活着的事实，公开篡改历史。

篡改——恐怕又是林彪的一大本领。

我们将这些看到的和听到的事，利用在中南海传达室和爹爹见面的机会，悄悄讲给爹爹听。

爹爹听完后，也不作声。有时见我们愤慨的样子，他反过来教育我们："历史终究是历史，这是谁也改变不了的！"

"可是已经改了。不是书上都改了吗？"我气鼓气胀地说。

"那不叫历史！"爹爹也生气了，嗓门高了。

我想爹爹心里对什么都清楚，只是不想和林彪他们一般见识，不想挺身出来为自己申辩罢了，似乎知道林彪迟早会有恶有恶报的一天。任凭世间风吹浪打，爹爹总是平心静气地期待着……

此时的期待是需要耐心的，甚至是痛心的。

1969 年 10 月 17 日，林彪突然抛出了一个"关于加强战备，防止敌人突然袭击的紧急指示"，全军立即随着"副统帅"的惊惶失措，进入了紧急战备状态。

现在想想，纯粹是一场自己吓自己的闹剧。打仗？世界大战那么容易爆发？

爹爹接到这个紧急指示后，对妈妈说："这里面有鬼啊。现在毫无战争迹象，战争又不是小孩子打架，凭空就能打起来的，打仗之前会有很多预兆和迹象。"

妈妈问爹爹，估计会有什么鬼？

"醉翁之意不在酒！"爹爹这话说完没两小时，一个紧急电话打到爹爹的办公室，叫爹爹 24 小时之内离开北京，疏散到广东。这比当年爹爹在德国遭当局驱逐离境的时间还要紧迫！

爹爹接完电话，哭笑不得。将帅历来都是战争的天子，战场上的王牌，谁听说过战争在即，却让身经百战的将帅们远离战争指挥中

1955 年 5 月 8 日，朱德和周恩来在明十三陵对弈。

心？难道中央军委准备打一场不要将帅指挥的战争？其中的险恶用心，明眼人一看就知道了。

林彪就是利用这不能自圆其说的备战紧急疏散方案，把眼前碍手碍脚的将帅都支得远远的，他好在中央内部施展浑身魔力，再次青云直上。

诸多手脚，诸多方案，挖空心思都是冲着一个目的，林彪急切地要去掉头衔前面那个"副"字！坐上国家主席的交椅。

爹爹看着还没有从批斗中解脱出来的妈妈，说："这次你和我一起走，一来我有人照应，再说我不放心将你一个人留在北京，以后他们会对你怎么样，很难保证。"

妈妈很为难，没有全国妇联军代表点头，她是没有自由行动的权利的。

爹爹想想，果断地说：我找恩来，只有他能帮助我。

爹爹给周恩来打了个电话，希望让妻子随他一起疏散。

周恩来当即同意爹爹的请求,并且说全国妇联方面由他去做工作。危难之中,是周恩来及时伸出援助之手,避免了爹爹孤身一人流落他乡的后果。

爹爹走得非常急促,只给我打了个电话,说他们要离开北京一段时间。我问他去什么地方?爹爹不说,只说到了那里再写信回来。我说去送送他们,爹爹说来不及了,马上就要去机场了。

我一直奇怪,此番境地的爹爹还会有什么紧急事情?

83 岁高龄的爹爹就这样被林彪的一号紧急命令送到了遥远的广东。

抵达广州的爹爹并没有被安置在城里,而是用汽车送到了广州郊区从化疗养院,并且规定爹爹他们不准随便进入市区,散步范围也不能超过疗养院桥头的警戒线。

爹爹他们一到广州实质上就被软禁起来了。当时爹爹的身份还是中央政治局常委、全国人大委员会的委员长,一个为人民大众当家做主、争取民众自由平等权利的委员长,竟然受到如此"礼遇",这不是极大的讽刺是什么!

爹爹走后,我才陆续知道居住在北京的老帅们全部被林彪的一号命令打发走了,疏散到祖国的四面八方……陈毅到石家庄,聂荣臻到邯郸,徐向前到开封,叶剑英到湖南,还有那些一起被打成"二月逆流黑干将"的谭震林、李富春等十多人也被"疏散",限期离开了北京。

北京空了,北京上空的正气稀薄了。

然而,落难的将帅们却在遥远的他乡呼吸到清新且纯净的空气,享受了从来没有享受的宁静和清闲,忍辱负重的心灵得到了暂时的解脱,过着老百姓平常单调的日子。

可是时间一长,元帅们的心开始烦躁,开始期望……元帅毕竟不是老百姓,他们的心曾经充满了将帅之气,曾经辉煌地搏动过。这样不平凡的心在平静和寂寞中熬得好苦好痛好累,同时也煎熬得异常结实,如果再遇见狂风巨浪,这颗经历过出生入死、跌荡起伏的心,一定会变得更有承受力。

北京,一天比一天远,一天比一天陌生,仅仅变成了眼前中国地图上那个落有红五星的地名。

Part.7 庐山会议后，林彪叛逃，中央落实干部政策的工作被提上日程。

就在老帅们咀嚼落难孤寂时，林彪正在北京大放异彩，导演了一场争夺国家主席席位的闹剧。

1970 年 8 月，中共中央九届二中全会在庐山召开。爹爹和分散天南地北的老帅们相逢在庐山。被历史抛到一边的老帅们虽说都是中央委员，却不知道中央的精神。他们已经一年没有回中南海，没有坐在中央会议桌前，既不清楚中央内部的事情，也不知道毛泽东此时此刻的内心活动，还以为这次会议和以往一样，又是一次"团结的大会，胜利的大会"，绝然没有想到此次会议将成为历史上的又一个转折点。

这之前，爹爹和康克清妈妈被通知回北京，原因是全国人民代表大会常务委员会要开会讨论宪法，爹爹不到场主持不行。爹爹有幸比其他老帅先一步回到北京。这次爹爹回来再不肯进中南海住，而是在万寿路总参的一处房子里住了下来，我和爹爹终于又能团聚了。爹爹在这里一直住到去世。

庐山会议上，林彪大唱"天才论"和设立国家主席，被毛泽东制止。同时，毛泽东深刻地体察到林彪阴谋篡权的野心，开始重新思考老帅们的作用——他们是不是就像林彪所说的那样要"造反"？

第一个被毛泽东半夜请到房间里的是叶剑英。周恩来把这个会见通知叶帅时，叶帅已经睡下，周恩来却让秘书叫醒叶帅，并且意味深长地说：机会难得！

庐山的夜黑得让人心惊，雪亮的车灯被浓雾吞噬得只剩下一团暗黄的光团。驾驶员根本看不清路面情况，只好派两个警卫在前头用手电筒为汽车带路。就这样，汽车几乎是被人一步一步地"牵"到了主席的门前。毛泽东向叶帅表达了他决定批判跟随林彪亦步亦趋、让他讨厌的陈伯达。实施这个计划，毛泽东需要有人扶持左右，他希望叶帅支持他。

这是重新起用老帅的信号,叶帅自然会牢牢把握这个机会,使得元帅再次真正成为统帅的左右臂膀。

庐山会议后,林彪一伙第一次品尝了作检查和被冷落的滋味,而被整的老帅们逐步出来工作,或者不再受监视,多少有点自由了。虽然有"四人帮"从中作梗,但许多迹象表明,形势将越来越有利于老帅们再度复出。

1971 年 9 月 13 日,林彪叛党叛国,乘飞机外逃,自绝于人民,在蒙古温都尔汗折戟沉沙。

第二天,爹爹他们知道了这个消息。当时到场的数十名军队高级将领,突然听说林彪昨天晚上摔死了,先是一片沉寂,后来有人反应过来,大叫一声:"听见没有?林秃子摔死了!"

随后大家发出惊诧——林彪,死了?!

大家忘记这是人民大会堂的会议室,高兴得手舞足蹈、大喊大叫。有位老将军当场就激动得晕了过去,更多的人是热泪满面、含泪大笑……

爹爹当时也是激动得许久说不出话来,只是连连说:"老天爷有眼!"

林彪刚叛逃时,对外是保密的。爹爹对我们也没说,只是那几天他特别忙,常常半夜才回来,回来后还要和妈妈说半天话,一点都不显得疲倦。如果我们在他跟前再说起林副主席,他就摇手,让谈点别的,或者打断我们的话头,故意把话题岔开。

等到第二年初,林彪叛逃事件才向外公布。我这才明白爹爹那时为什么不知疲倦,精神那么好,原来爹爹他们刚刚搬掉了压在头顶上的磐石!

1972 年 12 月,清查林彪集团尘埃落定,纠正"文革"初期造成的冤假错案和落实干部政策的工作终于被提上议事日程。

中南海毛泽东的书房,一次关系着千百万人命运的重要谈话正在进行。

毛泽东拍案而起:看来贺龙同志的案子假了。怎么打倒了那么多干部？我也无意把他们都打倒嘛！

　　周恩来抓住机会向毛泽东建议：看来有一个落实干部政策的问题。

　　毛伯伯点点头：对，这个问题就由你组织落实吧！

　　周恩来抓住机遇，迅速解放了一大批老将军。

　　好消息不断传来，当爹爹听说肖华将军也获得了解放时，十分高兴。

　　肖华将军是最有才气的将军，他写的长征组歌，荡气回肠，百唱不厌，直到今天仍焕发着艺术的生命力。爹爹对这首歌十分赞赏。在抗战时期，肖华将军就是爹爹手下的一名爱将，他屡建奇功，与爹爹

1972 年，朱德 86 岁寿辰时与夫人康克清合影。

建立了深厚的战友情。新中国成立之后，爹爹进驻北京，没有多久肖华将军也调到了北京，他们接触的机会就更多了。就这样，他们在战争年代结下的深厚情谊又得到了延续。

　　十年动乱中，是非混淆，人妖颠倒，德高望重的爹爹更成为林彪、"四人帮"那伙篡党篡军的阴谋家的眼中钉，他们公然诬蔑爹爹是"黑司令"，对爹爹的历史业绩肆意歪曲、诬蔑……当肖华将军得知有的"造反派"在墙上画了漫画，丑化爹爹的形象时，真是万箭穿心，义愤

填膺!

没多久,肖华将军也被林彪、江青反革命集团抓去,关了七年半之久……

这次,他刚一解放,就怀着迫不及待的心情去看望爹爹。肖华将军曾这样回忆道:

> 数年不见,他明显地苍老了,皱纹也多了,脸上的寿斑也更明显了。然而,他戴着老花镜,仍是那么慈祥,那么和善,那么可亲,他热情地抓住我的手,一句连一句地询问我的身体,我的家庭,我的生活,我满肚子的话在嗓子眼里哽着,一句也说不上来,只有悲愤,只有热泪。坐下来后,他老人家仿佛慈父摸准了儿女的心思似的,给我留下了许多肺腑之言。
>
> 他说:"肖华呀,你还年轻么,在部队还可以工作几十年的。"
>
> 他停顿一下又接着说:"要振作精神呀,共产党员,受点委屈不算事儿。瑞金、井冈山、二万五千里长征,那么多困难,那么多的挫折,我们都踏着熬过来了,现在这点磨难,能让我们丧失信心吗?!我们不能灰心呀,肖华同志!"
>
> 当我以愤慨的心情述说林彪一伙肆意篡改历史的卑劣行径时,朱总司令显得严肃了,他沉默了片刻,摘了老花镜,语调深沉而缓慢,"在井冈山的时候,他林彪才是一个营长哟,怎么能说井冈山会师是他林彪和毛主席会师呢!历史就是历史,他们胡闹不行的。长征时,李作鹏是个小机要员,邱会作呢,是个担担子的挑夫……后来官做大了,与我不来往了,见了我连理都不理了!他们的架子大得很了,连我都不认识了!……"
>
> 朱总司令说到这儿,不屑地摇了摇头,明确地表示了对这伙丑类的蔑视。
>
> 接着,他语重心长地勉励我:"我们要相信党,相信毛主席!这几年,不过是历史的一个插曲。革命总是要经历曲折反复的,总是要向前发展的。这些年,你被关着,外面有许多情况你都不了解了,所以要抓紧学习呀,多看些书,特别要多看些有关哲学

1974 年 8 月，朱德元帅以 88 岁的高龄，登舰出海视察海防。左一为海军司令员萧劲光大将。

方面的书籍。"

朱总司令历来注重学习，这我是深知的。五十年来，他经历了许多的风风雨雨。在革命最紧张、最艰苦的岁月里，他从来也没有放松过自己的学习。在太行山，他曾拿一只小板凳和大家一块坐在梨园中，听讲辩论唯物主义和历史唯物主义的课程。这次我出来以后，就听说这些动乱的年代里，他仍然坚持学习，而且让儿媳妇当学习组长，他亲自进行组织辅导，让全家老小一段一段地学习马列主义的哲学著作。想到这儿，我望着他老人家放在书上的放大镜、红铅笔，充满了钦佩之情。

总司令见我凝望着桌上的书，想了一想，忽然关切地问我："肖华，你的家里现在还有书籍吗？"

我说："我的家给那些人抄了三次，一掠而空，什么都抄完了，抄走了。"

听了这话，总司令站起来了，他走到一边，打开书橱，执意要送书给我。我怀着无比激动的心情，从书橱里选取了一本马恩列斯和毛泽东同志的哲学著作选集。总司令语重心长地说："凡是违背唯物辩证法的东西，别看它眼前时兴得很，但从长远的观点看，最后在历史上总是站不住脚的。要好好地学，它是我们识别真假马列的武器。"几年过去了，每当我捧起这本书，朱总司令的教诲就回响在我的耳边。

1976 年，朱总司令病危之际，我的心情非常沉重。在他老人家辞世的前一天下午，我同萧劲光同志一起到北京医院去看望他。老人家躺在病榻上，已经不能讲话了，他只能微微地睁开眼睛，深情地、吃力地注视着我们。周总理不幸逝世，"四人帮"加紧夺权，毛主席也重病在身，而朱老总……国有危难，百感交集，我们的热泪禁不住夺眶而出！

浩气壮山河，遗爱永留芳！敬爱的朱总司令，早在 1946 年，毛泽东同志就为你作了"人民的光荣"的光辉题词，这是对你老人家最公正最真实的评价！

Part.8 在刚刚能呼吸到清新空气的时候，爹爹却失去了他最亲密的战友。

没有不久，刚刚能呼吸没有迫害的清新空气的陈毅，因为癌症离开了这个世界。他是第三个离世的元帅（不包括叛逃的林彪）。爹爹在陈毅病重的时候去医院看望了他。浑身插满了管子的陈老总，再没有发出他那豪迈激昂、富有诗人气质的声音，只是艰难地点了点头。爹爹默默握着他瘦骨嶙峋的手，许久没有松开。最后陈老总脸上有了安详的微笑，这是老战友在愉快时才会有的表情。爹爹心里好受了点，他不能帮助他摆脱临终前的病痛，但希望让他的心灵得到暂时的慰藉。

爹爹无比痛苦地离开了医院，他知道，陈老总活不了多久了，他将失去一位正直、直率、充满激情的好战友。

没有几天，陈毅病逝，爹爹又去医院向陈毅遗体告别。这次所有在场的元帅和将领们都落了泪，大家的心情无比沉重。这不仅源于一个生死与共的战友的去世，还在于始终不见明朗的政治雾瘴。

爹爹没有能去参加陈毅的追悼会，陈毅生前虽然还是国务院副总理，但已不是中央政治局委员。可是谁也没有想到，毛泽东抱病穿着睡衣突然到达追悼会现场，参加了陈毅的追悼会。等爹爹听说，已经来不及赶往八宝山了。

爹爹在家怀着悲伤且欣慰的心情写下了《悼陈毅同志》：

　　一生为革命，盖棺方论定。重道又亲师，路线根端正。

爹爹放下笔，长叹一声，说："陈老总九泉可以瞑目了。"

自从陈老总离世，中央高层的领导人也陆续进入了垂暮之年，相继走上这条黄泉之路。到爹爹去世，短短四年间，"耳畔频闻故人死"，爹爹参加的追悼会达七次之多。

爹爹很少落泪，很少表现出悲切的情绪来。我的记忆里，第一次是他为彭德怀去世暗自悲伤，因为他听说彭德怀临终前喊了几天他的名字，就是想见最后一面，直到第三天才在绝望中停止了呼吸。当时，爹爹一边落泪，一边挥舞着拐杖，对着空荡荡的房间大声质问："为啥子不告诉我？一个要死的人还有啥子可怕的，他还能做啥子嘛？"

这怪谁呢？彭德怀从生病到去世，"中央文革"封锁所有的消息，许多老师都不知道彭德怀身在何处，爹爹又怎能知道彭德怀临终的心愿呢？

如果说思念彭德怀是暗自落泪，对陈毅是以诗寄托哀思，那么周恩来去世，爹爹则是放声大哭，将悲痛释放到一个九旬老人无法承受的地步。

周恩来住院时，爹爹去看望了几次。他看见周恩来还在医院里会见外宾，虽然瘦，但精神还好，没有过多地担忧。但没有想到很快就传来了病危的消息。

其实爹爹并不知道，每次周恩来伯伯见爹爹都是有备而见。有一

1950 年 6 月，朱德和周恩来
在全国政协一届二次会议上。

次，爹爹接到周恩来秘书的电话，说总理很想看看朱老总，可否安排
去一次。爹爹当然也十分想去看看他的老战友啦！可是，周恩来伯伯
怕爹爹看见自己的病态会难过，事先特意换上了中山装，将病号服压
在枕头底下。周恩来伯伯又怕见面时间长了影响爹爹吃饭，便嘱咐身
边工作人员：下午 5 点半，一定要让老总回家，他有糖尿病，不能影响
他按时吃晚饭。

　　1975 年 7 月 11 日，周恩来伯伯已经知道自己的病情可能拖不了
多久，又一次提出见爹爹的要求。这一次，周恩来伯伯依然是一身整
洁的中山装，面带微笑，与他们 50 多年前相见一样，充满了真挚和信
任。他们谈了半个多小时，爹爹不知道这是自己的亲密战友在向他诀
别，他期待周恩来伯伯好起来。临别时，爹爹说："下次我来看你，你
一定要好起来！"周恩来伯伯一直站在门厅口，目送爹爹的汽车驶出
视线才转身回了病房。

　　这之后，爹爹再没有看见周恩来，也不知他的病情怎样了，直到
得到周恩来病危的通知……

　　1976 年 1 月 8 日，周恩来与世长辞。这个传达不幸消息的电话是康克清妈妈接的。她没有一下子告诉爹爹，她知道爹爹和周恩来相识相知半个多世纪，感情很深，而且周恩来比爹爹年轻十多岁，怕一下子挑明了，爹爹经不住打击。到了第二天，离老帅向总理遗体告别还剩下一天时间，妈妈故意将话题转移到总理的病情上，然后一点一点地深入，爹爹在这个问题上也表达了唯物主义的态度，知道这是人类的自然规律，人难免一死。

　　妈妈一见，以为爹爹已经有了思想准备，便将总理去世的消息告诉了爹爹。爹爹立即站立起来，紧张地问："什么时候……走的？"

　　"昨天上午……9 点……"

　　爹爹扑通跌坐在藤椅里，两眼直直的。

　　妈妈一见好害怕，连忙推爹爹，喊："老总，老总，你没有事吧？"

　　这时，爹爹已经老泪纵横，泣不成声。

　　妈妈知道爹爹心里难过，流流眼泪比憋在心里强，就没有安慰爹爹，让他痛快地哭一场。爹爹的哭声越来越大，最后放声大哭。他的哭声使身边已经知道这一噩耗的工作人员，再也憋不住内心的悲伤了，跟着在外头房间也哭泣了起来。已经懂事的孙子，也哭着奔到爷爷面前，祖孙抱头痛哭……

　　第二天，爹爹到北京医院吊唁厅向周恩来遗体作最后告别。

　　爹爹从出门上车就开始流泪，等到了吊唁厅走到总理身边，他已经泣不成声。他双腿颤巍巍，但还是并拢双腿，以军人的姿势举起右手敬了一个军礼。这是爹爹生前最后一个军礼！

　　开追悼会那天，爹爹本来是要去的，但连日的悲伤影响了他的身体。那天上午，爹爹说什么也站不起来了，他努力了几次都没有成功。爹爹伤心地拍打着自己的腿，好像是对自己说，又好像是对周恩来的亡灵说："恩来，你先走一步了，放心去吧……"爹爹后面还有一句话，没有听清楚。但是半年后，爹爹也走了。

　　我想，是不是他们在预约相见的时间？

1960 年 11 月 5 日，朱德和周恩来在北京机场。

Part.9 1976 年 7 月 6 日，爹爹走完了 90 个寒暑春秋，静静地离开了这个世界。

　　总理去世后，爹爹好像知道自己的时间不多了，拼命地工作。他那时已经 90 高龄，我们晚辈劝也劝不住，他就是要去工作！

　　我做了个简单统计，爹爹从 1976 年 2 月到他离开这个世界的前几天，5 个月中，共会见外宾 18 次，找人谈话 3 次，其中最后一次和中央党校教授成仿吾谈话，是他亲自去党校看望这位老学者的。当时，身边工作人员说："老总，您的年纪这么大了，还是把他接来吧。"爹爹不肯。"为什么让人家来看我呢？他的年纪和我差不多大，还是我去看他吧！"

　　成仿吾教授从 1975 年初，根据中央批准，开始对马恩著作的中文译本进行校正，首先对他自己 1938 年从德文译出的《共产党宣言》进行了比较严格的校正（该译本曾经有人根据俄文修改过，这次根据 1948 年的德文原本，在几个助手的帮助下进行了校正）。经过了近一年的努力，在各方面的协助下，《共产党宣言》的新译本终于出版了。

　　1976 年 5 月 18 日，成仿吾把新译的《宣言》送给爹爹。大概 19 日爹爹收到，20 日就看了一遍。爹爹很熟悉的马克思主义经典著作，大号字的他自己留下看，小号字的由秘书念给他听。

　　21 日的早晨，爹爹就按时来到成仿吾教授的宿舍。一阵寒暄过后，他们立刻把话题转到《宣言》的新译本上面来。

　　爹爹说：你做了一件很有意义的工作，做好这个工作也有世界意义。他还说，这个新译本很好，没有倒装句，好懂。若是不好懂，他是不能一口气看下去的。弄通马克思主义很重要，为了弄通，一定要有好译本。

　　爹爹强调指出，这是根本性的工作，因为这部经典著作讲的都是一些根本问题，如阶级斗争问题、民族与国家问题、家庭与妇女问题等等，都讲得很清楚。现在许多问题讲来讲去，总是要请教马克思、恩格斯，总得看《宣言》是如何讲的。

　　接着，爹爹还详细地向成仿吾教授了解他有多少个助手，这个新

这是朱德写于 1975 年 3 月 6 日的条幅，表达了他革命到底的决心。

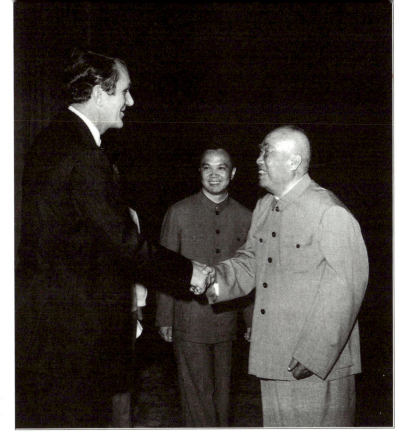

1976 年 6 月 21 日，朱德会见澳大利亚总理马尔科姆·弗雷泽。这是朱德最后一次会见外宾。

译本花了多长时间。他指示还应该多培养几个接班人，并说这个工作很重要。爹爹说他要把这里当个"点"，他要时常来。

在临别前，爹爹指示成仿吾教授工作一定要跟上形势，要他保重身体，并深情地说，我们队伍中老同志不多了。

最后，成仿吾教授陪爹爹坐车环绕校园看了一下，他们才握手分别。没想到这是爹爹的最后一次视察活动。

6 月 21 日，爹爹到人民大会堂会见澳大利亚总理，不知什么原因，礼宾司临时改变了会见时间，但又没有通知他，使得爹爹在有空调的房间等待了很长时间。等会见完，爹爹感到身体不舒服。回到家，他就发烧了。妈妈让爹爹去医院看看，他说不碍事，可能冷气吹多了，感冒了。可是到了 25 日，爹爹高烧还是不退，医生来家里看过后，建议立即住院，爹爹还是不肯，说明天还有一个会见外宾的事项。大家见拗不过爹爹，只好按他的意见，在家吃药治疗。妈妈那天照样去上班了。后来，妈妈在办公室接到家里的电话，说爹爹病情严重，马上要住院。

妈妈赶回来时，爹爹已经住进了北京医院。

一开始，我们都以为一进医院，爹爹的病有医生治疗，会很快好

1976 年 7 月 8 日，首都人民含泪向朱德遗体告别。

的，谁也没有爹爹永远不会走出医院的思想准备，就连爹爹常看的书籍也没有带，以为几天就能回家了。

可是病情并没有像我们所期待的那样好转，而是越来越严重。到了 7 月初，爹爹病危，中央领导人陆续来医院看望他。我知道，这是最后的诀别，一般病人无康复的希望，大家才会涌向病人的床前。

7 月 4 日，李先念来看爹爹，爹爹的神志还比较清楚。他拉着李先念的手，一字一字说："生产要抓，不抓生产，将来不可收拾！"

这是爹爹最后留在人间的声音，以后他进入了昏迷状态。

爹爹去世时，我就在跟前，当看见爹爹的心跳在监视仪屏上变成了一条笔直的线，我的泪水哗地涌出了眼眶。

爹爹已经 90 高龄，我知道心脏停跳意味着什么。尽管医护人员竭尽全力抢救，但这颗伟大的心脏再也没有重新搏动。等医护人员拔出爹爹身上的各种针管后，我第一个扑上去，紧紧抱住爹爹渐渐冰冷的身躯，放声大哭……

我想，这悲痛的哭声中有我对爹爹的依恋和爱戴，也有一个女儿孤寂情感的缺憾，已经进入天国的爹爹一定能听见女儿的哭泣……

1976 年 7 月 6 日，爹爹走完了 90 个寒暑春秋，静静地离开了这个

康克清和女儿朱敏及儿媳赵力平（右）护送朱德的骨灰步出吊唁大厅。

为之奋斗的大地，离开了他的工作岗位，离开了他携手半个世纪的妻子，离开了他唯一的女儿和亲爱的孙子们！

父亲像和煦的春风，带给人间满园春色，自己却两袖清风飘然离去……

爹爹去世后，康克清妈妈又独自生活了十多年。她比爹爹幸运，亲眼目睹了"四人帮"垮台，看见"文革"的结束，又亲身感受了我国经济改革带来的可喜变化。1992年，她带着安详的微笑离开了这个生活了81个年头的世界。

爹爹和妈妈的骨灰安葬在北京八宝山。

每年清明，我都要和家人去那里为两位亲人扫墓，去看望他们，带去女儿和家人的问候！

再版后记

　　与爹爹分离的时间远远多于团聚的日子。14岁以前，爹爹存活在我的想象之中。延安的短暂相聚，是温厚慈祥的父爱给予我独自出国求学的勇气。当我落入法西斯的魔掌备受折磨时，对爹爹的想念成为支撑我活下去的坚定信念。在我学有所成时，又是爹爹的召唤使我回到祖国投身教育事业。

　　爹爹一直教导我要和所有普通人一样，要自食其力，还说好好工作就是对他最大的孝顺。爹爹用他的为人处世原则影响着子子孙孙，同时也用他质朴而厚重的爱温暖着子子孙孙。

　　我深爱爹爹，因为他是亲人。

　　我抱怨爹爹，因为他是伟人！

朱敏

2008 年 12 月

在本书编辑过程中，作者朱敏不幸于 2009 年 4 月 13 日病逝。在此谨致悼念！

图书在版编目（CIP）数据

我的父亲朱德 / 朱敏著 .—北京：人民出版社，
2009.9（我的父辈丛书） ISBN 978-7-01-008232-5
Ⅰ. 我 ... Ⅱ . 朱 ... Ⅲ . 朱德（1886～1976）—生平事迹
Ⅳ .K827=7

中国版本图书馆 CIP 数据核字（2009）第 164565 号

菊 香 书 屋 策 划

责任编辑：张振明
特约编辑：俞凡　何雪
装帧设计：IVYMARKTYPOdesign

我的父亲朱德
Wo De Fuqin Zhu De

朱敏 / 著

人 民 出 版 社 出版发行
（100706　北京朝阳门内大街 166 号）

北京盛通印刷股份有限公司印刷　新华书店经销
2009 年 9 月第一版　2018 年 1 月北京第二次印刷
开本：787 毫米 ×1092 毫米　1/16　印张：22.5
字数：298 千字　印数：10,001-15,000 册

ISBN 978-7-01-008232-5　　定价：58.00 元